本书获得2022年度“黑龙江省哲学社会科学学科体系创新工程项目”暨东北林业大学重点学科建设项目、黑龙江省哲学社会科学研究规划项目（21FXC181）、黑龙江省经济社会发展重点研究课题（常规课题）（21246）、中央高校基本科研业务费专项资金项目（2572020BN03）及东北林业大学引进人才科研项目的支持

李云滨 著

肖像权纠纷裁判与制度完善

XIAOXIANGQUAN JIUFEN CAIPAN YU ZHIDU WANSHAN

知识产权出版社
全国百佳图书出版单位
—北京—

图书在版编目（CIP）数据

肖像权纠纷裁判与制度完善 / 李云滨著. — 北京 :知识产权出版社, 2022.12
ISBN 978-7-5130-8423-9

Ⅰ. ①肖… Ⅱ. ①李… Ⅲ. ①人格—权利—民事纠纷—研究—中国 Ⅳ. ①D923.14

中国版本图书馆CIP数据核字(2022)第200950号

内容提要：

本书以肖像权为研究对象，通过分析肖像权纠纷裁判，挖掘法官在肖像权纠纷裁判中提供的集体智慧，客观审视现有肖像权制度的客观样态，对司法实践中存有争议的肖像权的边界、肖像权的合理使用、肖像的商业利用等理论问题展开反思，以期对完善我国的肖像权制度有所裨益。

本书可作为法律相关专业学生、教师及法律相关从业者的参考用书。

责任编辑：许　波　　　　**责任印制：**孙婷婷

肖像权纠纷裁判与制度完善

XIAOXIANGQUAN JIUFEN CAIPAN YU ZHIDU WANSHAN

李云滨　著

出版发行：	知识产权出版社有限责任公司	**网　　址：**	http: // www. ipph. cn
电　　话：	010—82004826		http: // www. laichushu. com
社　　址：	北京市海淀区气象路50号院	**邮　　编：**	100081
责编电话：	010—82000860转8380	**责编邮箱：**	xubo@cnipr.com
发行电话：	010—82000860转8101	**发行传真：**	010—82000893
印　　刷：	北京中献拓方科技发展有限公司	**经　　销：**	新华书店、各大网上书店及相关专业书店
开　　本：	720mm×1000mm　1/16	**印　　张：**	14.5
版　　次：	2022年12月第1版	**印　　次：**	2022年12月第1次印刷
字　　数：	250千字	**定　　价：**	78.00元

ISBN 978—7—5130—8423—9

规范性法律文件全称与简称对照表*

序号	全称	发文字号	颁布时间	本书简称
1	《中华人民共和国民法通则》	37号主席令	1986-04-12	《民法通则》
2	《中华人民共和国民法总则》	66号主席令	2017-03-15	《民法总则》
3	《中华人民共和国民法典》	45号主席令	2020-05-28	《民法典》
4	《中华人民共和国广告法》	34号主席令	1994-10-27	《广告法》
5	《中华人民共和国侵权责任法》	21号主席令	2009-12-26	《侵权责任法》
6	《最高人民法院关于贯彻执行〈中华人民共和国民法通则〉若干问题的意见（试行）》	法办发〔1988〕6号	1988-04-02	《民通意见》
7	《最高人民法院关于确定民事侵权精神损害赔偿责任若干问题的解释》	法释〔2001〕7号	2001-03-08	《精神损害赔偿司法解释》
8	《中华人民共和国著作权法》	31号主席令	1990-09-07	《著作权法》
9	《中华人民共和国未成年人保护法》	50号主席令	1991-09-04	《未成年人保护法》

*《民法通则》《合同法》《侵权责任法》《民法总则》《民通意见》已自2021年1月1日起废止。本书使用这些废止的法律条文或基于客观展现立法演进，或基于案例分析而客观展现案例当时的法律适用情况，因此在文中未使用“原××法”的说法。此外，书稿中常用、多次出现的法律法规，列入本对照表，正文中使用其简称，而书稿中仅出现一次的法律法规直接使用全称，未列入本对照表。

续表

序号	全称	发文字号	颁布时间	本书简称
10	《中华人民共和国合同法》	15号主席令	1999-03-15	《合同法》

序

《肖像权纠纷裁判与制度完善》,是理论与实践紧密融合的著述,也是人格权研究领域颇具代表性的作品,更是肖像权专门研究的精心之作,对于呈现肖像权研究的基本风貌与研究路径、记载肖像权研究的理论成就与实践品味、考探肖像权研究的观点内涵与裁判理路、究问肖像权研究的学术热点与司法难点,具有价值与意义。古语云:"人之学问知能成就,犹骨象玉石切磋琢磨也。"

肖像权承载人格尊严。从我国《民法通则》《民法总则》到《民法典·人格权编》有关肖像权的规定,可以感受肖像权的立法脉络与权利边界;从20世纪80年代至21世纪20年代民法学界有关肖像权的阐释,可以捕捉肖像权的客体界定与观点纷呈;从中外肖像权的比较研究与实践分析,可以厘清肖像权的权能定位与功能展现;从我国肖像权的类案评析与合理使用,可以分析肖像权的立法价值与司法功效。《肖像权纠纷裁判与制度完善》清晰囊括了肖像权的理论研究成果与司法实践样态,丰富了肖像权的研究视域与研究面向。

肖像权保障人格自由。确认肖像权的主体、客体、利用方式,是肖像权研究的路径;明晰肖像的确认标准、肖像权与其他权利的冲突、网络环境下肖像权的保护、死者肖像的保护,是肖像权研究的视域;探究肖像权合理使用的理论基础、规则适用、使用限制,是肖像权纠纷裁判的基础;梳理肖像的商业利用、反思"以营利为目的"的构成要件、确定损害赔偿责任、适用不当得利制度,是肖像权纠纷裁判的关键。《肖像权纠纷裁判与制度完善》完满呈现了肖像权研究的要点与结论,展现了维护人格尊严、展现意志自由、保护肖像利益的研究格局与功能定位。

肖像权护佑人格利益。肖像利益,牵涉多元主体;肖像权纠纷,牵涉利益博弈。无论是死者肖像、集体肖像、未成年人肖像权的纠纷裁判;还是肖像认定,演员剧照形象,文学、艺术、科学作品肖像,摄影、美术作品肖像的纠纷裁判;抑或是新闻报道利用肖像、合理使用肖像、网络服务提供者利用肖像、商业利用肖像的纠纷裁判,均内涵肖像权益的私法保护,映射肖像权纠纷裁判的质量与智慧。《肖像权纠纷裁判与制度完善》客观呈现了肖像权纠纷的裁判路径与裁判理念,阐述了肖像权益保障的理论思考与制度建构，回应了肖像权益保障的司法关切与理论关切。

在我国《民法典》实施进程中，有关肖像权研究，尚需问鼎之作与审视之基。《肖像权纠纷裁判与制度完善》，写作立意始于我国《民法典》编纂之时，修正补益于我国《民法典》颁行之后，前后历经数年之余，既体现了作者“博学慎思、参天尽物”的钻研精神，也记录了作者“学参天地、德合自然”的进取追求。严谨求实、笔耕不辍、回应诉求、维护权益、探究未竟、展现思考、奉献智慧、丰富成果，成为作者和作品的主要特质与努力方向。恰如古诗云：“旧书不厌百回读，熟读深思子自知。”

试为序，共斟酌！

同思考，期教益！

王歌雅

2022年8月1日

目　录

第一章 绪 论

第一节 研究目的和意义

肖像是自然人形象在物质载体上的客观反映，是自然人最重要的人格标识之一。肖像权是自然人享有的一项重要的具体人格权，是“人之所以为人的基本权利”。《民法通则》的制定，确立了我国关于人格权的立法体例，实现了中华人民共和国人格权立法的创举，具有重大的实践价值及理论意义。[1]《民法通则》颁布实施后，随着市场经济的发展，人们的权利意识提高，新类型的肖像权纠纷不断涌现，各级法院受理了大量涉及死者肖像、集体肖像、演员剧照形象、商业利用肖像等纠纷案件。最高人民法院在不断总结裁判经验的基础上，吸收了学界关于人格权的研究成果，通过出台司法解释，发展了《民法通则》关于人格权法律保护的立法精神，扩大了保护范围，细化了保护标准，对人格权的发展做出了重大贡献。《民法总则》第110条规定了肖像权。2020年5月28日，第十三届全国人民代表大会第三次会议通过了《民法典》。《民法典》在第四编“人格权”第四章专章规定了“肖像权”。《民法典》第1018条第1款规定自然人享有肖像权，第2款明确了肖像的概念：“肖像是通过影像、雕塑、绘画等方式在一定载体上所反映的特定自然人可以被识别的外部形象。”

开展对人格权、肖像权的研究，离不开对有关人格权纠纷裁判的全面考察。对此王泽鉴教授和美国著名大法官本杰明·内森·卡多佐(Benjamin Nathan Cardozo)的观点或许可以给我们启示。王泽鉴教授认为，人格权法为案例法，在人格权法领域，通过司法实践就个案适用法律、创设裁判规则、形成规范体系的途径较为普遍。[2]本杰明·卡多佐大法官在其经典著作《司法过程的性质》中，分析并引用了其他学者的观点，认为制定法只是“表面的”法律，真正的法律，除了在一

---

[1] 杨立新．人格权法[M]．北京：法律出版社，2011：8.

[2] 王泽鉴．人格权法：法释义学、比较法、案例研究[M]．北京：北京大学出版社，2013：11.

个法院的判决中，不可能在其他任何地方被发现。[1]而法官判决之所以如此重要，本杰明·卡多佐也给出了答案，他分析并引用了布鲁特（Blute）的观点，认为司法更重要的工作是填补那或多或少见之于每一个实在法的空白，并且可以把之称为立法。[2]两位学者的观点，启示我们在研究人格权和肖像权的过程中，可以将更多的精力放在研究法官的纠纷裁判上。因为正是司法消解了立法与用法之间的隔阂，塑造出真正的可用之法。[3]也正是司法为完善法律制度提供了一些规律性的集体智慧，且这种智慧可以被重视和应用。[4]重视考察肖像权制度在现实中的样态还有一个重要原因，即中国的法治之路必须利用中国本土的资源[5]，而在判决书这种非正式法源中去寻找答案无疑是一种可以考虑的方法。

肖像权的纠纷裁判与肖像权的制度完善具有密切的关系。肖像权的制度完善是肖像权纠纷裁判规则完善的前提，肖像权的纠纷裁判又对肖像权制度的完善具有重要的推动作用。

第一，肖像权的制度完善是肖像权纠纷裁判规则完善的前提。我国一直以来坚持的是大陆法系的成文法传统。成文法法律适用的基本方法是逻辑演绎，法律适用的特点是把抽象的法律条文运用于具体的生活事件，把规范中的抽象概念对应于具体生活事件的特征，从抽象到具体，从规范到事实，或者反之。[6]对于我国这个成文法国家来说，制定法是司法推理的起点，只有肖像权在立法上概念清晰、含义明确、保护措施得当，法院在纠纷裁判中才会有法可依、准确地适用法律、公正地做出裁判。《民法通则》第100条立法缺陷所导致的法官在肖像权纠纷裁判上存有分歧就是一个例子。关于《民法通则》第100条是否确立了“以营利为目的”作为肖像权侵权责任的构成要件，学界存有争议。如有学者就认为，该条为授权性的法律规范，未规定侵害肖像权责任的构成。[7]学界的主流观点也认

[1] 本杰明·卡多佐．司法过程的性质[M]．苏力，译．北京：商务印书馆，1997:75.

[2] 本杰明·卡多佐．司法过程的性质[M]．苏力，译．北京：商务印书馆，1997:5.

[3] 江必新．司法对法律体系的完善[J]．法学研究，2012(1):88.

[4] 程金华．四倍利率规则的司法实践与重构 利用实证研究解决规范问题的学术尝试[J]．中外法学，2015(3):696.

[5] 苏力．法治及其本土资源[M]．北京：北京大学出版社，2015:6.

[6] 邹碧华．要件审判九步法[M]．北京：法律出版社，2010:15.

[7] 杨立新．人格权法[M]．北京：法律出版社，2011:459.

为,“以营利为目的”不为肖像权侵权责任的构成要件。理由为将“以营利为目的”作为肖像权侵权责任的构成要件,会得出“非以营利为目的”使用他人肖像不违法的结论,与肖像权的权利性质、立法目的、社会效果等不相符合。[1][2][3]但在司法实践中,相当数量的法官仍坚持将“以营利为目的”作为肖像权侵权责任的构成要件。[4]其中的重要原因为,从文义上解释《民法通则》第100条,可以得出“以营利为目的”为肖像权侵权责任构成要件的认识。[5]如有学者就认为,从狭义上解释《民法通则》第100条,会得出肖像权侵权须“以营利为目的”,“非以营利为目的”使用他人肖像不构成肖像权侵权的结论。[6]

第二,肖像权的纠纷裁判对肖像权的制度完善也具有重要的推动作用。一是肖像权纠纷裁判是肖像权制度是否完善的试金石。在司法实践中,法院对国家机关依法履行职责、公民履行作证取证义务、揭露可能存在的违法犯罪行为等引发的肖像权纠纷案件,往往适用《民法通则》第100条、《民通意见》第139条,以此种使用行为不具“以营利为目的”为由,判决驳回原告的诉讼请求,从而维护社会正常运转、国家机关依法履职所需的肖像权合理使用。这说明我国法律缺少关于肖像权合理使用的相关规定,使得法院被迫“舍近求远”,以认定该种使用行为不具“以营利为目的”为由驳回原告的诉讼请求,来为社会正常运转提供所需的合理使用肖像的行为。二是肖像权的纠纷裁判丰富了肖像权理论,对完善肖

[1] 杨立新.人格权法[M].北京:法律出版社,2011:458.

[2] 王利明.人格权法研究[M].北京:中国人民大学出版社,2005:461-464.

[3] 张红.人格权各论[M].北京:高等教育出版社,2015:185-191.

[4] 坚持将“以营利为目的”作为肖像权侵权责任构成要件的纠纷裁判不在少数,如河南省郑州市二七区人民法院(2018)豫0103民初3629号民事判决书[Z];北京市第三中级人民法院(2018)京03民终10313号民事判决书[Z];广东省广州市中级人民法院(2018)粤01民终6970号民事判决书[Z];广东省广州市中级人民法院(2017)粤01民终1391号民事判决书[Z];北京市朝阳区人民法院(2018)京0105民初48010号民事判决书[Z];内蒙古自治区阿拉善左旗人民法院(2018)内2921民初706号民事判决书[Z].

[5] 如河南省郑州市二七区人民法院(2018)豫0103民初3629号民事判决书对此论述到:“公民依法享有肖像权,未经本人同意,不得以营利为目的使用公民的肖像……本案被告未经原告同意,将涉及原告姓名、肖像照片用于运营的微信公众号上宣传,其行为符合法律规定的侵犯肖像权的构成要件,本院对被告侵犯原告肖像权的侵权关系,予以确认。”广东省广州市中级人民法院(2015)穗中法民一终字第2946号民事判决书对此论述道:“公民享有肖像权,未经本人同意,不得以营利为目的使用公民的肖像。鹏承公司(被告)未经钟昊(原告)同意,将钟昊的肖像用于商业宣传,已构成侵权。”

[6] 尹田.论一般人格权[J].法律科学.西北政法学院学报,2002(4):15.

像权制度亦有重要的推动作用。《民法通则》实施后，一些新类型的肖像权纠纷案件如死者肖像、集体肖像、演员剧照形象等新类型案件涌入法院，法院依据现有的法律规定，基于一定的价值判断做出裁判。一些纠纷裁判，丰富了肖像权理论，为完善现有肖像权制度贡献了智慧，如法院基于"可识别性理论"，将具有可识别性的演员剧照形象、身体局部形象纳入肖像权的保护范畴。[1]在立法上肖像权合理使用制度缺失的情况下，在纠纷裁判中将时事新闻报道、展示特定公共环境、维护肖像权人合法利益等肖像使用行为认定为肖像权合理使用的情形。[2]在商业利用肖像纠纷中，一些纠纷裁判参照有偿使用权利人肖像的费用标准认定肖像权人的财产损失，将肖像权的财产利益纳入财产损失赔偿范围。[3]这些来自司法实践的集体智慧丰富了肖像权理论，对完善肖像权制度提供了重要参考，一些集体智慧可以被提炼成具体规则。

正是基于这些认识，本书将更多的精力用于考察我国肖像权的纠纷裁判，即使在一些概念的界定、观念的梳理、理论的阐述上，也有意地多以司法实践中法官的视角来重新审视。通过关注司法实践，客观审视现有肖像权制度的客观样态，挖掘法官在肖像权纠纷裁判中提供的集体智慧，反思肖像权制度存在的不足，在此基础上，提出完善我国肖像权制度的路径，从而让肖像权制度，从"逻辑的生活"回归"生活的逻辑"[4]。

第二节　国内外研究现状

国外对肖像权的研究和保护起步要早。法国在1858年的雷切尔(Rachel)案

[1] 北京市东城区人民法院(2002)东民初字第6226号民事判决书[Z]；河南省孟州市人民法院(2008)孟民初字第1001号民事判决书[Z].

[2] 福建省厦门市思明区人民法院(2013)思民初字第11714号民事判决书[Z]；广东省广州市中级人民法院(2009)穗中法民一初字第3484号民事判决书[Z]；陕西省高级人民法院(1996)陕民终字第40号民事判决书[Z]；安徽省淮北市中级人民法院(2015)淮民一终字第00146号民事判决书[Z].

[3] 安徽省合肥高新技术产业开发区人民法院(2003)合高新民一初字第137号民事判决书[Z]；河南省郑州市中级人民法院(2015)郑民三终字第956号民事判决书[Z].

[4] 程金华. 四倍利率规则的司法实践与重构 利用实证研究解决规范问题的学术尝试[J]. 中外法学，2015(3)：711.

中通过实务承认肖像权。[1]19世纪70年代，德国将法律意义上肖像的概念写入了《美术著作物之著作权法》和《不法模作之照相保护法》。20世纪初，美国纽约州《民权法》、德国《艺术和摄影作品著作权法》及欧洲、拉丁美洲各国在民法或著作权法中相继承认肖像权。德国法官克思奈(Keyssner)于1896年出版《论肖像权》，唤起了学界关注肖像权的新观念，引起了对肖像权的激烈讨论。[2]日本法学家大家重夫出版了专著《肖像权》一书，对肖像权进行了系统研究。"第二次世界大战"后，德国联邦法院通过著名的"读者投书案"，以《德国基本法》第1条及第2条关于人格尊严及人格发展的规定为依据，创设了一般人格权，将肖像权的权能扩大为包括肖像制作权，使得肖像权人可以以一般人格权受侵害为依据，请求非财产损害的金钱赔偿。[3]后德国联邦法院在1956年的保罗·达尔克(Paul Dahlke)案中承认肖像权等人格权系具有财产价值的排他性权利，但一直到1999年的玛蕾娜·迪特里希(Marlene Dietrich)案始明确地将人格权的保护客体区分为精神利益和财产利益。法国早期涉及肖像权的案件，多与侵犯隐私有关。在1966年的菲利普案中，尽管涉及未经本人同意的照片拍摄和使用问题，法国最高法院仍然认为该行为侵犯的核心领域是个人的隐私权。[4]此案的判决引发巨大争议，促使法国国会于1970年通过了一部旨在加强保护公民隐私权的刑事和民事法律条文，其中一些条文被加入法典，如现行《法国民法典》第9条。[5]此项规定具有基本权利的性质，对法国法上人格权发展具重大的意义，实务上认为肖像权为私生活的部分范围，学说上则强调习惯法上的肖像权系属一种独立存在的权利。[6]在日本，一系列围绕警察对游行示威者进行拍照的刑事案件为肖像权概念在日本确立做出重大贡献，形成了以肖像制作保护为中心的肖像权。[7]在美国，除将肖像权作

---

[1] 王泽鉴. 人格权法：法释义学、比较法、案例研究[M]. 北京：北京大学出版社，2013：134.

[2] 龙显铭. 私法上人格权之保护[M]. 上海：中华书局，1949：93-94.

[3] 王泽鉴. 人格权法：法释义学、比较法、案例研究[M]. 北京：北京大学出版社，2013：136.

[4] 孙平. 冲突与协调：言论自由与人格权法律问题研究[M]. 北京：北京大学出版社，2016：219-220.

[5]《法国民法典》第9条："(1)任何人均享有私生活受到尊重的权利。(2)在不影响对所受损害给予赔偿的情况下，法官得规定采取诸如对有争执的财产实行保管、扣押或其他适于阻止或制止妨害私生活隐私的任何措施；如情况紧急，此种措施得依紧急审理命令之。"

[6] 王泽鉴. 人格权法：法释义学、比较法、案例研究[M]. 北京：北京大学出版社，2013：135.

[7] 骆正言. 论日本法中的肖像权保护[J]. 日本研究，2010(3)：87.

为隐私权的一种加以保护外，还在1953年通过判例扩大了肖像的保护范围，发展出了形象权（Right of Publicity），以保护肖像的财产价值。1977年的查西尼（Zacchini）案是唯一由美国最高法院判决的形象权案件，标志着形象权在全美国范围内获得了认可。在法官和学者的共同推动下，形象权从传统的隐私权中独立出来，形成一种新的权利类型。

国内对肖像权的研究起步较晚。1986年《民法通则》第100条规定了肖像权。1987年杨立新在《河北法学》发表《论人格的损害赔偿》，将侵犯公民姓名权、荣誉权、肖像权、名誉权的损害赔偿称为“人格损害赔偿”。1988年北京中国美术馆举办的“油画人体艺术大展”引发的肖像权纠纷，在社会上引起强烈反响，一定程度促使学者对肖像权相关问题展开研究。1989年梁慧星在《中国法学》发表《中国人身权制度》，对肖像权进行专门论述。1992年史浩敏在《政法学刊》发表《几种特殊肖像的法律保护探讨》，对演员剧照形象、死者肖像、人体艺术作品肖像保护等展开讨论。同年，陈士新在《法学》发表《侵犯肖像权与肖像使用合同纠纷的区别》，对司法实务中法院如何处理肖像权纠纷与肖像权使用合同纠纷展开讨论。真正将肖像权纳入公众视野范围的，是1993年贾桂花诉北京青年电影制片厂肖像权纠纷案（俗称“秋菊打官司案”，以下简称“秋菊打官司案”）。[1]1994年杨立新、尹艳在《法学研究》发表《侵害肖像权及其民事责任》，结合最高人民法院在朱虹诉上海科技报社、陈贯一肖像权纠纷案（以下简称“上海科技报社案”）中的复函，对肖像使用行为性质、侵害肖像使用权的责任构成、我国肖像权保护的立法

[1] 电影《秋菊打官司》摄制组于1991年年底在陕西宝鸡进行纪实性拍摄时，将在场卖棉花糖的市民贾桂花摄录入镜。因“生理缺陷”（患过天花，脸上有麻子），贾桂花本人自称从来“连照片都不愿意照”。1993年年底，贾桂花一纸诉状递到北京市海淀区人民法院，状告该片摄制单位北京青年电影制片厂侵犯其肖像权，要求被告向其公开赔礼道歉，剪除影片中贾桂花的镜头，同时赔偿精神损害抚慰金8000元。北京市海淀区人民法院于1994年12月8日做出一审判决，认为采用纪实手法是文艺宣传形式中的一种有效而且必要的工作方法，被告将身处公共环境的原告摄入并无过错，被告主观客观上并没有渲染原告任何不完美之处，肖像与营利目的之间没有直接因果关系为由，认定被告的行为不构成侵权，驳回了原告的诉讼请求。贾桂花不服，上诉至北京市中级人民法院。北京市中级人民法院经对双方当事人调解，被告方给付原告贾桂花3500元，贾桂花撤回上诉。

司法局限等展开系统研究。❶发生在2000年之前的三起“鲁迅肖像权”案唤起了学界对死者肖像是否给予保护，以及死者肖像保护客体的热烈讨论。❷2000年以后，更多的学者开始关注、研究肖像权，针对死者肖像、集体肖像、肖像权与其他权利的冲突、肖像权的财产利益等展开研究。王泽鉴的《人格权法：法释义学、比较法、案例研究》，王利明的《人格权法研究》(第一、二版)、《人格权法新论》，杨立新的《人格权法》，王利明、杨立新的《人格权与新闻侵权》，张红的《人格权分论》等对肖像权都有着较为详细的论述。

近年来，我国部分学者开始关注人格权的商品化，并在此背景下展开了对商业利用肖像等人格标识的研究。如王利明的《人格权法研究》(第一、二版)、祝建军的《人格要素标识商业化利用的法律规制》、程合红的《商事人格权论——人格权的经济利益内涵及其实现与保护》、陈龙江的《人格标志上经济利益的民法保护：学说考察与理论探讨》、王利明的《论人格权的商品化》、郭晓红的《知名形象商品化法律问题研究》、谢晓尧的《商品化权：人格符号的利益扩张与衡平》、吉林大学张丹丹的博士学位论文《商品化权研究》、刘春霖的《商品化权论》等。除了法学领域外，学者也在新闻学、传播学等领域展开了对肖像权的研究。如魏永征、张鸿霞的《大众传播法》，魏永征的《新闻传播法教程》，王军的《网络传播法律问题研究》，洪伟的《大众传媒与人格权保护》，陈静的《大众传媒中的肖像权利研

❶ 朱虹幼年患“重症肌无力症”，于1967年去上海市眼科病防治中心防治所诊疗，应经治医生请求，朱虹的家长提供了朱虹患病症状的照片。后陈贯一接手为朱虹治疗，基本治愈。朱虹的家长又提供朱虹治愈后的照片一张，交陈贯一作为医学资料保存。1983年，陈贯一总结自己几十年的治疗经验，撰写了《重症肌无力症的中医诊治和调养》一书，自费出版。1986年，陈贯一在该防治所开设有业余专家门诊，专治此症，提取挂号费50%。1989年，陈贯一撰写稿件，由上海科技报社的编辑加工修改，在该报纸公开发表，介绍该病症及陈贯一的治疗效果，介绍陈贯一坐诊时间和著作，并擅自配发了朱虹治疗前后的两张照片。朱虹认为陈贯一与上海科技报社发表该文时使用其肖像，未经自己同意，具有营利目的，侵害其肖像权，故向法院起诉，请求精神损害赔偿。审理过程中，上海市高级人民法院就该案请示最高人民法院。最高人民法院于1991年1月26日做出〔1990〕民他字第28号函，认为被告撰文介绍“重症肌无力症”的治疗经验时，使用了原告患病时和治愈后的两幅照片，其目的是宣传医疗经验，对社会是有益的，且该行为并未造成严重不良后果，尚构不成侵害肖像权。同时指出，在处理时，应向被告上海科技报社和陈贯一指出，今后未经肖像权人同意，不得再使用其肖像。

❷ 周海婴诉浙江省邮票局、绍兴市邮电局肖像权纠纷案，周海婴诉北京市泉生集币公司肖像权纠纷案及周海婴诉绍兴越王珠宝金行有限责任公司肖像权纠纷案。

究》等对大众传媒中的肖像权保护进行了系统梳理和研究。

总体而言，国内学者对肖像权的研究存在如下不足：第一，对肖像权的研究不系统、不完整，理论剖析得不够深入，如对未成年人肖像权、演员剧照形象、肖像的可识别性标准、新闻报道中肖像权的保护等问题涉猎较少，使得这些方面缺少深入、细致的研究，研究层次偏低。第二，主要是在人格权背景下展开研究，缺少对肖像权的具体研究。目前，肖像权的研究热度退却，相比于其他具体人格权，如名誉权、隐私权，其受重视程度不够，学者专文论述不多，重要刊载较为缺乏，尚无肖像权之专著。[1]第三，学界已经取得一些成果尚未达成共识。如关于死者肖像保护的依据，就有诸如“权利保护说”“近亲属利益说”“法益说”等多种学说。关于商业利用肖像产生的财产利益，学界大体有两种思路：一种主张将这部分财产利益设立为新的权利，如形象权、商品化权、商事人格权、商品化人格权等；另一种反对设立新的权利，主张在人格权范畴内保护商业利用肖像产生的财产利益。第四，没有积极借鉴司法实践中的有益探索。如在肖像的可识别性标准、肖像权的合理使用情形、肖像的认定等方面，司法实践对此做了许多有益探索，形成了一批有代表性的纠纷裁判，但这些来自审判一线民商事法官的“富矿”并没有引起学界的足够重视。

第三节　文献综述

肖像权是自然人的一项具体人格权，在整个人格权体系中占有重要地位。对肖像权进行研究，必须结合人格权领域的相关研究成果，本书引用的文献主要从以下视点进行追踪。[2]

---

[1] 张红．人格权各论[M]．北京：高等教育出版社，2015：141.

[2] 需要说明的是，本书将更多的精力用于考察我国肖像权的司法实践，即使在一些概念的界定、学说的梳理、观点的审视上，也有意地援引了判决书中审判一线民商事法官的观点，故在本书中大量的肖像权纠纷裁判被引用。虽然判决书的知识产权不受著作权法保护，但是本书的完成很大程度上依赖于这一学术宝藏所展现的审判法官的立场，从这个角度出发，参与其中每一个裁判的法官都是本书重要的参与者，对此本书必须要特别予以说明。

一、肖像的研究成果

在我国，对肖像的概念有着不同的理解。以定义的角度不同，可以分为“自然人形象再现说”“面部形象说”“外部形象说”三种主要观点。杨立新的《人格权法》，佟柔主编的《中国民法》，王利明、杨立新主编的《人格权与新闻侵权》，张俊浩的《民法学原理》等采用“自然人形象再现说”。龙显铭的《私法上民法之保护》，王利明的《人格权法研究》《论肖像权》，郭明瑞、张玉东的《肖像权三题》等采用“面部形象说”。隋彭生的《肖像权的客体》采用“外部形象说”。

许多与肖像有关联的人格利益虽不属于肖像，但对这些具有可识别性的人格利益可以通过类推肖像的方法予以保护，实现了肖像范围的扩张。王泽鉴的《人格权法：法释义学、比较法、案例研究》认为，肖像指个人所呈现之面貌的外部形象，呈现的载体如何，在所不问。对于肖像范围的扩张，王利明的《人格权法研究》、张红的《人格权各论》进行了较为详细的论述。张红的《人格权各论》主张模仿构成对权利人肖像权的侵害，具有可识别性的绘画或者雕塑为法律意义上的肖像。王利明的《人格权法研究》主张，如果漫画能够识别出特定的主体，具有可识别性，就涉及肖像权的问题。关于演员剧照形象是否应纳入肖像保护范围的问题，史浩敏的《几种特殊肖像的法律保护探讨》认为，演员剧照形象以演员本人的形象为基础，演员对此享有肖像权。王利明的《人格权法研究》、陈静的《大众传播中的肖像权利研究》认为，对此应以是否具有可识别性为标准，具有可识别性的演员剧照形象，演员可以主张肖像权，反之，不能主张肖像权。对于素描、雕塑是否可以纳入肖像保护范围，张红的《人格权各论》、王利明的《人格权法》均认为，对此应以是否具有可识别性为判断标准，具有可识别性的素描和雕塑，属于肖像的范围。

可识别性是肖像概念的核心。关于可识别性的范围，王泽鉴的《人格权法：法释义学、比较法、案例研究》认为，除了自然人的面部形象之外，还包括身体其他部位的形象。王叶刚的《论肖像的可识别性及其判断》主张，除通过面部特征和其他身体部分判断肖像是否具有可识别性，还需要考量其他因素予以综合判断。关于肖像可识别性判断的标准，张红的《肖像权保护中的利益平衡》以及王利明的《人格权法研究》主张，应坚持“一般人标准”。

二、肖像权的研究成果

国内外学界主要从“权利侵害”“人之尊严”“自主决定权”“权利客体”四个角度界定肖像权。部分日本、法国学者以“权利侵害”角度界定肖像权。日本学者五十岚清的《人格权法》从被动人格权角度出发将肖像权定义为一种他人擅自发表或制作肖像时,可以对这一行为加以禁止的权利。张民安的《法国人格权法》(上)介绍了法国学者纳森(Nerson)、卡尔博尼尔(Carbonnier)以“权利侵害”角度界定肖像权的概念。以“人之尊严”角度界定肖像权概念的代表为王泽鉴,其在《人格权法:法释义学、比较法、案例研究》中认为,肖像权乃人之尊严及价值体现于对自己肖像上人格特征的自主权利。部分德国学者主张以“自主决定权”角度界定肖像权。陈龙江的《人格标志上经济利益的民法保护:学说考察与理论探讨》中介绍,德国的多数学者认为肖像权保护的是肖像权人对肖像的处分自由,德国学者哥丁(Götting)甚至主张,肖像权保护的客体是人的“自我表现自治权”。我国学界通说以“权利客体”角度界定肖像权,杨立新的《人格权法》、张红的《人格权各论》、王利明的《人格权法研究》将肖像权定义为,自然人享有的以自己肖像所体现的人格利益为内容的具体人格权。

(一)肖像权与形象权、名誉权、身体权的界分

关于肖像权与形象权的边界,郑成思的《版权法》、杨立新的《人格权法》、董炳和的《论形象权》、王利明的《论人格权的商品化》、李明德的《美国形象权法研究》、马特的《人格权与财产利益关系考》、杨立新、林旭霞的《论形象权的独立地位及其基本内容》、吴汉东的《形象的商品化与商品化的形象权》等文献进行了探讨。肖像权与名誉权关系密切,侵害自然人的肖像权也有可能导致对他人名誉权的侵害。王利明的《人格权法研究》对肖像权与名誉权关系作了专题研究。此外,王泽鉴的《人格权法:法释义学、比较法、案例研究》、陈静的《大众传播中的肖像权利研究》也对相关问题展开了论述。肖像权与身体权也有着密切的联系,人的面部是身体的重要组成部分,对人面部的毁损不仅会侵害权利人的身体权,而且会导致其无法行使肖像权。王利明的《人格权法研究》、黑龙江大学柳春光的博士学位论文《身体权研究》对肖像权与身体权的关系进行了相关论述。

（二）关于肖像权的主体

《民法通则》第100条使用了“公民”的概念。郭明瑞的《民法》认为，“公民”的概念等同于“自然人”。王泽鉴的《人格权法：法释义学、比较法、案例研究》认为，肖像权的主体为自然人，不存在“物的肖像权”。

（三）关于肖像权的客体

学界主要围绕肖像权的客体是肖像利益还是肖像要素存有争议。“人格利益说”主张肖像权的客体是肖像利益，彭万林的《民法学》、申政武的《论人格权及其人格损害的赔偿》、王利明的《人格权法新论》《人格权法》、张红的《人格权各论》、杨立新的《人格权法》持“人格利益说”。“人格要素说”主张，“人格利益说”混淆了权利客体与权利保护目的之间的界限，肖像权的客体是肖像要素。温世扬的《论“标表型人格权”》、马俊驹的《人格和人格权理论讲稿》、郑晓剑的《人格权客体理论的反思——驳“人格利益说”》、马俊驹的《从人格利益到人格要素——人格权法律关系客体之界定》等持“人格要素说”。

（四）关于肖像权的权能

张红的《人格权各论》、王利明的《人格权法》、杨立新的《人格权法》进行了专门论述。目前学界主要有“二元说”“三元说”“四元说”三种观点。张俊浩的《民法学原理》、吕国强的《肖像权保护中的几个法律问题》持“二元说”。张俊浩的《民法学原理》认为，肖像权的权能包括肖像制作权、标表使用权。吕国强的《肖像权保护中的几个法律问题》认为肖像权的权能包括形象再现权、肖像使用权。魏振瀛主编的《民法》、日本学者五十岚清的《人格权法》及郭明瑞、张玉东的《肖像权三题》持“三元说”。魏振瀛主编的《民法》认为，肖像权的权能包括肖像制作权、维护肖像完整权、肖像使用权。五十岚清的《人格权法》认为，肖像权的权能包括“禁止他人擅自制作自己的肖像的权利”“禁止擅自公开发表制作的肖像的权利”“禁止以营利目的擅自利用肖像的权利”。郭明瑞、张玉东的《肖像权三题》认为，肖像权的权能包括肖像制作权、肖像使用权、肖像利益维护权。王利明的《人格权法研究》、杨立新的《人格权法》持“四元说”。王利明的《人格权法研究》认为，肖像权的权能包括肖像享有权、肖像制作权、肖像使用权、禁止侵害权。杨立新的《人格权法》认为，肖像权的权能包括制作专有权、使用专有权、使用转让权、利益维护权。

(五)关于肖像权的功能

张红的《人格权各论》、马俊驹的《人格和人格权理论讲稿》、王泽鉴的《人格权法：法释义学、比较法、案例研究》认为肖像权有助于维护人格尊严。马俊驹的《人格和人格权理论讲稿》认为肖像权内核为可得享有肖像的权利，表现在可以自己使用也可以许可他人使用，有展现意志自由的功能。肖像权具有维护肖像利益的功能，肖像利益包括精神利益和财产利益。张红的《人格权各论》主张，对肖像精神利益的维护，包含自然人对肖像享有完整的权利，有权禁止他人未经同意公开、使用、玷污及毁损肖像。祝建军的《人格要素标识商业化利用的法律规制》认为，肖像权人可以通过肖像获得财产利益，法律应承认和保护这种利益，否则会造成其他人“搭便车”，对肖像权的保护就不够充分和全面。

三、肖像权的比较研究成果

英国、美国等主要普通法系国家，未在立法中确立肖像权的概念。对发生在不同领域的肖像权的侵权行为，运用不同的部门法予以调整。萨利·斯皮尔伯利(Sallie Spilsbury)的《媒体法》、胡雪梅的《英国侵权法》、张今的《英国：姓名、形象的商品化和商品化权》、凯文·M.费希尔的《美国和英国公开权保护的比较探究》对英国关于肖像权的保护制度进行了介绍。郑成思的《版权法》、李明德的《美国知识产权法》、张民安的《公开权侵权责任制度研究——无形人格权财产性理论的认可》、肯尼斯·科布勒(Kenneth Kobre)的《美国新闻摄影教程》，杨立新和林旭霞的《论形象权的独立地位及其基本内容》、洪伟的《大众传媒与人格权保护》、邓宏光的《论个人形象商业价值之保护——以美国公开权为中心》、尼默(Nimmer)的著作 *The Right of Publicity*、迈克尔·马多(Michael Madow)的 *Private Ownership of Public Image* 等对美国形象权制度进行了介绍。

德国、法国等大陆法系国家要么通过制定法，要么通过判例法，均实际承认具有排他性的独立肖像权，并且将其权利本质上视为人格权。陈静的《大众传播中的肖像权利研究》专章研究“肖像法律保护的比较研究”，张民安的《无形人格侵权责任研究》有“大陆法系国家的肖像侵权责任”，对主要大陆法系国家肖像权制度进行了较为详细的介绍。王泽鉴的《人格权保护的课题与展望——人格权的性质及构造：精神利益与财产利益的保护》《人格权法：法释义学、比较法、案例研究》、陈龙江的《人格标志上经济利益的民法保护：学说考察与理论探讨》对德国的肖像权制度进行了较为详细的论述。此外，龙显铭的《私法上人格权之保护》，杨立新和孙博的《国外人格权的历史发展》、袁雪石和陈怡的《在激进与保守之间——1958年德国民法典人格和名誉保护改革法草案评述》、雷炳德的《德国著作权法》、王利明的《人格权法研究》、张新宝的《名誉权的法律保护》、张民安的《一般人格权理论在法国民法中的地位》、钱婕的《肖像权的法律保护：西方的理论与实践》都在不同程度对德国、法国的肖像权立法与保护进行了研究。

在两大法系国家肖像权保护模式的评析上，浦增平1992年在《法律科学》发表《肖像权保护模式的比较研究》，是我国较早采用比较研究方法对肖像权保护模式进行研究的学者。此外，王利明的《人文关怀与人格权独立成编》、陈静的《大众传播中的肖像权利研究》、宋宗宇和何慧丽的《肖像权保护的立法模式与现实选择——兼评刘翔肖像侵权纠纷案》对两大法系国家的肖像权保护模式进行了介绍及比较研究。

四、肖像权案例、评析的研究成果

本书分析了十一类158件肖像权纠纷裁判[1]。在分析纠纷裁判的过程中，本书借助以下文献中的研究成果对肖像权纠纷裁判展开分析。虽然其中一些并不是典型意义的法律实证研究文献，但本书对肖像权纠纷裁判的分析正是以这些文献的研究成果为基础。

（一）死者肖像纠纷裁判的分析

关于死者肖像保护的依据，杨伏英的《论死者肖像权及其保护》、郑秋红的《去世的人仍然享有肖像权》采“权利保护说”，认为死者肖像保护的依据为死者的肖像权。杨立新的《人身权法论》、王利明的《人格权法研究》采“法益说”，认为死者肖像保护的依据为死者的肖像利益。葛云松的《死者生前人格利益的民法

[1] 本书分析的案例均来源于法律案例数据库“北大法宝”。

保护》、史浩敏的《几种特殊肖像的法律保护探讨》等采“近亲属利益说”，认为死者肖像保护的是死者近亲属的利益。对死者肖像财产利益的保护，张红的《死者生前人格上财产利益之保护》、王利明的《人格权法研究》认为，死后人格上的财产利益仍然存在，可以由其继承人继承，我国应采取美国的形象权模式对死者人格上的财产利益予以保护。杨立新的《人格权法》认为，死者人格利益中的财产利益应由近亲属承受，但承受不等于继承。对于死者保护的期限，日本学者五十岚清在《人格权法》中主张，应设立30年的固定保护期限；张红的《人格权总论》中主张，保护期限可以为50年；杨立新、林旭霞的《论形象权的独立地位及其基本内容》主张，死者形象利益的保护期限为死者近亲属的生存期限。杨巍的《死者人格利益之保护期限》认为，对死者人格上精神利益与财产利益应确定不同的保护期限，死者人格上精神利益的保护期限为死者近亲属的生存期限，死者人格上财产利益以自然人死后50年为保护期限。

（二）集体肖像纠纷裁判的分析

王利明在《人格权法研究》中认为，对于人物众多且个人特征不突出的集体肖像，集体成员无权主张个人肖像权，只能主张集体肖像权。王泽鉴的《人格权法：法释义学、比较法、案例研究》中对集体肖像权持否定态度，认为多数人群（集体）不具组织体，不享有人格权。此外，张红在《肖像权保护中的利益平衡》、郭发产在《“集体肖像权”的法律问题——析姚明与可口可乐公司肖像权纠纷案》也对集体肖像权持否定态度。

（三）未成年人肖像权纠纷裁判的分析

柳剑晗的《未成年人个人信息权民法保护的立法思考》、刘金霞的《未成年人隐私权与监护权知情权：和谐、冲突与法律规制》、孙平的《冲突与协调：言论自由与人格权法律问题研究》等文献对未成年人人格权的保护进行了探讨。

（四）肖像认定纠纷裁判的分析

对肖像可识别性的判断标准，王利明在《人格权法研究》中认为，可识别性的判断不能以熟人能否判断为标准，应采一般人标准。张红在《人格权各论》中则认为，精神损害是一种人的内心感受，法院将其判断标准交由除本人之外的一般大众显然不利于肖像权人精神利益的维护。

（五）演员剧照形象纠纷裁判的分析

使用演员剧照形象是否侵犯肖像权的问题，主要有“肯定说”和“否定说”。郭明瑞、张玉东的《肖像权三题》对此持否定态度。赵静秋的《几种特殊的肖像侵权问题》、史浩敏的《几种特殊肖像的法律保护探讨》、高翼飞的《角色肖像成为演员肖像权的客体考量》持“肯定说”。浦增平的《肖像权保护的审判实践与理论探索》认为，演员剧照形象一般受肖像权保护，但是特定历史人物的演员剧照形象不受保护。对于虚拟人物的演员剧照形象是否受肖像权保护，张民安的《无形人格侵权责任研究》、高翼飞的《角色肖像成为演员肖像权的客体考量》对此持肯定态度，认为即便演员的真实形态和神态同其扮演的角色的形态和神态不一样，如果演员扮演的角色深入人心，那扮演角色的形态和神态为肖像。

（六）文学、艺术、科学作品肖像纠纷裁判的分析

杨立新、尹燕在《侵害肖像权及其民事责任》中对“上海科技报社案”及最高人民法院对此案的复函进行了专门评述。王利明在《人格权法研究》中认为，科学研究、文化教育为肖像权侵权的违法阻却事由。日本学者五十岚清在《人格权法》中认为对此应持谨慎态度，只有在特殊情况下，为了学术（主要是医学）目的，一定范围内拍摄和公开发表肖像的行为也存在被许可的情况。苏力在《〈秋菊打官司〉的官司、邱氏鼠药案和言论自由》中认为，文学创作自由和科学讨论自由本质上属于言论自由。

（七）摄影、美术作品肖像纠纷裁判的分析

本部分主要涉及两个问题，肖像权与著作权的平衡及人体模特肖像权的保护。关于肖像权与著作权的平衡，王利明的《人格权法研究》、郭明瑞和张玉东的《肖像权三题》，杨立新的《人格权法》主张，相比于著作权，应优先保护肖像权。张红宵的《论肖像摄影作品的肖像权与著作权》则主张，在肖像权与著作权发生冲突时，一概认为著作权服从于肖像权的观点是不正确的，肖像权人不能仅凭肖像权获得肖像作品的所有权，肖像权人营利使用肖像作品，应取得著作权人的许可。关于人体模特肖像权的保护，后力、王小咪的《公民肖像权若干问题的再思

考》认为,如事先取得了人体模特同意并支付报酬,著作权人可以不经人体模特同意使用肖像作品。王利明的《人格权法研究》则认为,如果未经人体模特同意或双方未达成协议,著作权人虽有权制作、收藏肖像作品,但无权将肖像作品展览、陈列、复制。杨立新的《人格权法》不同意该观点,认为如果没有禁止性约定,肖像作品的使用应限制在著作权人本人使用的范围,即进行艺术品一般的展览、复制、出卖等活动,不得转让他人。

(八)新闻报道利用肖像纠纷裁判的分析

对于新闻报道中是否可以未经同意使用肖像,一些学者对此持谨慎的支持态度。王利明的《人格权法研究》认为,如新闻报道满足具有较强的新闻性、与公共利益相关、事实属实、评论正当等条件,构成肖像权的合理使用。杨立新、尹艳的《侵害肖像权及其民事责任》认为,在时事新闻报道中使用肖像构成肖像权的合理使用。王泽鉴的《人格权法:法释义学、比较法、案例研究》认为,新闻报道是否构成肖像权的合理使用需就个案事实运用比例性原则调和相冲突的权利来判断。魏永征的《百岁老人肖像权案的议论——九说新闻媒介和人格权》认为,新闻报道构成肖像权的合理使用必须是在新闻报道中直接使用肖像。

(九)合理使用肖像纠纷裁判的分析

刘易、骆正言的《论肖像权的阻却要件——兼与日本人格权理论比较》指出,日本学者认可的肖像权阻却违法要件包括:①犯罪的搜查;②犯罪的预防;③报道自由;④学说和艺术自由;⑤公众人物;⑥风景的一部分。陈静的《大众传播中的肖像权利研究》认为,大众传播中肖像权合理使用的原则为:①公众人物原则;②公共场所原则;③公共利益原则。王泽鉴的《人格权法:法释义学、比较法、案例研究》认为,肖像权的违法阻却事由包括人物为风景的一部分,新闻自由,为预防犯罪、记录交易过程而安装监视器等情形,肖像权的违法阻却事由并不是绝对的,应依利益衡量原则而确定。王利明的《人格权法研究》,杨立新、尹艳的《侵害肖像权及其民事责任》,张民安的《无形人格权侵权责任研究》也对肖像权的合理使用情形进行了相关论述。

（十）网络服务提供者利用肖像纠纷裁判的分析

陈昶屹的《网络人格权侵权责任研究》、张新宝的《互联网上的侵权问题研究》、张新宝和任鸿雁的《互联网上的侵权责任:〈侵权责任法〉第36条解读》、杨立新的《〈侵权责任法〉规定的网络侵权责任的理解与解释》、王利明的《论网络侵权中的通知规则》等文献,对网络服务提供者的侵权责任进行了相关论述。

（十一）商业利用肖像纠纷裁判的分析

我国民法学界对于肖像等人格标识商业化利用保护有多种学说。商品化权说认为,基于人格标识的商业化利用而产生的民事权益是一种新型民事权利。谢晓尧的《商品化权:人格符号的利益扩张与衡平》、张丹丹和张帆的《商品化权性质的理论争议及反思》、刘春霖的《商品化权论》持此种观点。商事人格权说认为,自然人、法人对指代其人格符号的要素具有经济利益内涵的商事人格利益。程合红的《商事人格权论——人格权的经济利益内涵及其实现与保护》持此种观点。知识产权说认为,人对指代其人格符号的要素享有在商业上使用的权利,是一种知识产权。熊伟的《形象权法律制度研究》、祝建军的《形象权的知识产权属性——"三军仪仗队形象权"纠纷案引发的思考》持此种观点。无形财产权说认为,主体对其知名形象商品化利用享有的权利,是一种无形财产权。吴汉东的《形象的商品化与商品化的形象权》持此种观点。人格权说认为,人格权的商品化使得人格权所包含的财产利益得到充分的利用和保护,但这并不改变人格权的本质属性,人格权仍以精神利益为主要内容。王利明的《人格权法研究》,杨立新、林旭霞的《论形象权的独立地位及其基本内容》持此种观点。

我国学界通说认为,"以营利为目的"不为肖像权侵权责任的构成要件。杨立新的《人格权法》、王利明的《人格权法研究》、张红的《人格权各论》持此种观点。关于以商业利用方式侵害肖像权的救济,王利明的《人格权法》主张,为全面救济权利人,未经许可商业利用权利人肖像,应注重发挥财产损失赔偿功能。关于确定侵权赔偿数额,祝建军的《人格要素标识商业化利用的法律规制》主张,全面考虑肖像标识在行为人从事商业行为中的"获利比例"。王利明的《人格权法》介绍,德国法律允许权利人按照拟制的许可使用费标准请求行为人赔偿。

关于未经同意商业利用肖像并受有利益,是否构成不当得利。王泽鉴的《不当得利(第二版)》认为,未经同意商业利用权利人肖像,侵害他人肖像权而获得利益,属于权益侵害型不当得利。关于是否存在侵权损害赔偿请求权与不当得利返还请求权的竞合,王泽鉴的《不当得利(第二版)》持竞合发生说,认为不当得利请求权可以与侵权损害赔偿请求权竞合并存。姚辉的《人权法论》介绍,法国、瑞士实践中采不当得利请求权辅助性理论的竞合否认说,我国学界主流观点亦采竞合否认说立场。

第二章　肖像权概述

肖像权是自然人享有的一项重要的具体人格权。《民法典》出台前，我国并未在立法上明确肖像的概念。《民法典》第1018条第2款规定，肖像是通过影像、雕塑、绘画等方式在一定载体上所反映的特定自然人可以被识别的外部形象。对肖像权展开研究，应在厘定肖像的概念、内涵、要素和功能的基础上展开。

第一节　肖像的概念界定

对肖像概念的界定，主要有非法学意义上的界定与法学意义上的界定两种。本文对肖像概念的界定为法学意义上的界定。

一、肖像的概念

法学意义上肖像的概念，最早见于1876年德国颁布的《美术著作之著作权法》和《不法模作之照相保护法》，初步提出了肖像的法律概念。[1]当时人们意识到肖像是以作品形式存在，是一种智力创作成果，故通过著作权对肖像加以保护，保护的仅仅是肖像作品作者的利益。[2]1896年柏林高等法院法官克思奈在其著作《肖像权论》中提出了肖像权保护的新观念。[3]人们才注意到肖像作为一种与特定自然人相联系的标识，在这种标识上还有某种比作者利益更重要的利益，此种利益法律应予保护。[4]1907年德国立法机关颁布新的《艺术和摄影作品著作权法》，确认肖像为法律概念。

《民法典》出台前，我国并未在立法上明确肖像的概念。关于肖像的概念，学

---

❶ 龙显铭．私法上人格权之保护[M]．上海：中华书局，1949：93-94.

❷ 程啸，杨明宇．肖像权与肖像作品著作权冲突的研究[J]．四川大学学报（哲学社会科学版），2000（3）：112.

❸ 龙显铭．私法上人格权之保护[M]．上海：中华书局，1949：93-94.

❹ 程啸，杨明宇．肖像权与肖像作品著作权冲突的研究[J]．四川大学学报（哲学社会科学版），2000（3）：112.

界对此也见解不一。以定义的角度不同，主要可分为“自然人形象再现说”“面部形象说”“外部形象说”三种观点。

（一）自然人形象再现说

自然人形象再现说认为，肖像是一定物质载体上自然人形象的客观反映。这种学说对肖像的定义主要有：肖像是公民人身真实形象及特征的再现[1]；肖像是以一定的物质形式表现出来的自然人的形象，表现为照片、绘画、录像，也可以表现为艺术摄影、雕塑、雕像等[2]；肖像是采用摄影或造型艺术手段反映自然人包括在内的形象的作品[3]；肖像是公民个人形象通过绘画、照相、雕刻、录像、电影等艺术形式，使公民外貌在物质载体上再现的视觉形象[4]。司法实践中，一些纠纷裁判认定肖像采用了自然人形象再现说。如在许某某诉兰溪市电信局等肖像权纠纷案中，法院认为，肖像是自然人形象基本特征的浓缩和再现，是自然人外貌通过艺术形式在一定物质载体上再现形成的视觉形象。[5]自然人形象再现说认为，肖像不是自然人形象本身，而是自然人形象在一定物质载体上的真实反映。这种视觉形象，或可称之为“映像”，它是一种视觉形象，需要观赏者以视觉来感知。[6]肖像虽然以自然人的面部形象为主，但不应局限为面部形象，还应包括自然人的整个外貌形象。自然人形象再现说重视肖像的物质性，将肖像定义为具有物质属性的视觉反映，认识到肖像可以与自然人在客观上相脱离，为肖像的使用、流通奠定了基础，肖像权的物质性得到了很好的体现。目前，自然人形象再现说为我国学界的通说。《民法典》采自然人形象再现说。《民法典》第1018条第2款规定，肖像是通过影像、雕塑、绘画等方式在一定载体上所反映的特定自然人可以被识别的外部形象。

（二）面部形象说

面部形象说认为，应围绕自然人的面部形象来定义肖像。这种学说对肖像

[1] 佟柔．中国民法[M]．北京：法律出版社，1990：485.

[2] 史浩敏．几种特殊肖像的法律保护探讨[J]．政法学刊，1992(1)：24.

[3] 张俊浩．民法学原理[M]．北京：中国政法大学出版社，1991：149.

[4] 王利明，杨立新．人格权与新闻侵权[M]．北京：中国方正出版社，1995：275.

[5] 浙江省兰溪市人民法院(2000)兰民初字第1311号民事判决书[Z].

[6] 杨立新．人格权法[M]．北京：法律出版社，2015：192.

的定义主要有：肖像仅指人的面部形象[1]，“肖像者，人之容姿之模写也，分绘画、照相、雕刻等类”[2]；“肖像是指通过绘画、照相、雕塑等各种艺术形式而使公民的面部特征在物质载体上再现的视觉形象”[3]；“只有含有自然人面部特征的形象，才能称为肖像”[4]。司法实践中，一些纠纷裁判认定肖像采用了面部形象说。如在阿衣木汗·阿不拉等诉吐鲁番食品饮料总厂肖像权纠纷案中，法院就认为，被告使用图片上的人物都是远距离、陪衬性的影像，人物的面部，有的看不清，有的看不见，被告的行为不构成对原告肖像权的侵犯。[5]在叶某诉安贞医院等肖像权纠纷案中，法院认为，被告使用的是自然人面部局部器官的照片，照片中只有面部的嘴和鼻子部分，无法体现自然人外貌的视觉形象，不为肖像。[6]面部形象说认识到自然人的面部及面部周围具有高度的可识别性，能够集中体现和反映自然人独特的人格特征，是“自然人众多自我人格当中最稳定、最核心的自我”。[7]面部形象说也存在缺点，将肖像局限于自然人的面部形象限缩了肖像的范围，不利于对肖像的充分保护。有学者对面部形象说表示反对，理由为肖像虽以人的面部形象为主要反映对象，但面部形象并不是肖像的全部内容，对肖像的认定“应从宽解释，凡足以呈现个人外部形象者，均包括在内”。[8]在法国，巴黎法院在一个案例中以最亲密的人可以由此辨认，宣判女星凯瑟琳·德纳夫（Cathertine Deneuve）对其胸部享有“肖像权”。[9]

（三）外部形象说

外部形象说认为，肖像是与人身不可脱离的外部形象，在没有被人体以外的物质载体固定之前自始存在，是人格不可或缺的要素，肖像包括人的容貌与体

---

❶ 王利明．论肖像权［A］//民商法研究（第一辑）［C］．北京：法律出版社，2001：189.

❷ 龙显铭．私法上民法之保护［M］．上海：中华书局，1949：93.

❸ 王利明．人格权法研究［M］．北京：中国人民大学出版社，2005：446.

❹ 郭明瑞，张玉东．肖像权三题［J］．浙江工商大学学报，2014（1）：34.

❺ 新疆维吾尔自治区吐鲁番地区中级人民法院（1996）吐地法民终字第39号民事判决书［Z］.

❻ 北京市第二中级人民法院民事判决书［Z］．［法宝引证码］CLI. C. 67312.

❼ 张民安．无形人格侵权责任研究［M］．北京：北京大学出版社，2012：620.

❽ 王泽鉴．人格权法：法释义学、比较法、案例研究［M］．北京：北京大学出版社，2013：141.

❾ 王利明．人格权法研究［M］．北京：中国人民大学出版社，2005：474.

貌。[1]这种观点还认为，肖像与映像不同，映像是自然人肖像的反映，是肖像的物化与外化；肖像自始存在，与人身不可分离，是映像的本源。[2]外部形象说主要有以下两点缺陷：一是外部形象说将肖像定义为与自然人人身不可分离的外部形象，是人存在本身所固有的，依赖于人的身体的人格要素。按照这种学说，肖像权将成为一种与身体权、健康权等并列的物质性人格权，与传统民法关于肖像权为精神性人格权的认识存在冲突。二是按照外部形象说的定义，肖像包括自然人的容貌和体貌。肖像既为肖像权的客体，同时亦为身体权的客体，毁损他人容貌既侵害自然人的身体权，亦侵害了肖像权。肖像权与身体权如何区分，竞合时如何处理，该种学说并没有给出有说服力的答案。

相比于面部形象说、外部形象说，自然人形象再现说更为可取。肖像是指通过绘画、影像等方式在一定载体上反映的特定自然人可被识别的视觉形象。主要理由为：

第一，肖像是自然人形象在物质载体上的客观反映，但不是自然人外部形象本身。自然人形象只有经过再现得到的视觉形象才为肖像。肖像是一种需要观赏者感知的视觉形象。[3]外部形象说将肖像界定为自然人的外部形象本身，混淆了外部形象与外部形象"映像"之间的区别。对此，有学者提出了质疑，认为肖像不是自然人外部形象本身，而是通过各种艺术手段使自然人外貌在物质载体上再现的视觉形象。[4]

第二，肖像与肖像载体不同。肖像为自然人形象在物质载体上再现的视觉形象，不为肖像载体本身。肖像权保护的对象不是肖像的载体（如图画、照片），而是一种"无体的、想象中的形体"。[5]

第三，肖像虽以自然人的面部形象为主要反映对象，但肖像的内容不仅仅是面部形象。面部形象说限缩了肖像的范围。正如有学者指出的，"肖像固以人之面部特征为主要内容，但应从宽解释"。[6]也有学者认为，肖像虽主要反映自然人

---

[1] 隋彭生.论肖像权的客体[J].中国法学，2005(1)：48.

[2] 隋彭生.论肖像权的客体[J].中国法学，2005(1)：49-50.

[3] 杨立新.人格权法[M].北京：法律出版社，2015：192.

[4] 杨立新.人格权法[M].北京：法律出版社，2011：441.

[5] 陈龙江.人格标志上经济利益的民法保护：学说考察与理论探讨[M].北京：法律出版社，2011：26.

[6] 王泽鉴.人格权法：法释义学、比较法、案例研究[M].北京：北京大学出版社，2013：141.

的面部形象，但也包括自然人的全身形象和其他部位的局部形象。❶随着科技的发展，对肖像的认定不宜采取过于严格的标准，否则许多肖像权人的利益将无法得到保护。❷在孟某某诉周某某肖像权纠纷案中，被告通过移除原告的头部影像，利用原告的身体影像，通过计算机合成了被告与冰心的合影照片。江苏省无锡市中级人民法院认为，自然人的躯体（影像）也应为肖像权的保护范围。❸

第四，自然人的视觉形象只有具备可识别性的标准才可以纳入肖像的范畴。如果进行了较大的艺术夸张，使得在视觉效果上不能辨认出自然人，同样不能认为是肖像。在美国，名人依据肖像遭受侵害提起形象权诉讼，原告需要证明被告在电影或照片中使用的人格特征是原告的人格特征，这一理论被称为“可识别性”理论。❹在德国，当法院依据《艺术和摄影作品著作权法》第22条❺判断是否构成肖像权侵权时，关键取决于使用的是否为自然人具有可识别性的肖像。如果通过服饰、动作、发型等因素，一般公众足以辨认出其为特定的人，他人的背影或侧面也为肖像。❻在蓝天野诉天伦王朝饭店有限公司等肖像权、名誉权纠纷案中，法官从可识别性的角度论证了艺术作品中的人物剧照确属肖像。❼判断是否具有可识别性的标准并不拘泥于一般的公众。在德国的一起案件中，被告为一家电视机制造商，其在广告中使用了一位著名足球守门员的背影，德国联邦法院认为，由于这一背影的特殊，使得一部分人可以识别出原告，被告侵犯了原告的肖像权。❽

---

❶ 高翼飞. 角色形象成为演员肖像权的客体考量[J]. 人民司法，2013(16)：37.

❷ 李林启. 论发展着的人格权[M]. 北京：法律出版社，2018：277-278.

❸ 江中帆. “身体拼接”引发肖像权之争[J]. 检察风云，2010(2)：47.

❹ 苏珊娜·伯格曼. 美国和德国公开权制度的比较研究[A]//张民安. 公开权侵权责任研究：肖像、隐私及其他人格特征侵权[C]. 广州：中山大学出版社，2010：280.

❺《艺术和摄影作品著作权法》第22条：“经肖像权人同意的，肖像才能被传播或展示。肖像权人就肖像的制作已经获得报酬的，在有疑问时，视为肖像权人已经给予同意。在肖像权人死亡的10年内，需要获得肖像权人的近亲属的同意。本法意义上的近亲属，指继续存活的配偶或生活伴侣，以及肖像权的孩子，不存在配偶或生活伴侣也不存在孩子的，指肖像权人的父母。”

❻ 苏珊娜·伯格曼. 美国和德国公开权制度的比较研究[A]//张民安. 公开权侵权责任研究：肖像、隐私及其他人格特征侵权[C]. 广州：中山大学出版社，2010：294.

❼ 北京市东城区人民法院(2002)东民初字第6226号民事判决书[Z].

❽ 苏珊娜·伯格曼. 美国和德国公开权制度的比较研究[A]//张民安. 公开权侵权责任研究：肖像、隐私及其他人格特征侵权[C]. 广州：中山大学出版社，2010：294.

二、肖像范围的扩张

随着经济社会的发展,具有可识别性的模仿、漫画、演员剧照形象、素描雕塑等被纳入肖像的范围,实现了肖像保护范围的扩张。有学者甚至主张,个人在视觉上能够辨识的其他身体标识,如掌纹、指纹等,也可以准用肖像权的保护方法。[1]在我国,司法实践中也出现了因使用背部照片被法院判处侵害肖像权的案例。[2]

(一)模仿

模仿,亦做摹仿,是指个体自觉不自觉地重复他人行为的过程,重复的内容包括声音、相貌、风格等。由于科技的发展,模仿的方式和方法越来越多。我们经常在电视或商品推销会上看到,有酷似明星的人在向我们打招呼或推销商品。

在德国著名的"蓝天使案"中,被告在广告中利用了原告马琳尼(Marlene)所主演电影中的著名场景,但原场景中原告被置换为与其装扮相仿的其他人,德国联邦法院认为,容貌虽不相似,但通过电影场景能够使人产生出涉及某特定名人的印象,同样属于对该名人肖像权的侵害,将模仿行为纳入肖像的概念之中。[3]同样的案例也发生在美国,在"怀特诉三星电子公司(美国)(White v. Samsung Electronics American, Inc.)案"中,被告三星公司在其广告中以一个机器人作为商品代言人,而该机器人的装扮与《幸运之轮》(Wheel of Fortune)节目主持人凡娜·怀特(Vanna White)极为相似。第九巡回法庭认为,习惯法上的形象权不限于对他人姓名及外观的侵害,只要未经权利人同意而为任何能够与权利人产生联想之行为,均属侵害形象权。法院引用普罗塞(Prosser)教授的观点:即使没有直接使用他人的名字或者肖像,而是进行模仿,也有可能是滥用了他人的身份,侵害了他人的形象权。[4]这一主张同样体现在以机器人进行模仿的"温特诉奥斯特国

[1]杨立新. 中国人格权立法报告[M]. 北京:知识产权出版社,2005:365.

[2]高三女生背影照片上杂志封面模特背影获赔两千[DB/OL].[2021-09-12]. http://news.sohu.com/64/78/news212727864.shtml.

[3]张红. 人格权各论[M]. 北京:高等教育出版社,2015:155.

[4]安吉拉·D. 库克. 公开权是否应保护演员所饰演的角色[A]//张民安. 公开权侵权责任研究:肖像、隐私及其他人格特征侵权[C]. 广州:中山大学出版社,2010:183.

际公司(Wendt v. Host International,Inc.)案”中,法院将被告公司所利用的机器人与原告具有相似性作为形象权受侵害的理由。[1]模仿并不当然排除侵害肖像权,如果一个人通过模仿,使他人误以为模仿人就是被模仿人,即通过模仿使得模仿人与被模仿人之间建立了可识别的联系,人们通过模仿可以联想到特定的被模仿人,那此时可以通过扩张肖像范围的方式来保护被模仿人的利益。

（二）漫画

漫画是一种采用夸张和扭曲的绘画手法来展现个人形象的艺术形式。对于漫画形象是否属于肖像,主要有两种观点:否定说和肯定说。否定说认为,人物漫画是以夸张的形式来再现自然人的形象,因其不具备真实性,故不能称之为肖像。[2]肯定说认为,如果漫画中能够识别出特定的主体,即具有可识别性,那就涉及肖像的问题。[3][4]对于以特定人物为表现对象并且真实反映了自然人的显著特征,能够与自然人建立可识别性联系的漫画形象属于肖像。

在我国,赵本山诉兰州万顺通航空票务服务有限公司等肖像权纠纷案中,被告制作的广告片中有与赵本山艺术形象相类似的卡通人物形象,仿造2009年中央电视台春节联欢晚会小品《不差钱》中的角色设置。一、二审法院认为,依一般人的标准判断,该广告中电子卡通人物的主体形象、声音特质、艺术特点,能够引人产生与赵本山小品形象联想的视听觉效果,该广告片中反映的场景与角色设置又与小品《不差钱》相雷同,同样使一般观众产生卡通人物即为赵本山的合理联想,侵害了赵本山的肖像权。[5]在王岳伦诉广州沙河丰田汽车销售服务有限公司等肖像权纠纷案中,被告在网站的宣传推广文章中使用了包含原告形象的卡通图片,法院认为,争议卡通图片对人物外貌特征的描绘并不十分细致、具体,但是结合案涉某文所提及的《爸爸去哪儿》这一电视节目、图片的其他细节及某文中的其他卡通图片,一般公众足以从该卡通图片中辨识出原告的形象,即案涉卡

---

[1] 安吉拉·D.库克.公开权是否应保护演员所饰演的角色[A]//张民安.公开权侵权责任研究:肖像、隐私及其他人格特征侵权[C].广州:中山大学出版社,2010:185.

[2] 金松.公民肖像权的若干问题探讨[J].法学天地,1995(6):5.

[3] 王利明.人格权法研究[M].北京:中国人民大学出版社,2005:473.

[4] 王泽鉴.人格权法:法释义学、比较法、案例研究[M].北京:北京大学出版社,2013:140-141.

[5] 甘肃省高级人民法院(2010)甘民一终字第00107号民事判决书[Z].

通图片再现了原告的外貌形象，判决被告侵害了原告的肖像权并承担相应的侵权责任。[1]

（三）演员剧照形象

演员剧照，是演员在电视剧、舞台、电影等艺术作品中表演的照片。[2]演员剧照不同于照片，照片是对特定自然人形象的真实再现，而演员剧照除了对演员本身形象的再现外，还包括对演员所扮演角色形象的再现。[3]关于演员对剧照形象是否享有肖像权，学界主要有肯定说、否定说、折中说三种观点。肯定说认为，演员剧照形象是演员通过表演或演绎行为形成的艺术形象，这种艺术形象是以演员自身的肖像为基础，演员对演员剧照形象享有肖像权。[4]否定说认为，演员剧照形象是演员根据导演和剧本的要求塑造出来的，经过了一定的艺术加工和处理，并非个人真实形象的再现，演员对剧照形象不享有肖像权。[5]折中说认为，应以是否具有可识别性为标准，对可以在演员与剧照形象之间建立可识别性联系的艺术形象，演员可以主张肖像权，反之，不能主张肖像权。[6]

司法实践中，法院在多起案件中，对演员剧照形象进行了保护。[7]在蓝天野诉天伦王朝饭店有限公司等肖像权、名誉权纠纷案中，被告擅自将原告艺术家蓝天野在电影《茶馆》中的剧照制作成广告展示架陈列，法院认为，电影剧照承载的不仅是电影中的某个镜头，同样承载了表演者的形象，原告对案涉剧照享有肖像权。[8]一些案件中，法院直接将演员剧照形象等同于权利人的肖像。如葛优诉杭

---

[1] 广东省广州市中级人民法院（2016）粤01民终5907号民事判决书[Z].

[2] 王利明. 人格权法研究[M]. 北京：中国人民大学出版社，2005：456.

[3] 陈静. 大众传播中的肖像权利研究[M]. 北京：中国传媒大学出版社，2012：184.

[4] 甄庆贵. 演员在影视作品中是否享有肖像权[J]. 中国司法，2004(2)：75.

[5] 郭明瑞，张玉东. 肖像权三题[J]. 浙江工商大学学报，2014(1)：35.

[6] 王利明. 人格权法研究[M]. 北京：中国人民大学出版社，2005：456.

[7] 如北京市朝阳区人民法院（2016）京0105民初5981号民事判决书[Z]；北京市西城区人民法院（2017）京0102民初10270号民事判决书[Z]；北京市海淀区人民法院（2015）海民初字第37343号民事判决书[Z]；黑龙江省哈尔滨市平房区人民法院（2016）黑0108民初690号民事判决书[Z]；北京市朝阳区人民法院（2015）朝民初字第67958号民事判决书[Z]；河南省郑州市中级人民法院（2015）郑民三终字第956号民事判决书[Z]；浙江省杭州市经济技术开发区人民法院（2012）杭经开民初字第146号民事判决书[Z].

[8] 北京市东城区人民法院（2002）东民初字第6226号民事判决书[Z].

州许府老山东餐饮有限公司等肖像权纠纷案中，被告以商业目的使用了原告《西望长安》话剧中的剧照形象，法院认定被告侵犯了原告的肖像权。[1]

肖像是以一定形式呈现的自然人的视觉形象，是以自然人形象尤其是面部形象为基础和主要反映对象。演员剧照形象虽然融入了创作者对角色的思维和定位，但同样是以演员本人的形象为基础。演员的形象可以被装饰，但却不能被消灭，在观众的心目中，角色形象与演员形象是分不开的。[2]从这个角度出发，折中说更为可取。对于可以与演员建立特定联系的演员剧照形象，符合肖像的构成要素，应纳入肖像权的保护范围。

（四）素描、雕塑

素描、雕塑属于艺术作品，在创作过程中需融入自身的创作思想和技巧，受个人主观因素影响较大。[3]这就决定了素描、雕塑虽然可以作为自然人形象的再现形式，但是与照片、录像等载体相比，在客观性上有可能与原人物的形象有差距，且有时差距还比较大。法院在素描、雕塑肖像认定中一般采用客观事实标准，即需原告举证该艺术作品所呈现画像与原告本人肖像具有同一性。[4]在2009年尚某诉朱某某、吉林美术出版社侵权损害赔偿案中，法院认为，由于素描创作的特殊性，人物形象特征近似的现象并不少见，本案现有证据不能证明作品中的人物系原告，判决驳回原告的诉讼请求。[5]在日本“林真须美案”中，法院就以素描作品是否可以与原人物建立特定联系为标准判断素描作品是否侵权。该案的原告是咖喱饭毒杀案中的被告林真须美，一名记者以素描绘图（绘画）的方式，描绘被告林真须美戴手铐及以腰绳捆绑而出庭的样子，将之刊登于周刊杂志之上。被告林真须美以此行为侵害肖像权为由提起诉讼。上诉审中，日本最高裁判所认为：“任何人就描绘自己之容貌等之素描绘图（绘画），均享有不得任意加以对

[1] 杭州经济技术开发区人民法院（2012）杭经开民初字第146号民事判决书[Z].

[2] 史浩敏.几种特殊肖像的法律保护探讨[J].政法学刊，1992(1)：24.

[3] 素描画像惹纠纷肖像模特因证据不足败诉[DB/OL].[2021-09-21].https://www.chinacourt.org/article/detail/2009/03/id/348715.shtml.

[4] 张红.人格权各论[M].北京：高等教育出版社，2015：156.

[5] 素描画像惹纠纷肖像模特因证据不足败诉[DB/OL].[2021-09-12].https://www.chinacourt.org/article/detail/2009/03/id/348715.shtml.

外公表的人格利益的解释。"[1]

有学者认为，以笔或者绘画工具描绘自然人形象而成的绘画或者雕塑等艺术作品，无论其再现形式如何，关键在于该作品是否能够使一般人直观地感知被呈现者为何人。[2]有学者同样认为，素描、雕塑是否构成对肖像权的侵犯，需要具体分析，对于具有可识别性的素描、雕塑，纳入肖像权的保护范围，对于体现的艺术形象与自然人的实际形象差距较大的素描、雕塑，不构成对肖像权的侵犯。[3]素描、雕塑为反映自然人形象的物质载体，其呈现的视觉形象能否被认定为自然人的肖像，应以是否具有可识别性为判断标准，具有可识别性的素描和雕塑形象，属于肖像的范畴。

第二节　肖像权的内涵

现代化的过程是人全面发展、全面完善的过程，伴随着权利的扩张和对权利的充分保护。[4]肖像权在19世纪中叶已开始萌芽，最开始是作为著作权的一种形式。[5]肖像权概念由意大利学者阿马尔(Amar)于1874年提出，其由个人对其身体的所有权得出个人对其肖像的制作及散布享有独自决定权。[6]可以看出，肖像权作为一种权利，与人格权概念的起源相同，其产生是近现代以来的事。

一、肖像权概念辨析

肖像权在19世纪中叶被法国的判例承认，进入20世纪后又被以德国为首的一些欧洲及拉丁美洲国家所认可。[7]肖像权在理论及实务中虽被承认，但由于立法中没有明确肖像权的概念，使得学界对于肖像权的概念，观点多样，认识不一。我国《民法通则》《民法总则》规定了肖像权，但未定义肖像权的概念。从定义的

---

[1] 张红. 人格权各论[M]. 北京：高等教育出版社，2015：157.

[2] 张红. 人格权各论[M]. 北京：高等教育出版社，2015：157.

[3] 王利明. 人格权法(第二版)[M]. 北京：中国人民法学出版社，2016：258.

[4] 王利明. 人格权法研究[M]. 北京：中国人民大学出版社，2005：146.

[5] 骆正言. 论日本法中的肖像权保护[J]. 日本研究，2010(3)：87.

[6] 张红. "以营利为目的"与肖像权侵权责任的认定——以案例为基础的实证研究[J]. 比较法研究，2012(3)：66.

[7] 五十岚清. 人格权法[M]. 铃木贤，等译. 北京：北京大学出版社，2009：128-129.

角度出发，国内外学界对肖像权概念主要有以下四种界定方式。

（一）以"权利侵害"角度界定肖像权

此种观点认为，应从权利人有权对侵害自己肖像的行为加以禁止的角度来定义肖像权，日本、法国的一些学者采用此种方式界定肖像权。如日本学者五十岚清认为，到目前为止的人格权都为被动的人格权，即在受到第三者侵害时请求保护的权利，从这个角度出发，肖像权为未经许可，擅自通过绘画、雕塑、相片等形式制作和发表肖像时，可以对这种行为加以禁止的权利。[1]法国一些学者也持类似观点。如法国学者纳森（Nerson）认为，如果行为人在没有获得他人同意的情况下，擅自通过一定手段再现他人的肖像，他人会采取措施，防止其肖像被行为人擅自再现或者公开，他人对自己肖像享有的权利，即肖像权。[2]卡尔博尼尔（Carbonnier）主张，肖像权为有权反对第三人在没有获得自己明示或默示同意的情况下再现、复制自己的肖像，有权禁止第三人将自己的肖像发表在报纸杂志或以其他方式对社会公开的权利。[3]第二次世界大战后，随着肖像再现技术的发展和大量使用，公开、使用他人肖像，不仅变得极其容易发生，且损害程度也显著扩大。[4]人们逐渐意识到，未经同意再现、公开权利人肖像，即使没有对他人实施羞辱或毁损名誉，权利人仍有禁止其再现、公开肖像的权利。[5]

以"权利侵害"角度定义肖像权，认识到了经济社会发展给肖像权保护提出的挑战，在行为人侵害他人肖像权时，赋予权利人主动采取措施以维护自己的肖像免受侵害，对于推动肖像权在立法和司法实务中的确立，维护肖像权人的利益具有重要意义。同时，这种观点只看到了肖像权的消极权能，而忽视了肖像权的积极权能，因而存在明显的局限性。肖像权的消极权能为当第三人未经肖像权人同意，制作、使用肖像时，可以对此加以禁止的权利。肖像权的积极权能是肖像权人可以对肖像权为主动作为的权利，包括制作、使用自己的肖像以及将自己

---

[1] 五十岚清．人格权法[M]．铃木贤，等译．北京：北京大学出版社，2009：128.

[2] Roger Nerson, Les Droits Extrapatrimoniaux, Paris, LGDJ, 1939, p. 136. 转引自张民安．法国人格权法（上）[M]．北京：清华大学出版社，2016：405.

[3] 张民安．无形人格侵权责任研究[M]．北京：北京大学出版社，2012：637.

[4] 五十岚清．人格权法[M]．铃木贤，等译．北京：北京大学出版社，2009：130.

[5] 张民安．法国人格权法（上）[M]．北京：清华大学出版社，2016：406.

肖像授权第三人使用的权能。尤其是随着商品经济的发展,越来越多的国家和地区承认肖像权蕴含有明显的财产价值,肖像权人有权通过自己利用或授权他人利用肖像的方式获得一定的财产利益。财产利益的肯定,使得肖像权由一种防御权成为了一种利用权。[1]以“权利侵害”角度将肖像权定义为对侵害肖像的行为加以禁止的权利,只认识到肖像权的防御性,忽视了肖像权作为人格权的支配性,因而对肖像权的认识显然是不全面的。

(二)以“人之尊严”角度界定肖像权

此种观点认为,肖像是个人的外部形象,与人之尊严具有极其密切的关系,肖像权为人之尊严及价值体现于对自己肖像上人格特征的自主权利。[2]我国台湾地区学界一些学者主张此种观点。从“人之尊严”角度界定肖像权,认识到“人性尊严及人格自由为人格权被肯定为基本权利的实质理由”[3],认为肖像是自然人的人格标识,体现个人的尊严和价值,是自我呈现的权利,实为一种人格权。此种观点鲜明地揭示了肖像权对于维护人格尊严、人格独立、人格平等所具有的重要作用,体现了肖像权精神性人格权的属性。同时,具体人格权如姓名权、隐私权亦基于人之尊严和人格发展被立法和司法实务所确立,仅从“人之尊严”角度界定肖像权,忽视了肖像权作为具体人格权的专有特点,因而此种观点也有待进一步完善。

(三)以“自主决定权”角度界定肖像权

此种观点认为,肖像权保护的是肖像权人对其肖像的处分自由,这种处分自由是自我决定权的体现。此种观点为德国司法判例和学说的主流观点所采。[4]德国多数学者认为,肖像权保护的是肖像权人对肖像的处分自由,该自由是德国《基本法》第1条、第2条规定的自主决定权的特别体现。[5]德国学者哥丁(Götting)甚至主张,肖像权保护的客体是人的“自我表现自治权”,并据此将肖像

---

[1] 王泽鉴.人格权法:法释义学、比较法、案例研究[M].北京:北京大学出版社,2013:452.

[2] 王泽鉴.人格权法:法释义学、比较法、案例研究[M].北京:北京大学出版社,2013:139.

[3] 王泽鉴.人格权法:法释义学、比较法、案例研究[M].北京:北京大学出版社,2013:64.

[4] 陈静.大众传播中的肖像权利研究[M].北京:中国传媒大学出版社,2012:89.

[5] 陈龙江.人格标志上经济利益的民法保护:学说考察与理论探讨[M].北京:法律出版社,2011:28.

权定义为，权利人自由决定是否及如何通过肖像表现自己，免遭他人违背意愿对其进行表现，保障的是自然人对肖像形式自我表现的自治。❶从“自主决定权”角度界定肖像权，认识到肖像权是人的专属权利，权利人有权决定对谁和在何条件下公开、使用自己的肖像，未经权利人同意公开、使用肖像的行为侵犯了人的自主决定的自由。此种观点也存在缺陷：一是肖像权人决定是否使用及如何使用肖像，是随着人格标识商业化利用具有的一种权能，从“自主决定权”角度界定肖像权不能完全体现肖像权的全部权能；❷二是“自主决定权”不为肖像权的独有特点，权利人对姓名、声音亦有决定是否使用及如何使用的自由。以“自主决定权”角度界定肖像权不具独特性，不能涵盖肖像权的全部特点。❸

（四）以“权利客体”角度界定肖像权

此种观点认为，一种权利对应唯一的客体，肖像权的客体专属于肖像权，从客体角度界定肖像权更为准确和科学。我国多数学者采用此种观点。关于人格权的客体，学界主要有“人格利益说”“人格要素说”“人格说”“人伦理价值说”等观点，其中“人格利益说”为主流观点。“人格利益说”主张，肖像权的客体是肖像权所体现的人格利益，包括精神利益与财产利益。在此基础上，我国学界通说将肖像权定义为，自然人享有的以自己肖像所体现的人格利益为内容的具体人格权。

以“权利侵害”“人之尊严”“自主决定权”角度界定肖像权均存在不同程度的缺陷，以“权利客体”角度界定肖像权更为可取。关于人格权的客体，学界有诸多学说，见解不一。本文赞成“人格要素说”，即人格权的客体为人格要素。人格利益是主体对人格要素进行支配后所产生的一种客观效果，是自然人行使人格权及法律保护人格权的目的所在。“人格利益说”混淆了权利客体与权利目的之间的区别。从这个角度出发，肖像权为自然人享有的以肖像为客体，以肖像所体现的人格利益为保护目的的具体人格权。主要理由为：

第一，以“权利客体”界定肖像权可以准确反映肖像权独立人格权的本质。权利客体是权利行使所及的对象，决定了权利主体可以在哪些方面以对外的客

---

❶ 陈龙江．人格标志上经济利益的民法保护：学说考察与理论探讨［M］．北京：法律出版社，2011：29.

❷ 张红．人格权各论［M］．北京：高等教育出版社，2015：160.

❸ 张红．人格权各论［M］．北京：高等教育出版社，2015：160.

体为某种作为和不作为。❶客体在题材上将权利定了位，而内容则确定了主体行使自由的范围。❷传统法学通常采取“客体加权能”的模式来确定权利，特别是将权利的客体作为认识权利的基本起点。❸在早期，法国法院对肖像权的保护系以权利人对肖像有所有权为依据。❹在20世纪70年代之前，法国的司法判例都否定肖像权的独立性，将侵害他人肖像的行为认定为隐私侵权行为，在20世纪70年代之后才逐渐认可肖像权的独立性。❺德国早期通过著作权对肖像加以保护，保护的仅仅是肖像作品作者的利益，后来才注意到肖像作为一种与特定的自然人相联系的人格标识，在这种标识上还有某种比作者利益更重要的利益，此种利益法律应予保护。❻直到今天，法国、德国的少数法官和学者仍对独立的肖像权持否定态度，他们或将肖像权看作一般人格权的组成部分❼，或将其看作私人受尊重权的组成部分❽，或将其看作是独立的财产权❾。将肖像权界定为自然人享有的以肖像为客体，以肖像所体现的人格利益为保护目的的具体人格权，可以准确反映肖像权独立人格权的本质，有利于厘清对肖像权性质的不同认识。

第二，以“权利客体”界定肖像权可以准确区分肖像权与其他人格权。肖像可固定在一定的物质载体上，为权利人所支配和利用，故肖像权不仅体现了精神利益，同样体现了一定的财产利益。肖像是肖像权的客体，这种客体区别于姓名权、名誉权所保护的姓名和名誉，也区别于隐私权的客体隐私。以“权利客体”角度界定肖像权，可以较为清晰地界定肖像权与其他人格权的边界。

第三，以“权利客体”界定肖像权可以彰显肖像权的财产利益。肖像具有主

---

❶ 张文显．法理学[M]．北京：高等教育出版社、北京大学出版社，1999：116.

❷ 雅克·盖思旦，吉勒·古博．法国民法总论[M]．陈鹏，等译．北京：法律出版社，2004：166.

❸ 沈建峰．具体人格权立法模式及其选择——以德国、瑞士、奥地利、列支登士敦为考察重点[J]．比较法研究，2011(5)：39.

❹ 王泽鉴．人格权法：法释义学、比较法、案例研究[M]．北京：北京大学出版社，2013：135.

❺ 张民安．无形人格侵权责任研究[M]．北京：北京大学出版社，2012：634-635.

❻ 程啸，杨明宇．肖像权与肖像作品著作权冲突的研究[J]．四川大学学报(哲学社会科学版)，2000(3)：112.

❼ 张民安．法国人格权法(上)[M]．北京：清华大学出版社，2016：217.

❽ 张民安．法国的隐私权研究[A]//张民安．隐私权的比较研究．广州：中山大学出版社，2013：145-150.

❾ 埃里克·H.瑞特．人格与财产：肖像权的比较研究[A]//张民安．公开权侵权责任研究：肖像、隐私及其他人格特征侵权．广州：中山大学出版社，2010：243-245.

体识别的作用，且具有复制性，可以脱离主体而存在，因而具有商业利用的可能。市场经济条件下，一些商家重金聘请明星拍摄广告为产品、服务作宣传，就是看中了明星所能够带来的示范效应。有学者统计，目前商业利用肖像的方式主要有担任形象大使、作价投资、用作商标等。❶肖像的商业利用使得肖像权呈现出新的特点。一方面肖像权的本质为人格权，肖像权更关注的仍然是作为人存在的个体精神利益；❷另一方面，肖像权有着表现越来越突出的财产利益。当行为人侵害具有财产利益的肖像权时，也应当对权利人遭受的财产损害承担赔偿责任。肖像权虽以精神利益为主，但也蕴含着财产利益。有学者就认为，与其他人格权相比，肖像权具有更多的财产利益。❸在1987年法国的一个案例中❹，被告是一家出版商，未经原告同意，在出版物中印制有关原告的文章，使用了原告在医院手术之后的照片。法国最高法院认为，被告为商业目的使用原告肖像和隐私，除对原告遭受的精神损害承担赔偿责任外，还应对权利人遭受的财产损害承担赔偿责任。关于肖像权是否具有财产性质，法国大多数学者主张，肖像权的核心实质为以隐私权为基础的非财产方面，只不过在某些情况下肖像权具有财产性的一面，肖像权的财产性不能脱离非财产性而独立存在。❺德国在1999年的玛蕾娜·迪特里希（Marlene Dietrich）案中，将人格权的保护范围不再局限于精神利益，而是涵盖了财产利益。❻在肯定肖像权具有财产利益后，对这种财产利益的保护和利用成为民法学的重要课题。❼将肖像权界定为自然人享有的以肖像为客体，以肖像所体现的人格利益为保护目的的具体人格权，在不改变肖像权人格权属性的前提下，肯定了肖像权的财产利益，肖像权人可以通过使用以及授权使用肖像获取适当的报酬，顺应了肖像权商业利用的现实需要。

---

❶ 李林启．肖像权商业利用法律问题研究[J]．湖南社会科学，2012(1)：96.

❷ 张红．人格权各论[M]．北京：高等教育出版社，2015：162.

❸ 姚辉．人格权法论[M]．北京：中国人民大学出版社，2011：161.

❹ 张民安．公开权侵权责任制度研究——无形人格权财产性理论的认可[A]//张民安．公开权侵权责任研究：肖像、隐私及其他人格特征侵权[C]．广州：中山大学出版社，2010：17.

❺ 埃里克·H. 瑞特．人格与财产：肖像权的比较研究[A]//张民安．公开权侵权责任研究：肖像、隐私及其他人格特征侵权．广州：中山大学出版社，2010：243.

❻ 陈龙江．人格标志上经济利益的民法保护：学说考察与理论探讨[M]．北京：法律出版社，2011：79-80.

❼ 王泽鉴．人格权保护的课题与展望——人格权的性质及构造：精神利益与财产利益的保护[J]．人大法律评论，2009(1)：55.

二、肖像权与其他权利的界分

“肖像权为各国法律或实务上所创设”，其形成与演变，与社会变迁与科学技术发展具有密切关系。[1]探讨肖像权与形象权、名誉权、身体权等权利的边界，对于进一步科学界定肖像权的内涵具有重要意义。

1. 肖像权与形象权

国内大陆学者对“Right of publicity”的翻译不同，有人称为“公开权”，有人称为“形象权”“形象宣传权”[2]，我国台湾地区称为“姓名广告权”“宣传权”，日本称“商业形象权”。形象权是指自然人对与其人身有密切关系的形象因素的商业价值所享有的权利。[3]有学者认为，形象权有广义和狭义之分，广义的形象权是指商品化权，狭义的形象权是一种具有独立地位的人格权。[4]本书讨论的是广义上的形象权。

美国的形象权起源于隐私权，在1953年的“海伦案（Haelan Laboratories Inc. v. Topps Chewing GumInc）”，由第二巡回上诉法院的弗兰克（Frank）法官提出。美国学者尼莫（Nimmer）教授将形象权定义为“个人对他所创造或购买的广告价值享有控制和收益的权利”。波斯纳（Posner）法官在1985年的一个案例中，将形象权定义为，权利人排除他人未经许可而将肖像、姓名从事商业目的使用的权利。[5]我国法学界的通说认为，形象权保护的是自然人身份中的商业价值或财产权益。从这个角度出发，形象权是一种财产权。

形象权和肖像权有共同点，他们均能反映肖像权人或形象权人真实形象的某些特征，能够为权利人于法律允许的范围内所支配，并产生一定的财产价值或社会影响。[6]但是形象权与肖像权也存在如下不同：

第一，主体资格不同。肖像权的主体是自然人，人人得而享有，不因主体的

---

[1] 王泽鉴. 人格权法：法释义学、比较法、案例研究[M]. 北京：北京大学出版社，2013：138.

[2] 赖国钦. 从姚明与可口可乐之争谈“形象宣传权”[A]//王利明. 民法典·人格权法重大疑难问题研究. 北京：中国法制出版社，2007：220.

[3] 李明德. 美国形象权法[J]. 环球法律评论，2003年冬季号：476.

[4] 杨立新，林旭霞. 论形象权的独立地位及其基本内容[J]. 吉林大学社会科学学报，2006(2)：53.

[5] Dougless v. Hustler Magazine Inca 769 F. 2d 1138(7 Cir. 1985).

[6] 马俊驹. 人格和人格权理论讲稿[M]. 北京：法律出版社，2009：257.

不同而有所不同。形象权则不同，一些国家对形象权的主体范围有着不同的规定。关于形象权的主体，在作为形象权发源地的美国，少数人的观点为形象权的主体是名人，多数人的观点为形象权的主体是所有人。但不可否认的是在美国涉及形象权的大多数案例中，涉及的主体以名人居多。一些学者认为，形象权的价值根源于权利主体在社会上所具有的吸引力，因而形象权实质上只对名人有意义。[1]在日本，演艺界的人、电视节目主持人、著名职业运动员、漫画或动画片中的人物，甚至动物、其他物品都可以是商业形象权的主体。[2]如东京地方法院就曾经在一个判决中，判决被告在电脑游戏中使用一匹著名赛马的名字，侵害了物品的商业形象权，判决被告向原告承担损害赔偿责任。与此不同的是，肖像权的主体只能是自然人，虚拟的漫画或动画片中的人物、动物和其他物品不是肖像权的主体。

第二，权利属性不同。肖像权为人格权，不能继承。形象权保护的是财产价值。[3]在美国，关于形象权能否继承，法官们的立场并不一致，但是有很多案例，诸如普莱斯(Price)案、马丁·路德·金(Martin Luther King)案明确承认形象权可以继承。在日本，形象权可以成为继承的对象。[4]

第三，保护客体不同。形象权的客体是可以用来指示自然人身份的某些要素，包括昵称、姓名、肖像、签名、声音、特殊的物品等。[5]在米德勒诉福特汽车公司(Midler v. Ford Motor Co.)一案中，法院认定被告雇用他人模仿原告声音的行为侵害了原告的形象权。与此不同的是，肖像权的客体是自然人的肖像。

第四，保护期限不同。在我国，肖像权没有明确的保护期限。有学者认为对死者肖像的保护，实质是对死者近亲属利益的保护，死者近亲属的生存期限为死者肖像的保护期限。[6]一些学者主张对死者肖像财产利益的保护设定一个固定

---

[1] 郭晓红．知名形象商品化法律问题研究[J]．法律适用，2007(7)：51.

[2] 萩萩原·有里．日本法律对商业形象权的保护[J]．知识产权，2003(5)：62.

[3] 董炳和．论形象权[J]．法律科学(西北政法学院学报)，1998(4)：69.

[4] 五十岚清．人格权法[M]．铃木贤，等译．北京：北京大学出版社，2009：149.

[5] 陈龙江．人格标志上经济利益的民法保护：学说考察与理论探讨[M]．北京：法律出版社，2011：138.

[6] 杨巍．死者人格利益之保护期限[J]．法学，2012(4)：152.

的期限，如30年[1]或50年。[2]形象权的保护是有期限的，美国俄克拉荷马州规定，保护期限是人死后100年；美国肯塔基州、加利福尼亚州等规定，保护期限是人死后50年；田纳西州规定，保护期限是人死后10年或者持续到有关形象没有商业价值为止。[3]

第五，提起侵权诉讼的主体不同。在侵害形象权的诉讼中，有资格提起诉讼的主体有形象权人、形象权的独占被许可人、形象权的受让人等。[4]而在侵害肖像权的诉讼中，如肖像权人活着，仅肖像权人可以提起侵权诉讼，如肖像权人已死亡，其近亲属才可以提起诉讼。

第六，救济方式不同。侵害形象权的救济方式，主要为禁令和损害赔偿。而侵害肖像权的救济方式为停止侵害、消除影响、赔礼道歉、财产损失赔偿和请求精神损害抚慰金。

第七，权利产生原因不同。肖像权是"生来俱有"的，权利人享有肖像权并不需要去为或不为特定的行为。与此不同的是，形象权不是"生来俱有"的，不是每个人的形象因素都有商业价值。一个人只有为了自己的形象因素进行了创造性的劳动，并且使得公众可以在其形象和本人之间建立起特定的联系，其形象才具有财产价值，受到形象权的保护。[5]

2. 肖像权与名誉权

名誉权，是指自然人或法人对其名誉享有的不受他人侵害的权利。[6]在两大法系国家的早期，侵权法仅认可名誉权侵权而不认可肖像权侵权，未经同意公开、再现或者使用他人肖像构成名誉侵权，不构成肖像侵权。[7]名誉权与肖像权同为精神性人格权，关系较为密切。有学者认为，未经他人同意，恶意丑化、玷污、毁损肖像，以违背公序良俗的方法使用他人肖像等侵害肖像权的行为，也会

---

❶ 冉克平. 肖像权上的财产利益及其救济[J]. 清华法学，2015(4)：80.

❷ 冉克平. 肖像权上的财产利益及其救济[J]. 清华法学，2015(4)：80；杨巍. 死者人格利益之保护期限[J]. 法学，2012(4)：155.

❸ 李明德. 美国形象权法研究[J]. 环球法律评论，2003年冬季号：488.

❹ 李明德. 美国形象权法研究[J]. 环球法律评论，2003年冬季号：490.

❺ 董炳和. 论形象权[J]. 法律科学(西北政法学院学报)，1998，(4)：70.

❻ 王利明. 人格权法(第二版)[M]. 北京：中国人民大学出版社，2016：272.

❼ 张民安. 无形人格侵权责任研究[M]. 北京：北京大学出版社，2012：629.

导致对自然人名誉权的侵害。[1]在朱某某诉内蒙古日报社、北方新报社肖像权、名誉权纠纷一案中，被告转载了包含原告照片的《近三十年被处决的十名美女死刑犯》的文章，内容失实，法院认定被告侵害了原告的肖像权、名誉权。[2]对于使用肖像侵害他人名誉权的行为，一些国家予以明令禁止。如《越南民法典》第31条第3款规定："严禁使用他人肖像侵害他人的名誉、人格和威信。"肖像权与名誉权主要存在以下不同：

第一，主体不同。肖像权的主体为自然人，名誉权的主体包括自然人也包括法人。

第二，保护客体不同。肖像权的保护客体是肖像，肖像是通过照片、雕塑等艺术形式反映出来的自然人的视觉形象，肖像具有可识别性。名誉权的保护客体是名誉，名誉是对自然人、法人才能、品德等的一种社会评价。

第三，能否商业利用不同。肖像是自然人形象的反映，需借助一定的物质载体呈现，这就决定了肖像权可以与自然人相分离，可以被商业利用。名誉只能由名誉权人享有，不能与主体分离，权利人不能对名誉权为商业利用。

第四，能否转让不同。名誉权的内容与主体的人格密不可分，这就决定了名誉权的任何内容都是不能转让的。肖像权不能被整体转让，但肖像权的使用权能，可以通过合同实现转让。[3]

3. 肖像权与身体权

身体权是自然人维护其身体完全并支配其肢体、器官和其他组织的具体人格权。[4]身体，从生理学的角度来说，是指一个人生理组织的整体，正因为身体具有完整性和完全性的基本特征，破坏身体的完整性和完全性，就破坏了身体的有机构成。[5]肖像权与身体权有着密切的联系。毁损他人容貌不仅会侵害他人的身体权，而且会导致权利人无法行使肖像权。[6]肖像权和身体权有着明显的区别。

---

[1] 王利明. 人格权法研究[M]. 北京：中国人民大学出版社，2005：451-452.

[2] 江苏省南通市中级人民法院（2014）通中民终字第0355号民事判决书[Z].

[3] 王利明. 人格权法研究[M]. 北京：中国人民大学出版社，2005：453.

[4] 杨立新. 人格权法[M]. 北京：法律出版社，2011：391.

[5] 姚秋英. 人格权法研究[M]. 北京：中国政法大学出版社，2012：67-68.

[6] 柳春光. 身体权研究[D]. 哈尔滨：黑龙江大学，2015：46.

第一，身体权是物质性人格权，保护客体为自然人的身体；肖像权是精神性人格权，保护客体为自然人的肖像。

第二，肖像是自然人在物质载体上再现的视觉形象，是“映像”，不是自然人形象本身。侵害人的面部，受害人只能以身体权受侵害为由提起诉讼，而不能以肖像权受侵害为由提起诉讼。[1]

第三，如果受侵害的是身体其他部位的再现形象，只要能够被识别，即使是在亲密关系的小范围内，也可能受到肖像权的保护。“如拍摄某模特儿众所周知的‘美腿’作商品广告，可辨识其人时亦得构成对肖像权的侵害。”[2]

第三节　肖像权的要素

权利的结构实质是法律关系的结构。[3]法律关系的要素指的是构成法律关系的必要条件和因素，包括主体、客体和内容。对肖像权的要素展开分析，应围绕肖像权的主体、客体、内容分别展开。

一、肖像权的主体

肖像反映的是自然人的外部生理特征，因而肖像权只能为自然人享有，法人等团体、集体或社会组织无法拥有肖像权。[4]肖像权是专属于自然人的权利，是自然人所享有的一项重要的具体人格权。自然人是基于自然规律出生的人，包括自然受孕出生的人，也包括通过人工授精等方式而受孕出生的人。[5]死者因丧失民事权利能力不为肖像权的主体。我国《民法通则》第100条规定公民享有肖像权，《民法典》第1018条规定自然人享有肖像权。我国《民法通则》使用的“公民”与《民法典》使用的“自然人”在民法上有着相同的含义。肖像权是所有人反对行为人再现、使用自己肖像的权利，此种权利属于所有人享有，无论他们是名

---

❶ 王利明．人格权法研究［M］．北京：中国人民大学出版社，2005：349-350.

❷ 王泽鉴．人格权法：法释义学、比较法、案例研究［M］．北京：北京大学出版社，2013：141.

❸ 王涌．权利的结构［A］//郑永流．法哲学与法社会学论丛（第四辑）．北京：中国政法大学出版社，2000：243.

❹ 姚辉．人格权法论［M］．北京：中国人民大学出版社，2011：161.

❺ 郭明瑞．民法［M］．北京：高等教育出版社，2003：40.

人还是非名人。[1]

关于物之所有人对于物是否拥有"物的肖像权"的问题应采否定说,"盖物之所有人既无排除他人拍摄其物的权利,不享有在商业上利用其拍摄照片的专属权益内容"。[2]德国《艺术和摄影作品著作权法》第22条及其以下条款涉及的是人格权保护,这里的肖像权仅限于自然人的肖像[3],不包括动物及建筑物。自然人作为肖像权的主体,在当今社会当无疑义。

二、肖像权的客体

人格权的客体是人格权民事法律关系中权利、义务共同指向的对象。[4]"它说明:享受权利的主体在哪些方面可以对外的客体(物质客体或精神客体)作出某种作为或不作出某种行为。"[5]肖像权的客体,亦是学界争鸣不断,值得研究的问题。[6]关于人格权的客体,学界并未形成一致的见解,主要有"人格利益说""人格要素说""人格说""人伦理价值说"等观点。"人格利益说"主张人格权的客体为人格利益。如有学者认为,人格权是指民事主体享有的以人格利益为客体,维护民事主体独立人格必备的民事权利。[7]"人格利益说"为学界通说。"人格要素说"主张人格权的客体是人格要素。人格要素指的是构成自然人完整法律人格所不可或缺的基本要素,包括身体、生命等物质要素及名誉、肖像等精神要素。[8]"人格说"主张,人格权的客体是权利人自身的人格或权利人自身。[9]"人伦理价值说"主张,人格权的客体是人的伦理价值,是人之所以为人的前提条件。[10]

"人格利益说""人格说""人伦理价值说"不同程度存在逻辑上的缺陷。人格利益是主体对人格要素进行支配后所产生的一种客观效果,是自然人行使人格

❶ 张民安.无形人格侵权责任研究[M].北京:北京大学出版社,2012:657.

❷ 王泽鉴.人格权法:法释义学、比较法、案例研究[M].北京:北京大学出版社,2013:133.

❸ 陈龙江.人格标志上经济利益的民法保护:学说考察与理论探讨[M].北京:法律出版社,2011:26.

❹ 杨立新.人格权法[M].北京:法律出版社,2011:75.

❺ 张文显.法理学[M].北京:高等教育出版社、北京大学出版社,1999:116.

❻ 张红.人格权各论[M].北京:高等教育出版社,2015:159.

❼ 杨立新.人格权法[M].北京:法律出版社,2015:39.

❽ 郑晓剑.人格权客体理论的反思——驳"人格利益说"[J].政治与法律,2011(3):108.

❾ 李倩,尹飞.人格权客体的再思考[J].甘肃社会科学,2001(3):127.

❿ 朱振,都本有.人格权的伦理分析[J].法制与社会发展,2005(3):55.

权及法律保护人格权的目的所在。“人格利益说”混淆了权利客体与权利目的之间的区别。“人格说”揭示了人格权与人格的关系，但将人格权这种私权的客体界定为主体自身，实质上造成了主体与客体的混同。“人伦理价值说”同样存在缺陷，人的伦理价值并非一种实体和客观存在，但人格权的客体如生命、身体、名誉显然是客观存在的，将人格权的客体界定为一种非客观的价值，理论上自相矛盾。

“人格要素说”将人格权的客体界定为人格要素，符合权利客体客观、具体、特定的要求，较为妥善地解决了人格权的客体及人格权行使及保护目的之间的关系。本文赞成“人格要素说”。人格要素是“保障人作为一个自然的存在和社会的存在所需要的各种因素”❶，包括身体、健康等物质性人格要素和肖像、名誉等精神性人格要素。这些要素因其整体形象和大致相同的外部特征可以被统称为人格要素。❷肖像权的客体应为肖像权法律关系中权利义务指向的对象——肖像这一人格要素。肖像是自然人形象在物质载体上的客观反映，体现人格尊严，故在肖像上附着有肖像权人的精神利益。肖像虽然来源于自然人，但被物质载体固定后可以与自然人相分离，这一特性使得肖像具有商业利用的可能。肖像权人可以通过自己制作、使用肖像及许可他人制作、使用肖像的方式获取财产利益。现代社会，借助大众传媒传播，肖像具有商业利用的价值和现实需要。基于此，在市场经济条件下，肖像可以作为商业利用的对象，具有一定的财产价值。肖像权人的精神利益和财产利益是法律保护肖像权的目的，不为肖像权的客体。

三、肖像权的内容

权利是法律为了保护特定主体的特定利益而赋予其基于自己的自由意志为一定行为或不为一定行为的可能性。❸肖像权的内容，又称肖像权的权能，是指肖像权人实现自己权利的方式。肖像权的内容，包括肖像制作权、肖像使用权、肖像利益维护权。

---

❶ 徐国栋. 绿色民法典草案[C]. 北京：社会科学文献出版社，2004：7.

❷ 李建华，王琳琳，麻锐. 民法典人格权客体立法设计的理论选择[J]. 社会科学战线，2013(11)：164.

❸ 方新军. 权利客体的概念及层次[J]. 法学研究，2010(2)：39.

1. 肖像制作权

肖像制作权又称形象再现权，是指自然人有权根据自己的合法需要，由自己或许可他人通过造型艺术及其他形式再现自己的形象。[1]肖像制作权是肖像权其他权能的基础，是肖像权的基本权能。[2]肖像制作权，包含两方面内容，一方面，肖像权人可以根据需要，由自己或授权他人制作自己的肖像，他人无权干涉；另一方面，对于他人未经同意，擅自采用摄影、绘画等方式制作自己肖像的行为，肖像权人有权予以禁止。从这个角度出发，在法学界引起巨大反响和深刻讨论的“秋菊打官司案”，被告未经原告同意，将原告形象制作成电影中镜头的行为，涉嫌侵犯原告的肖像制作权。

事实上，肖像权概念诞生之初便将肖像制作作为重要权能纳入考量。[3]对肖像制作权的保护，最为重视的应属日本，无论在学理探讨还是司法裁判中，对于肖像权的保护以肖像制作权为中心。“京都府学联事件”中，法院就将裁判焦点放在禁止肖像的拍摄上。日本最高法院大法庭判决，任何人都拥有未经本人许可，他人不能随意对其容貌及姿态进行摄像的自由。[4]在当代社会，随着科学技术的发展，特别是照相机和智能手机的普及，社会步入了人人是自媒体的时代。在这个时代，每个人既是自己的摄影师，也同样是其他人的模特。捕捉肖像的设备越来越多，商店、银行、旅馆、企业等到处都装设录像监视设备；肖像借助网络传播，很多情形下已经不再需要有形的物质载体；肖像的传播更便捷，上网一点瞬间就可以传遍全世界；侵害肖像权的案例每天都在发生，“人肉搜索”一定程度成为游走于法律边缘的“网络暴政”。这种数字技术的迅猛发展和网络的普遍运用，使得肖像侵权更容易、范围更广、影响更大，对肖像权的保护特别是肖像制作权的保护提出了更高的要求。例如，在照相机发明之初，美国社会就拍摄照片是否需要本人同意引起一场激烈争论，法院最终认为拍摄照片前不需要征得被拍摄人的许可。[5]

---

[1] 王利明．人格权法研究[M]．北京：中国人民大学出版社，2005：450.

[2] 杨立新．人格权法[M]．北京：法律出版社，2011：447.

[3] 张红．人格权各论[M]．北京：高等教育出版社，2015：175.

[4] 五十岚清．人格权法[M]．铃木贤，等译．北京：北京大学出版社，2009：129-130.

[5] 骆正言．论日本法中的肖像权保护[J]．日本研究，2010(3)：87.

2. 肖像使用权

肖像具有一定的美学价值，在一定情形下可以产生财产利益，因此肖像具有利用价值。[1]肖像使用权是肖像权人对自己的肖像利用价值的专有支配权，包括使用专有权和使用转让权。从这个角度出发，肖像使用权有两层含义：一是为满足本人、他人、社会的需要，肖像权人有权公开、使用自己的肖像；二是为满足精神上和财产上的需要，肖像权人有权授权他人公开、使用自己的肖像。《民法通则》第100条规定，未经同意不得以营利为目的使用他人肖像，主要保护的是肖像权的使用权能。

肖像权人有权依本人意志自己公开、使用或授权他人公开、使用自己的肖像。授权他人公开、使用，可以附期限，也可以不附期限，可以是有偿的，也可以是无偿的。肖像使用权很大程度体现在肖像的商业利用上。实践中，一些商家重金聘请明星拍摄广告为产品、服务作宣传，就是看中了明星所能够带来的示范效应。肖像权之所以能成为商业化利用的对象，一方面源于肖像一定程度能够与自然人相分离，可以通过复制进行传播；另一方面肖像权包含一定的财产价值，可以成为商业利用的对象。[2]有学者统计，目前商业利用肖像的主要形式有担任形象大使、作价投资、用作商标等。[3]

现代民法继承康德哲学关于人格乃在体现人的尊严及价值，不得将之物化，使其作为交易客体的理念，认为人格权是一身专属权，不得让与或继承。[4]人们在观念上认为，允许他人通过支付一定费用的方式使用自己的肖像以获取财产利益的市场化行为是违背人的尊严的。[5]肖像权的转让只能是部分让渡肖像权的使用权能，不能为肖像权的全部转让。因为肖像权为人格权，全部转让肖像权，等于权利人抛弃了自己的人格利益，而人格利益是不能抛弃的。[6]在辰星萌耀（北京）文化发展有限公司诉浙江建华五金机电市场有限公司、苏州市金马木

---

❶ 杨立新．人格权法［M］．北京：法律出版社，2015：194．

❷ 王利明．人格权法（第二版）［M］．北京：中国人民大学出版社，2016：251-252．

❸ 李林启．肖像权商业利用法律问题研究［J］．湖南社会科学，2012（1）：96．

❹ 王泽鉴．人格权保护的课题与展望——人格权的性质及构造：精神利益与财产利益的保护［J］．人大法律评论，2009（1）：53．

❺ 王利明．人格权法研究［M］．北京：中国人民大学出版社，2005：278．

❻ 杨立新．人格权法［M］．北京：法律出版社，2015：194．

业有限公司肖像权纠纷案中，辰星萌耀（北京）文化发展有限公司是艺人张信哲的经纪公司，拥有张信哲肖像在特定区域内的独占性专有使用权及许可他人使用的权利。被告在未经原告许可的情况下使用张信哲肖像进行商业宣传，原告诉至法院。法院认为，在我国，公民的肖像权系一种人身权，具有固有性和专属性，公民诚然可以通过授权他人（组织）使用其肖像进而获取财产上的利益，但基于肖像权的人身权特性，公民应亲自（以自己的名义）维护肖像权免受侵害或要求侵权人赔偿，判决驳回原告的诉讼请求。[1]在本案中，法院坚持的是肖像使用权可以部分转让，不得全部让与的原则。任何权利都不是不受限制的。肖像权人使用或授权他人使用其肖像，同样不得违反法律规定和公序良俗，如权利人不得将肖像用于或授权他人用于制造淫秽图片、视频加以传播等。

3. 肖像利益维护权

肖像利益维护权，也称肖像权的请求权，其最终表现为肖像权受到侵害后，肖像权人可以请求司法保护的权利。[2]肖像权为绝对权，任何人都负有不得对自然人的肖像权为侵害的绝对义务。一旦肖像权受到侵害，权利人有为维护肖像权所体现的肖像利益提出请求救济的权利。[3]肖像权的三项权能中，肖像利益维护权最为重要，因为如果作为救济的肖像利益维护权不存在，其他权利亦难以实现。[4]肖像利益维护权，一方面表现为肖像权人有权维护肖像的精神利益，对于行为人玷污、丑化、毁损肖像的行为，肖像权人有权要求行为人停止侵害并承担侵权责任。另一方面表现为对财产利益的维护，对于以营利为目的使用肖像的行为，肖像权人有权要求行为人赔偿财产损失。[5]同时，肖像权人也可以基于维护自身肖像利益的需求提出禁止侵害的请求。有学者认为，禁止侵害权、请求权皆可归于肖像利益维护权，没有单独列举之必要。[6]《埃塞俄比亚民法典》第29条

---

❶ 浙江省杭州市拱墅区人民法院（2014）杭拱民初字第35号民事判决书[Z].

❷ 杨立新. 人格权法[M]. 北京：法律出版社，2011：448.

❸ 张红. 人格权各论[M]. 北京：高等教育出版社，2015：176.

❹ 田欣，蓝邓骏. 论肖像利益维护权的转化[J]. 河北法学，2001(3)：127.

❺ 杨立新. 人格权法[M]. 北京：法律出版社，2011：448.

❻ 张红. 人格权各论[M]. 北京：高等教育出版社，2015：176.

规定了肖像利益维护权。[1]我国《民法典》第995条亦规定了肖像利益维护权。[2]

第四节　肖像权的功能

肖像权的功能又称肖像权的价值，是指肖像权所体现的功能和社会作用。各国对于肖像保护的理念和价值理解不一。如在英国和美国，对肖像保护很大程度上是为了保护权利人的名誉和隐私，而德国和法国主要根据人之尊严的需要对权利人的肖像权进行保护。在我国，肖像权具有维护人格尊严、展现意志自由、保护肖像利益的功能。

一、维护人格尊严

"人格权之构成法秩序的基石，在于其体现人性尊严及人格自由发展的价值理念。"[3]人格权概念的法律意义，系在于宣誓人享有各种属于人的价值的正当性，这种"享有上的正当性"的反面意义，即在于人格权不容剥夺、不容侵害。[4]人格尊严在于彰显人的主体性，人为主体，不能被作为手段或被支配的客体。肖像是个人的外部特征，体现个人的尊严及价值。肖像权与人格尊严的关系密切，主要表现在：肖像作为自然人的人格标识，是自然人最具可识别性的标志，代表了权利人的形象，体现了人格尊严。歪曲、侮辱、玷污自然人肖像，会对自然人的人格尊严造成侵害。[5]早期的侵权法就认为，即使再现、公开、使用的肖像是真实的，只要这种再现、公开、使用行为会导致他人被嘲笑、讥笑，这种行为损害了人

---

[1]《埃塞俄比亚民法典》第29条："(1)除第28条规定的情形外，未经本人同意展览其肖像或将之提交出售的，本人可要求停止展览或售卖其肖像。(2)法院为了公平起见，可在展览肖像或售卖肖像的人获利的限度内授予本人以损害赔偿。(3)如果本人已提出停止侵害的要求，而肖像的展览或售卖未立即停止，可授予本人精神损害赔偿。"

[2]《民法典》第995条："人格权受到侵害的，受害人有权依照本法和其他法律的规定请求行为人承担民事责任。受害人的停止侵害、排除妨碍、消除危险、消除影响、恢复名誉、赔礼道歉请求权，不适用诉讼时效的规定。"

[3]王泽鉴．人格权法：法释义学、比较法、案例研究[M]．北京：北京大学出版社，2013：1.

[4]马俊驹．人格和人格权理论讲稿[M]．北京：法律出版社，2009：165.

[5]杨立新，尹艳．侵害肖像权及其民事责任[J]．法学研究，1994(1)：92.

格尊严，构成名誉侵权行为。[1]在20世纪初期，德国的部分民法学者主张，通过《德国刑法典》关于诽谤罪的规定来保护他人对其肖像享有的利益，理由为《德国刑法典》明确规定实施诽谤他人名誉、羞辱他人的行为，构成犯罪行为。[2]我们很难想象，传播、使用带有他人不雅形象的肖像，会有助于维护人格尊严；我们也很难想象，在现代社会，一个人连对其肖像的制作、使用都不享有受法律保护的权利，这个人会是一个有尊严的人。在肖像权的保护下，权利人有权维护自己肖像的完整，禁止他人非法毁损和恶意玷污，一定程度上维护了权利人的人格尊严。即使在他人合法持有自然人肖像的情况下，权利人对侮辱、丑化肖像的行为也有权进行阻止。[3]从这个角度出发，肖像权乃人之尊严及价值体现于自己肖像上人格特征的自主权利，直接关系到自然人的人格尊严。[4]

肖像权与人格尊严关系密切，同样在司法实务中得到了确认。在日本"麦克莱斯塔案"中，法官认为，随意暴露肖像的行为会给权利人带来厌恶、羞愧、不快的精神痛苦，保护人能够不受这种精神痛苦干扰而生活是理所当然应受保护的生活利益。[5]在法国，2001年实施的《推定无罪及受害者权利法》禁止出版或刊登法庭认为有损公民人格尊严的图片或照片。[6]在陆某某诉薛某某肖像权纠纷案中，被告利用原告与冰心的合影，通过电脑技术将合影照片上原告的头部影像更换成被告的头部影像，原告的躯体部分影像保留，形成了被告与冰心的合影照片。法院认为，自然人有维护肖像完整性的权利，有权禁止他人毁损自己的肖像，维护人格尊严。[7]

正确认识肖像权具有维护人格尊严的价值，不仅有助于理解法律保护肖像的目的，而且有助于判断在肖像权与其他权利产生冲突时，对何种权利予以优先保护。肖像权与著作权的关系较为密切，在一幅具体的肖像作品上体现了两种权利，一个是肖像权人的肖像权，另一个是肖像作品著作权人的著作权。肖像权

---

[1] 张民安．无形人格权侵权责任研究[M]．北京：北京大学出版社，2012：630.

[2] 张民安．法国人格权法（上）[M]．北京：清华大学出版社，2016：197.

[3] 朱国光．肖像权及其法律保护制度探析[J]．法学论坛，1997(4)：65.

[4] 王泽鉴．人格权法：法释义学、比较法、案例研究[M]．北京：北京大学出版社，2013：139.

[5] 五十岚清．人格权法[M]．铃木贤，等译．北京：北京大学出版社，2009：130.

[6] 郭丽霞．要人格权还是要新闻自由——法国新法引发的思考[J]．新闻记者，2001(7)：55.

[7] 江苏省无锡市中级人民法院(2009)锡民终字第0168号民事判决书[Z].

最初就是以限制作品传播的方式在立法上得以确立。[1]当肖像权与著作权产生冲突时,法律一般会对肖像权予以保护。其中的原因为,肖像权系人格权,以维护个人基本尊严、实现人之自由价值为最高宗旨;著作权为知识产权,以激励创作为主要价值选择,故肖像权优先于著作权得到保障。

二、展现意志自由

意志自由,又称为自由意志,是一个哲学命题,指人们在不完全受各种限制支配及自己推理的基础上,选择各种事物及在特定情形下从事活动的能力或力量。[2]人格权的发展不仅要求保护人格自由,保障人格尊严,还允许个人通过利用其人格要素的方式不断完善自身,这同样是人格发展的重要内容。“人格自由发展在使个人能够自我实现,而形成其生活方式。”[3]允许权利人积极行使肖像权,可以增进个人的人格自由。肖像权与意志自由的紧密联系主要表现在:一方面,肖像权保护肖像权人对肖像有制作、公开和使用的权利。肖像权人可以选择自己使用肖像,也可以授权他人使用肖像,授权可以是有偿的,也可以是无偿的。从这个角度出发,肖像权是尊重个人自由选择行为方式、自主决定人格标识利用、自由决定肖像利用形式的一种权利,本质是权利人意志自由的展现,为保障个人人格的发展奠定了基础。德国多数学者认为,肖像权保护的是肖像权人对肖像的处分自由,该自由是规定于德国《基本法》第1条和第2条的自主决定权的特别体现。[4]肖像权具有一定的财产价值,而“人格权上的财产价值乃在彰显个人的经济自主,以维护其人格自由发展。”[5]另一方面,肖像权人可以对他人侵害肖像权的行为寻求法律救济,实际上也是强调个人的精神自治和意志自由。如日本、法国的部分学者主张从权利人有权对侵害自己肖像的行为加以禁止的角度定义肖像权。一些情形下,许多人不愿意在公共场合暴露自己的肖像。另一些情形下,一些人愿意让渡自己肖像的使用权来获取财产利益。这些都体现了肖像权人的意志自由。正是在这个基础上,有学者认为,肖像权的法律内核在于

---

[1] 王利明.人格权法研究[M].北京:中国人民大学出版社,2005:454.

[2] 牛津法律大辞典[Z].北京:光明日报出版社,1988:351.

[3] 王泽鉴.人格权法:法释义学、比较法、案例研究[M].北京:北京大学出版社,2013:1.

[4] 陈龙江.人格标志上经济利益的民法保护:学说考察与理论探讨[M].北京:法律出版社,2011:28.

[5] 王泽鉴.人格权法:法释义学、比较法、案例研究[M].北京:北京大学出版社,2013:296.

可得享有肖像的权利——在人拥有肖像时，意味着人可以使用或许可使用肖像，在人尚未拥有肖像时，则无疑意味着人可得拥有之。[1]

三、保护肖像利益

利益不仅指物质的财产利益，还包含内在人格的满足。[2]肖像利益是肖像权保护的内容和目的。肖像权保护的肖像利益包括肖像所体现的精神利益和财产利益。“这里并不是说肖像权的内容是肖像精神利益和物质利益，而是肖像利益具体体现在这两方面。”[3]一方面，肖像权是一种具体人格权，侧重反映主体的精神利益，肖像权的保护必然体现出对权利人精神利益的保护。[4]另一方面，肖像权能够为商业目的使用进而体现出一定的财产利益。伴随着肖像的使用，会将某人所代表的时尚、品位等价值转嫁至其推销的商品上，从而刺激消费者的购买欲望，实现“形象价值”到“商业价值”的转换。[5]

精神利益是肖像权作为人格权与生俱来的应有内容。肖像权体现的基本利益是精神利益，这种利益是人之为人的肖像人格利益。[6]法律保护肖像权的目的主要是为了维护自然人的人格尊严和精神利益的完整。[7]对肖像精神利益的维护，包含自然人对肖像享有完整的权利，有权禁止他人未经同意对自己肖像为公开、使用、玷污及毁损。[8]德国早期司法实践的观点主张，肖像权的目的是防范对精神利益的侵害。[9]如在1910年齐柏林(Graf Zeppelin)案中，原告是一名飞船发明人，被告某烟草公司未经原告同意，将原告的姓名及半身像申请商标登记，法院认为，与一定的商品产生关联，会触犯一个情绪敏感的人，将肖像置于商品上惹人注目并不符合每个人的品位。[10]

---

❶ 马俊驹．人格和人格权理论讲稿[M]．北京：法律出版社，2009：165.

❷ 姚辉．人格权法论[M]．北京：中国人民大学出版社，2011：45.

❸ 张红．人格权各论[M]．北京：高等教育出版社，2015：163.

❹ 张红．人格权各论[M]．北京：高等教育出版社，2015：163.

❺ 郭晓红．知名形象商品化法律问题研究[J]．法律适用，2007(7)：53.

❻ 杨立新．人格权法[M]．北京：法律出版社，2011：446.

❼ 王利明．人格权法研究[M]．北京：中国人民大学出版社，2005：449.

❽ 张红．人格权各论[M]．北京：高等教育出版社，2015：165.

❾ 张红．人格权各论[M]．北京：高等教育出版社，2015：164.

❿ 张红．人格权各论[M]．北京：高等教育出版社，2015：164.

肖像权的财产利益由精神利益派生、转化而来，附属于精神利益。肖像标表着特定人的人格魅力或知名度，肖像权的商业利用实际利用的是肖像权人的感召力、影响力和信誉度。[1]肖像的这种吸引力，会让人们注意该商品，从而从众多的商品中彰显出来，刺激消费者的购买欲望，增强商家的竞争优势。“形象越好、名气越大、身价越高”的人，其肖像被商业利用的机会也就越大。[2]肖像权人可以通过肖像获得财产利益，如果法律不承认和保护这种财产利益，就很有可能造成其他人“搭便车”，肖像权的保护就不够全面和充分。[3]多数国家对于肖像权财产利益的保护，是通过法院的裁判逐步实现的。德国联邦法院是在1999年的玛蕾娜·迪特里希（Marlene Dietrich）案中明确地将人格权的保护对象区分为精神利益和财产利益。美国是在海伦案（Haelan Laboratories Inc. v. Topps Chewing Gum Inc.）中确立了形象权。荷兰最高法院在1979年的一个判例中承认，有名望且可以被商业利用的人对其肖像拥有合理的商业利益，可以对抗其他人对肖像进行的无金钱对价的商业利用，后来普通人的肖像权亦具有财产利益的认识也在判决中被承认。[4]

肖像权对于维护肖像权人的肖像利益具有如下作用：

一是权利宣示。通过实在法设置肖像权，将肖像权这种外在于人的价值与人本身连接起来，以实在法的权利宣示方式告诉社会，自然人对于自己的肖像利益依法能够享有、能够支配、能够受到法律保护，从而实现促进社会进步的目的。

二是保护作用。法律保护肖像权在于保障肖像权的正当行使，其最终目的在于保障肖像权所享有的肖像利益不受非法侵害。

三是行为指引。肖像权商业利用的实践表明，肖像权除蕴含着精神利益外，还具有明显的财产利益。财产利益亦为肖像权保护的目的之一。肖像权人可以通过自己使用或授权他人使用肖像的方式实现肖像权中的财产利益。

四是强制作用。通过制裁保护人们的正当权利，增强安全感。[5]根据我国的法律规定，行为人侵害权利人肖像权的，要承担停止侵害、消除影响、赔礼道歉、

[1] 祝建军. 人格要素标识商业化利用的法律规制[M]. 北京：法律出版社，2009：28.

[2] 祝建军. 人格要素标识商业化利用的法律规制[M]. 北京：法律出版社，2009：34.

[3] 李林启. 论发展着的人格权[M]. 北京：法律出版社，2018：26.

[4] 李林启. 论发展着的人格权[M]. 北京：法律出版社，2018：27.

[5] 张文显. 法理学[M]. 北京：高等教育出版社、北京大学出版社，1999：202.

赔偿损失等民事责任。强制作用可以使受侵害的肖像权恢复至圆满状态。

本章小结

法学意义上肖像的概念,以定义的角度不同,主要可分为“自然人形象再现说”“面部形象说”“外部形象说”三种观点。肖像是自然人形象在物质载体上的客观反映,但不是自然人形象本身。肖像以自然人的面部形象为主要反映对象,但反映的并不仅是自然人的面部形象。与“面部形象说”“外部形象说”相比,“自然人形象再现说”更为可取。肖像是通过绘画、影像等方式在一定载体上反映的特定自然人可被识别的视觉形象。对一些与肖像有关联的人格利益,如模仿、漫画、演员剧照形象、素描及雕塑等,可以通过类推肖像的方法予以保护,实现了肖像范围的扩张。

国内外学界主要从“权利侵害”“人之尊严”“自主决定权”“权利客体”四个角度界定肖像权概念。以“权利客体”角度界定肖像权,可以准确反映肖像权独立人格权的本质、准确界分肖像权与其他人格权、彰显肖像权的财产利益,因而更为可取。肖像权为自然人享有的以肖像为客体,以肖像所体现的人格利益为保护目的的具体人格权。探讨肖像权与形象权、名誉权、身体权等权利的边界,对于进一步科学界定肖像权的内涵具有重要意义。肖像权的主体是自然人,法人和其他组织不为肖像权的主体。肖像权的客体是肖像这一人格要素。肖像权的内容主要包括肖像制作权、肖像使用权、肖像利益维护权。

肖像权的功能又被称为肖像权的价值,是肖像权所体现的功能和社会作用。在我国,肖像权主要有维护人格尊严、展现意志自由、保护肖像利益的功能。肖像权具有维护人格尊严的功能,肖像是自然人的人格标识,肖像权人有权维护自己肖像的完整,禁止他人非法毁损和恶意玷污,在一定程度上维护了权利人的人格尊严。肖像权有展现意志自由的功能,肖像权人可以对肖像为制作、公开和使用,可以对肖像为积极的作为,也可以对他人侵害肖像的行为寻求法律救济,实际上也是强调个人精神上的自治,强调意志自由。肖像权具有保护肖像利益的功能,肖像利益包括肖像所体现的精神利益和财产利益,肖像利益是肖像权保护的内容和目的。

第三章　肖像权纠纷裁判分析

肖像权在法律及实务的确立，离不开法院的纠纷裁判。如在德国，1896年的“俾斯麦（Bismarck）遗体偷拍案”使得肖像权保护引起了学界的重视，推动了德国肖像权保护制度的法制化进程，客观结果就是1907年德国帝国议会通过了《艺术和摄影作品著作权法》。[1]在日本，一系列围绕警察对游行示威者进行拍照的刑事案件为肖像权概念在日本的确立做出了重大贡献，形成了以肖像制作为中心的肖像权。[2]在我国，“秋菊打官司案”在学界和实务引起广泛的关注、讨论和研究。学界对此的关注甚至超出了民法研究的范畴，推动了肖像权、公民权、言论自由权等权利研究的深入发展。“秋菊打官司案”被视为20世纪90年代一次很好的普法教育，“秋菊的困惑”也一直是最有生命力的中国法学理论命题之一。[3]“鲁迅肖像权”纠纷案引发了学界和公众对死者肖像保护的重视，引起了我国司法界的关注，在一定程度上推动了《精神损害赔偿司法解释》的出台。法院的纠纷裁判对肖像权在立法及实务中的确立和发展具有重要意义。正是基于此，对我国肖像权的纠纷裁判展开研究，深入挖掘在现有肖像权制度下，法院的裁判受到了哪些掣肘，更新了哪些见解，确立了哪些规则，进行了哪些司法造法，对丰富肖像权制度的研究，完善肖像权制度是十分有意义的。[4]

---

[1] 严城．论人格权的衍生利益——以人格标识的商业利用为中心［D］．哈尔滨：黑龙江大学，2010：172.

[2] 骆正言．论日本法中的肖像权保护［J］．日本研究，2010（3）：87.

[3] 武杰．“秋菊的困惑”和“雪莲的冤屈”［J］．法人，2017（1）：89.

[4] 为搜集案例，本文选取了较为主流的法律案例数据库“北大法宝”进行案例搜索。检索方式为“案由”中选择“肖像权纠纷”，未区分时间，文书类型选择“判决书”，其他条件均为全局检索。经检索，去除其中重复收录，判决书内容过于简单缺乏具体案件事实，判决书信息不全如缺少法院名称、法律依据等，实际分析典型的肖像权纠纷裁判158件。在分析纠纷裁判过程中，对一些当事人信息进行了简略。为统一行文，案件存在一、二审和再审文书的，以最后生效的判决书所确认的裁判结果为准，并在统计时按照一审原、被告双方改写，对个别法律用语进行了统一。

第一节 肖像权主体的确认

肖像权主体的确认，主要涉及死者肖像纠纷裁判、集体肖像纠纷裁判及未成年人肖像权纠纷裁判三类纠纷裁判。

一、死者肖像纠纷裁判

死者肖像纠纷，指的是行为人未经死者近亲属同意使用死者肖像，死者近亲属以死者肖像权、死者肖像利益或死者近亲属利益受侵害为由诉至法院，请求行为人承担侵权责任的纠纷。本书共收集到死者肖像纠纷裁判7件，7件案件的审理法院全部为基层法院，未收集到省法院、最高人民法院审理此类纠纷的裁判，详见表3-1。❶

表3-1 有关死者肖像纠纷的案例

案例序号	案件名称	主要内容	裁判结果
1号	王某某等诉中国老年基金会北京崇文松堂关怀医院等肖像权案	被告将原告母亲生前的照片制作成广告在公交车上发布	判决停止侵害、赔礼道歉、复制版交法院销毁、赔偿精神损害抚慰金4000元。(判决结果引自北京市崇文区人民法院(1999)崇民初字第1189号民事判决书[Z])
2号	蔡某某等诉沅江市电信局等肖像权案	被告将原告父亲生前的照片，制作成广告在电话号码簿上予以发行	判决停止侵害、赔礼道歉、赔偿精神损害抚慰金8000元。(判决结果引自湖南省益阳市中级人民法院(2000)益民终字第190号民事判决书[Z])

❶ 裁判编号：1~7。

续表

案例序号	案件名称	主要内容	裁判结果
3号	爱新觉罗·溥某诉王某某、杨某某肖像权案	原告系我国末代皇帝溥仪同父异母之胞弟。被告经营展览收取门票，展览中使用了一些溥仪生前的照片	判决驳回原告的诉讼请求。（判决结果引自北京市第二中级人民法院民事判决书[Z].[法宝引证码]CLI. C. 196813）
4号	郑某某诉广州医学院第三附属医院肖像权案	原告与死者生前系夫妻关系，被告将死者生前的照片在宣传栏中进行使用	判决被告赔礼道歉、赔偿精神损害抚慰金5000元。（判决结果引自广东省广州市中级人民法院（2007）穗中法民一终字第2632号民事判决书[Z]）
5号	李某某等诉三门峡市中心医院肖像权案	被告在单位制度封面、宣传栏、网页中使用死者肖像	判决被告停止使用，赔偿精神损害抚慰金6000元。（判决结果引自河南省三门峡市中级人民法院（2009）三民终字第316号民事判决书[Z]）
6号	周某某等诉黄某某等肖像权案	原告系鲁迅的孙子、孙女，被告在其出版的《鲁迅像转》一书中，使用了鲁迅生前的照片	判决驳回原告的诉讼请求。（判决结果引自上海市黄浦区人民法院（2014）黄浦民一（民）初字第1245号民事判决书[Z].需要说明的是，本案一审判决做出后，当事人不服上诉至二审法院。二审审理过程中，当事人达成和解协议撤回上诉、起诉，一审判决书被撤销。详见上海市第二中级人民法院（2015）沪二中民一（民）终字第553号民事裁定书）

续表

案例序号	案件名称	主要内容	裁判结果
7号	杜某等诉杜某五等肖像权案	原告为死者杜某五的嫡系后代。被告介绍自己为杜某五的嫡系子孙，出版《杜某五自然门武功集粹》一书，书中使用了原告已故祖父、父亲的照片	判决被告赔礼道歉，停止发行并销毁图书，赔偿经济损失2万元、精神损害抚慰金1万元。（判决结果引自湖南省长沙市岳麓区人民法院(2003)岳民一初字第819号民事判决书[Z]）

（一）裁判思路分析

1. 驳回原告诉讼请求案件的分析

7件案件中，两件案件驳回了原告的诉讼请求，分别是3号和6号案件。两件驳回原告诉讼请求的案件，涉及的死者分别为作家鲁迅和“末代皇帝”溥仪。在3号“末代皇帝”溥仪案中，法院认为溥仪属于历史公众人物，被告在举办展览过程中使用了有关溥仪生活、政务活动的照片，不构成对溥仪肖像权的侵犯。6号案件是新近发生的有关“鲁迅肖像权”的案件，法院认为被告使用鲁迅照片虽未经鲁迅近亲属同意，但因鲁迅在中国现代史的影响，鲁迅的照片因其史料价值而为社会所拥有，被告通过学术研究，著成、出版《鲁迅像传》一书，介绍鲁迅事迹、解读鲁迅精神，属于对死者肖像的合理使用。

两件案件中，法院都认为“公众人物”构成死者肖像侵权的违法阻却事由，从而判定被告使用死者肖像构成对死者肖像的合理使用。公众人物是因特殊的成就、经历、才能或其他特殊原因而为公众所熟知的重要社会人物，包括政治家、影视明星、体育明星、艺术家等。[1]德国《艺术和摄影作品著作权法》第23条第1款列举了4种事由，可以允许不必经第22条规定的同意而散布和公开肖像，其中包括“来自当代历史领域的肖像”。[2]当代历史领域可以用于描述任何事件，该事件

[1] 王利明. 人格权法研究[M]. 北京：中国人民大学出版社，2005：467.

[2] 《艺术和摄影作品著作权法》第23条第1款：“无需第22条所要求的同意，下列相片可以被传播和展示：(1)来自当代历史领域的肖像；(2)人物仅作为风景或其他地方的陪衬的相片；(3)被描绘的人所参加的集会、游行或类似活动的相片；(4)非依定制而制作的肖像，只要传播和公开展示服务于更高的艺术利益。”

不管基于何种原因，它产生公共利益。[1]而基于公共利益，一个和新闻事件或者公共事件有关联的人将被视为一个“历史性人物”，他将要容忍行为人对其肖像的使用。“历史性人物”可以分为绝对的历史性公众人物和相对的历史性公众人物。绝对的历史性公众人物包括运动员、政治家、皇室成员等。相对的历史性公众人物包括与特定事件相联系的人，如脱口秀节目的参与者或者一场引人注目审判中的当事人。只有当相对的历史性公众人物与特定事件存在真实联系时，其肖像才可以被使用。在告别奖章（Abschiedsmedaille）一案中，已故德国前总理维利·勃兰特（Willy Brandt）的头像被雕刻在一枚纪念章上，纪念章的另一面刻着他生前相关的数据。法院认为，被告使用维利·勃兰特（Willy Brandt）肖像的行为不构成侵犯肖像权。[2]结合对纠纷裁判的分析，公众人物构成死者肖像侵权的违法阻却事由是有条件的，至少以下两种情形不能阻却违法。

第一，以侮辱、贬损等违反社会公德和社会公共利益的方式使用死者肖像。诸如将开国伟人肖像用于推销治疗性病药物的广告就属于以贬损方式使用死者肖像，违反了社会公德、伤害了国人感情，不构成对死者肖像的合理使用。

第二，商业利用死者肖像。公众人物肖像往往具有明显的财产利益，未经同意将死者肖像用于推销产品、服务，有“搭便车”的嫌疑。在驳回原告诉讼请求的2件案件中，3号案件在展览中使用死者肖像，6号案件在历史研究书籍中使用死者肖像，均不为典型的商业利用行为。商业利用死者肖像不构成死者肖像的违法阻却事由。如在6号案件中，法院虽然认为鲁迅为“公众人物”驳回了原告的诉讼请求，但同时也指出，对公众人物肖像的合理使用，不包括商业利用死者肖像的行为。在三起发生时间更早的以调解方式结案的“鲁迅肖像权”纠纷案中，原告均在调解中获得了赔偿，法院并未在审理中直接驳回原告的诉讼请求。[3]

2. 支持原告诉讼请求案件的分析

在5件支持原告诉讼请求的案件中，法院全部判处被告给付原告精神损害抚慰金。5件案件中，法院支持原告精神损害抚慰金的诉讼请求，适用了不同的法

[1] 陈静．大众传播中的肖像权利研究［M］．北京：中国传媒大学出版社，2012：95.

[2] 苏珊娜·伯格曼．美国和德国公开权制度的比较研究［A］//张民安．公开权侵权责任研究：肖像、隐私及其他人格特征侵权［C］．广州：中山大学出版社，2010：298.

[3] 周海婴诉浙江省邮票局、绍兴市邮电局肖像权纠纷案，周海婴诉绍兴越王珠宝金行有限责任公司肖像权纠纷案，周海婴诉北京市泉生集币公司肖像权纠纷案。

律依据。[1]在4号、5号案件中，法院适用《民法通则》第120条判处被告赔偿原告精神损害抚慰金，将《民法通则》第120条第1款中的"赔偿损失"认定为包括精神损害。1986年《民法通则》第120条规定自然人肖像权受侵害的，有权要求赔偿损失。由于该条未直接使用"精神损害"的概念，导致学界对"赔偿损失"是否包括精神损害的解读产生分歧。有学者认为《民法通则》第120条的损失既包括财产损失也包括精神损害。[2]有学者认为，该条规定正式确立了我国精神损害赔偿制度，因为在多数情况下侵害人格权不会出现直接的财产损失，因此本条规定的"赔偿损失"为对精神损害的赔偿。[3]学界的认识也反映在司法实践中，两件案件中，法院均适用《民法通则》第120条支持了原告关于精神损害抚慰金的诉讼请求。

（二）纠纷裁判评析

通过死者肖像纠纷裁判的分析可以看出，我国死者肖像保护的司法实践主要有三个特点：

第一，对死者肖像保护持肯定态度。我国司法实践一直坚持保护死者肖像。两起涉及"鲁迅肖像权"的案件[4]，虽最终以调解方式结案，但在案件审理过程中，最高人民法院都做出了批复，对此类案件审理进行指导，显示了在应对此类案件中的积极态度。地方法院亦通过妥善处理个案，坚持对死者肖像进行保护。这种司法实践的经验，被最高人民法院的司法解释所吸收。

第二，在涉及非商业利用死者肖像的纠纷裁判中，认为"公众人物"构成死者肖像侵权的违法阻却事由。

第三，逐渐重视死者肖像蕴含的财产利益。在1996年周海婴诉浙江省邮票局、绍兴市邮电局肖像权纠纷案中，最高人民法院民事审判庭书面批复，认为继

---

[1] 1号案件适用了《广告法》第2条、第25条、第27条、第47条；2号案件适用了《民法通则》第100条，《广告法》第25条；4号案件适用了《民法通则》第120条第1款；5号案件适用了《民法通则》第120条、第134条；7号案件适用了《民法通则》第5条、第7条、第106条、第130条、第134条。

[2] 张华．关于肖像权若干问题的再思考[J]．河北法学，1994(5)：16.

[3] 张新宝．精神损害赔偿制度研究[M]．北京：法律出版社，2012：121-122.

[4] 周海婴诉浙江省邮票局、绍兴市邮电局肖像权纠纷案，以及周海婴诉绍兴越王珠宝金行有限责任公司肖像权纠纷案。

承的法律意义是对自然人死后遗留的财产及财产权利的继承，肖像权属于人格权，不在继承的范畴内，实质否定了死者肖像蕴含财产利益。在1号、2号、6号案件中，法院均认为死者的肖像对其近亲属有着精神、情感及财产上的特定利益。如在6号案件中，法院认为，死者近亲属对死者肖像享有特定的财产利益，未经同意使用死者肖像，近亲属有权请求损害赔偿。

通过对死者肖像纠纷裁判的分析，司法实践中对“死者肖像保护的依据”“死者肖像财产利益如何保护”认识上存在争议。两个问题的争议主要表现在：

第一，死者肖像保护的依据。关于死者人格利益保护的依据，目前学界主要有“权利保护说”“法益说”“近亲属利益说”“人身权延伸法律保护说”等观点。《精神损害赔偿司法解释》坚持的是“近亲属利益说”。学界对死者人格利益保护依据的争论，同样对司法实践产生影响。1号案件采“法益说”，2号、5号案件采“近亲属利益说”，4号案件采“权利保护说”。如1号案件中，法院认为自然人死亡后肖像权虽不存在，但死者肖像的使用权却继续存在并应当受到法律保护，将死者肖像看作是一种应受法律保护的利益，实质上主张的是“法益说”。2号案件中，法院认为对死者肖像使用权的保护，本质是对死者家属特定利益的保护，主张的是“近亲属利益说”。4号案件中，法院认为被告以营利为目的使用死者肖像构成对死者肖像权的侵犯，主张的是“权利保护说”。

第二，死者肖像财产利益的保护方式。在一些案件中，法院认为死者肖像对死者近亲属具有财产价值，并通过判处被告给付原告精神损害抚慰金的方式进行救济。在1号、2号、4号、5号案件中，被告均以商业目的（广告形式）使用死者肖像，且使用方式不为《精神损害赔偿司法解释》第3条第（一）项规定的违反社会公共利益、社会公德的方式，但4件案件法院均判处被告向原告给付精神损害抚慰金。如4号案件，法院认为肖像上所体现的人格利益包括物质利益，被告以营利为目的使用死者肖像同样构成对死者肖像的侵犯，判决被告赔偿原告精神损害抚慰金。司法实践中，采用与保护精神利益相同的精神损害赔偿方式保护死者肖像的财产利益是否恰当，有无理论依据，颇值得探讨。对如何解决上述两个争议问题，本文将在后文“死者肖像的保护”中详细论述。

二、集体肖像纠纷裁判

集体肖像纠纷，指的是行为人未经同意使用包含权利人形象在内的集体肖像，权利人以肖像权受侵害为由诉至法院，请求行为人承担侵权责任的纠纷。本书共分析集体肖像纠纷裁判12件，详见表3-2。[1]

表3-2　有关集体肖像纠纷的案例

案例序号	案件名称	主要内容	裁判结果
8号	阿衣木汗等诉吐鲁番食品饮料总厂肖像权案	被告从公开发行的画册中选取了一幅采摘桑葚的彩色照片作为外包装盒上的彩图。原告主张其中包含原告肖像	判决驳回原告的诉讼请求。(判决结果引自新疆维吾尔自治区吐鲁番地区中级人民法院(1996)吐地法民终字第39号民事判决书[Z])
9号	杨某诉广州保税区东英美容上海有限公司姓名权、肖像权案	原告参加被告组织的专家研讨会，与会者合影留念。后被告在报纸上刊登广告，使用了包含原告在内的合影照片	判决赔礼道歉，赔偿精神损害抚慰金8000元。(判决结果引自上海市第一中级人民法院(1999)沪一中民终字第2927号民事判决书[Z])
10号	华某诉美国中国项目咨询公司肖像权案	被告使用包含原告在内的与美国国家贸易局长合影的照片作为资料对外散发	判决驳回原告的诉讼请求。(判决结果引自上海市第一中级人民法院民事判决书[Z].[法宝引证码]CLI.C.21955)
11号	中国人民解放军警卫第一师仪仗大队诉深圳市信禾工艺品有限公司名称权、肖像权、名誉权案	被告通过宣传册、光盘、挂画等形式使用包含仪仗队士兵形象的照片，推销其生产的工艺品	判决停止侵权、赔礼道歉、赔偿经济损失80万元。(判决结果引自北京市第一中级人民法院(2006)一中民终字第3240号民事判决书[Z])

[1] 裁判编号：8~19。

续表

案例序号	案件名称	主要内容	裁判结果
12号	李晨诉神龙汽车有限公司等肖像权案	被告在网站上发布了商业宣传文章，使用了包含原告在内的“奔跑吧兄弟”节目7个人物的宣传照	判决赔礼道歉、赔偿经济损失5000元及合理支出1650元。（判决结果引自北京市海淀区人民法院（2016）京0108民初9359号民事判决书[Z]）
13号	张培萌诉上海花千树信息科技有限公司肖像权案	原告系男子短跑运动员。被告在其新浪微博中发布了原告及队友在北京世锦赛获得银牌的消息并配发了原告及队友获得奖牌后庆祝的照片，在照片中嵌入了宣传用语，文字下方有被告公众号的二维码	判决赔礼道歉、赔偿经济损失1.5万元。（判决结果引自北京市第一中级人民法院（2016）京01民终4733号民事判决书[Z]）
14号	苏炳添诉偃师威佳汽车销售服务有限公司肖像权案	原告系男子短跑运动员。被告在其官方微信账号中使用了原告及队友的合影照片，报道了比赛成绩、介绍了被告的相关产品	判决删除侵权文章、赔偿经济损失及合理开支5000元。（判决结果引自广东省中山市第二人民法院（2016）粤2072民初5294号民事判决书[Z]）
15号	王某等诉李某某肖像权案	被告将包含原告的集体照片制作成宣传其经营内容的彩页，在集市上向群众散发	判决停止使用、赔礼道歉、赔偿五原告精神损害抚慰金各50元，共250元。（判决结果引自甘肃省宁县人民法院（2015）宁民初字第1150号民事判决书[Z]）

续表

案例序号	案件名称	主要内容	裁判结果
16号	吴某诉北京车之家信息技术有限公司肖像权案	被告在网站上发布商业宣传文章，使用了包含原告的“爸爸去哪儿”节目中5组父子(女)的集体照片	判决赔礼道歉、赔偿经济损失1万元及维权合理支出500元。(判决结果引自北京市海淀区人民法院(2015)海民初字第34482号民事判决书[Z])
17号	张某诉新疆维吾尔自治区女企业家联合会肖像权案	原告原系被告会员。被告在其内部会员发行的报纸上刊登了集体照片，但删除了集体照片中原告的形象	判决驳回原告的诉讼请求。(判决结果引自新疆维吾尔自治区乌鲁木齐市天山区人民法院(2015)天民一初字第2413号民事判决书[Z])
18号	郭某新诉江西优时代电子商务有限公司吉林市运营中心肖像权案	原告到江西南昌申博会时与被告公司两位领导及运营中心经理留有合影照片，被告将包含原告的集体照片挂在公司办公室内，后该照片在开庭前被摘除	判决驳回原告的诉讼请求。(判决结果引自吉林省长春汽车经济技术开发区人民法院(2018)吉0291民初38号民事判决书[Z])
19号	郭涛诉北京搜狐互联网信息服务有限公司肖像权案	被告在宣传文章中使用了包含原告的“爸爸去哪儿”节目中5组父子(女)的集体照片	判决被告赔礼道歉，赔偿经济损失及合理支出2.7万元(判决结果引自北京市海淀区人民法院(2016)京0108民初19839号民事判决书[Z])

(一)裁判思路分析

1. 支持原告诉讼请求案件的分析

在12件集体肖像纠纷裁判中,支持原告诉讼请求的案件有8件。其中,在7件案件(9号、12号、13号、14号、15号、16号、19号)中,法院认为作为集体成员的原告对集体肖像享有肖像权,被告商业利用集体肖像的行为,侵害了原告的肖像权。如在9号案件中,法院认为,被告未经原告同意,在报纸版面发表文章、配置刊登原告照片的行为,侵害了原告的肖像权。在12号案件中,法院认为,涉案文章使用了"奔跑吧兄弟"的集体照片,照片中含有原告李晨肖像的配图,照片中原告的形象可辨识,原告有权主张肖像权。

11号案件较为特殊。原告为中国人民解放军警卫第一师仪仗大队(以下简称"三军仪仗队"),一审法院认为被告侵害了三军仪仗队的名誉权。二审法院经审理认为,三军仪仗队作为自然人以外的民事主体不享有肖像权,但三军仪仗队对于使用照片所带来的利益享有权益,被告实质侵犯了三军仪仗队的整体肖像利益和名称权,适用《民法通则》第117条第2、3款[1],判决被告停止侵权、赔礼道歉、赔偿经济损失80万元。通过法院适用的法律依据可以看出,本案中法院认为被告侵害的是原告的一种财产权,实际上是通过"形象权"路径来保护原告的利益。有学者对此持支持态度,认为商业利用行为本身并不降低三军仪仗队在人们心目中的形象,未侵害三军仪仗队的人格利益,侵犯的是三军仪仗队的形象权。[2]通过本案可以看出,在个别案件中,法院开始尝试用类似美国"形象权"的路径,保护集体肖像中蕴含的财产利益,对现有肖像权制度进行了突破。

2. 驳回原告诉讼请求案件的分析

4件驳回原告诉讼请求的案件,法院驳回原告诉讼请求的理由可以概括为以下四种:

第一,以集体肖像中个人肖像不具可识别性为由驳回诉请。集体肖像中个体肖像受保护的前提是个体肖像在集体肖像中具有可识别性。在8号案件中,法

---

[1] 《民法通则》第117条第2、3款:"损害国家的、集体的财产或者他人财产的,应当恢复原状或者折价赔偿。受害人因此遭受其他重大损失的,侵害人并应当赔偿损失。"

[2] 祝建军,汪洪.形象权的知识产权属性——"三军仪仗队形象权"纠纷案引发的思考[J].知识产权,2007(1):53.

院认为，被告选用在果汁礼盒上的照片，人物均系远距离的模糊陪衬性影像，或看不清，或看不见，判决驳回了原告的诉讼请求。

第二，以集体肖像中个人肖像权丧失存在基础为由驳回诉请。在10号案件中，法院认为，在集体肖像中，个人特征难以凸显，丧失人格权存在的基础，原告一人主张肖像权并不能反映全体肖像权人的利益，被告在具有商业目的的宣传资料中使用集体肖像的行为虽欠妥，但因被告并未对原告的个体肖像为玷污、毁损、丑化，未侵害原告的肖像权，判决驳回原告的诉讼请求。10号案件，法院以集体肖像中个人肖像权丧失存在基础为由驳回原告诉请，裁判理由与1887年法国巴黎高等法院作出的一个判决相似。在法国的案例中，一位著名演员请求法院判决照相馆撤去陈列的包括自己肖像的合影照片，法院认为，一人关于肖像的所有利益为全体利益所压倒，一人的个性为全画面所掩盖，人格权失去其存在的基础，判决驳回原告的诉讼请求，该判例为以后诸多立法所采纳。[1]这种以保护自然人肖像权的路径来保护集体肖像中个人肖像权的思路值得赞赏，但是仅仅因为集体肖像的存在，就认为个人肖像权丧失存在的基础则不妥。按照这种思路，会出现法律保护自然人的肖像，但却不保护自然人肖像集合的悖论。这种观点实际是将集体肖像中个人肖像的使用一概视作集体肖像的合理使用，不利于肖像权的保护。[2]

第三，以未使用权利人肖像为由驳回诉请。在17号案件中，原告原系被告会员，被除名。后被告在其内部会员发行的报纸上刊登了集体肖像，原告在集体肖像中的形象被删除。法院认为，被告在其内部发行的报纸上刊登会员活动照片时，将原告的照片予以删除，被告并未实际使用原告的照片，原告亦未证明被告存在其他侵犯肖像权的行为，判决驳回原告的诉讼请求。从纠纷裁判可以看出，法院认为集体肖像侵权以使用包含权利人肖像的集体肖像为前提，如果对集体肖像进行处理后，未使用权利人肖像，则不构成侵权。在本案中，原告诉至法院的争议焦点不是被告未经同意使用包含原告形象的集体肖像，而是被告使用的是删除原告形象后的集体肖像，实质主张的是被告无权未经同意修改集体肖像。本案中，被告未经同意修改集体照片的行为涉嫌侵害集体照片著作权人对肖像

---

❶ 龙显铭. 私法上人格权之保护[M]. 上海：中华书局，1949：93.

❷ 张瀚涛. 肖像合理使用的理论探索[J]. 学术交流，2006(2)：58.

作品的修改权,但仅以被告未经同意修改集体照片为由,认为侵犯原告的肖像权则于法无据。

第四,以集体成员有权合理使用集体肖像为由驳回诉请。在18号案件中,原告与被告公司领导留有合影照片,被告公司将合影照片挂在公司办公室内,原告诉至法院,要求被告承担肖像权侵权责任。被告认为,集体照片中包含被告公司的多位领导,照片只挂在办公室内,并未用于商业目的,且照片目前已被摘除。法院经审理认为,被告虽未经原告同意,将原告与他人的合影照片悬挂在办公室内,但该悬挂行为并非以营利为目的,判决驳回原告的诉讼请求。

(二)纠纷裁判评析

在我国,姚明诉可口可乐(中国)公司肖像权纠纷案[1],引发了人们对"集体肖像""集体肖像权"的关注和讨论。该案最终以双方和解、姚明撤诉为结果,故我们无法根据法院的裁判结果对案件本身展开法律适用分析。集体肖像是两个以上的人一起通过摄影、录像等艺术手段所形成的肖像。从这个角度出发,通过雕塑、录像、电影、画像等方式将数人肖像集合在一起制作而成的肖像,也属于集体肖像。[2]通过对纠纷裁判的分析可以发现,集体肖像纠纷裁判有以下两个特点:

第一,在集体成员之外的第三人未经权利人同意使用集体肖像的情况下,法官并没有接受学界有关集体肖像中不存在集体成员个体肖像权的认识,而是认为自然人对集体肖像中具有可识别性的形象享有肖像权,从而对权利人提供保护。从分析可以看出,对集体成员之外的第三人使用集体肖像是否侵害集体成员个体的肖像权,在集体肖像纠纷裁判中并不存在争议。在大部分案件中,法院依据可识别性理论对集体肖像中具有可识别性的自然人形象进行了保护。

第二,对集体成员个体是否有权未经其他集体成员个体同意使用集体肖像存有争议。在18号案件中,被告将包含两位公司领导及原告形象的集体照片挂在公司办公室内,原告以肖像权受侵害为由诉至法院,法院以该悬挂行为不能认定被告以营利为目的使用集体肖像为由驳回原告的诉讼请求,实质是认为集体

[1] 2003年3月,在中国上海等地可口可乐(中国)公司推出外包装一款新型饮料,其在该产品的外观包装上印有中国知名篮球运动员姚明、巴特尔、郭士强的宣传图片。姚明以侵犯肖像权为由诉至法院。后原被告双方和解,姚明撤诉。

[2] 杨立新.论人格利益准共有[J].法学杂志,2004(6):13.

成员非以营利为目的使用集体肖像构成集体肖像的合理使用。那以营利为目的使用集体肖像是否不构成集体肖像的合理使用？遗憾的是，本书未收集到集体成员个体未经集体其他成员个体同意商业利用集体肖像引发的纠纷裁判。

从纠纷裁判分析可以看出，与规制集体成员的外部关系相比，集体肖像纠纷裁判中的难点是规制集体成员的内部关系，表现为集体成员个体能否未经集体其他成员同意使用集体肖像。集体肖像是两个以上自然人肖像的集合，每个集体成员对集体肖像中具有可识别性的形象享有肖像权，拥有精神利益和财产利益。但集体肖像不可分或者分开会使得集体肖像失去意义或价值明显减损，集体肖像实际承载了多个集体成员的肖像权，多个肖像权并存于一个载体，不可避免地会产生权利的冲突。集体肖像保护的关键是如何处理集体成员不同个体之间肖像权的冲突，本文将在后文“肖像权与其他权利的冲突”中详细论述。

三、未成年人肖像权纠纷裁判

未成年人肖像权纠纷，指的是行为人未经同意使用未成年人的肖像，未成年人以肖像权受侵害为由诉至法院，请求行为人承担侵权责任的纠纷。本书共分析未成年人肖像权纠纷裁判14件，详见表3-3。❶

表3-3 有关未成年人肖像纠纷的案例

案例序号	案件名称	核心内容	裁判结果
20号	黄某某诉某摄影公司肖像权案	被告在印有其企业名称的广告相册中使用原告肖像	判决被告赔礼道歉、赔偿肖像使用费2000元，精神损害抚慰金3000元。（判决结果引自上海市第一中级人民法院（2010）沪一中民一（民）终字第2158号民事判决书[Z]）

❶ 裁判编号：20~33。

续表

案例序号	案件名称	核心内容	裁判结果
21号	查某某诉某公司肖像权案	被告在广告中使用原告的肖像	判决被告停止侵害，赔偿精神损害抚慰金5000元。(判决结果引自上海市宝山区人民法院(2009)宝民一(民)初字第654号民事判决书[Z])
22号	耿某某诉山东广播电视报社肖像权案	被告在出版的杂志上刊登了原告的一张照片，并将照片命名为“我家楼下的女汉子”	判决被告赔礼道歉、赔偿精神损害抚慰金1万元。(判决结果引自山东省济南市历下区人民法院(2013)历民初字第1654号民事判决书[Z])
23号	李某某诉陈某肖像权案	原告在被告处拍摄照片后，被告在广告中使用了原告的肖像	判决被告赔偿原告经济损失1200元。(判决结果引自四川省宜宾市南溪区人民法院(2014)南溪民初字第155号民事判决书[Z])
24号	刘某某诉临沂不孕不育医院肖像权案	被告在网上下载了原告的照片，使用在宣传单上	判决被告赔偿原告精神损害抚慰金1万元。(判决结果引自山东省临沂市中级人民法院(2013)临民一终字第1590号民事判决书[Z])
25号	陆某某诉上海某某贸易有限公司肖像权案	被告在淘宝店的广告中使用原告肖像	判决被告赔偿原告肖像使用费2000元、律师费3000元。(判决结果引自上海市松江区人民法院(2011)松民一(民)初字第5655号民事判决书[Z])

续表

案例序号	案件名称	核心内容	裁判结果
26号	袁某诉陕西密宝母婴专护服务有限公司肖像权案	被告在公司广告彩页上使用原告的肖像用于宣传	判决被告赔礼道歉、赔偿精神损害抚慰金1万元。(判决结果引自陕西省咸阳市中级人民法院(2017)陕04民终55号民事判决书[Z])
27号	袁某某诉上海优优小王国儿童摄影有限公司肖像权案	被告在大众点评、美团网、微信以及地铁站广告栏上使用原告肖像	判决被告赔偿经济损失4000元、精神损害抚慰金1000元、公证费3000元、律师费6000元。(判决结果引自上海市第一中级人民法院(2015)沪一中民一(民)终字第1521号民事判决书[Z])
28号	田某某诉长沙市威威婴儿用品厂肖像权案	被告在报纸刊登广告招聘小模特,原告母亲带原告参加了拍摄,被告派人送给原告童装、照片底片等。后被告将原告肖像用于产品宣传	法院认定被告未侵害原告肖像权,但被告停止使用并自愿补偿原告可予准许,判决撤销原判,被告停止使用、自愿补偿原告500元(判决结果引自湖南省长沙市中级人民法院(1994)长中民终字第513号民事判决书[Z])
29号	王某某诉德清县新闻传媒发展中心等肖像权案	被告举办"年画宝宝大赛"活动,原告参赛。被告在制作的挂历上使用原告肖像	判决驳回原告的诉讼请求。(判决结果引自浙江省湖州市中级人民法院(2010)浙湖民终字第458号民事判决书[Z])

续表

案例序号	案件名称	核心内容	裁判结果
30号	余某诉某摄影店肖像权案	被告将原告肖像用于制作户外广告	判决被告赔偿经济损失1000元、精神损害抚慰金2000元。(判决结果引自江苏省镇江市润州区人民法院(2015)润少民初字第00073号民事判决书[Z])
31号	张某某等诉西安都市医院肖像权案	被告将二原告肖像在宣传册中使用,免费向公众发放	判决被告赔偿精神损害抚慰金5000元。(判决结果引自陕西省西安市莲湖区人民法院(2013)莲民二初字第01072号民事判决书[Z])
32号	庄某某与广州市星逸贸易有限公司肖像权案	被告在淘宝天猫网站上将原告肖像用于产品宣传	判决被告停止侵害、赔礼道歉,赔偿经济损失7000元、精神损害抚慰金5000元。(判决结果引自广东省广州市天河区人民法院(2014)穗天法少民初字第36号民事判决书[Z])
33号	栗某某诉清江浦区房晓娟摄影服务部等肖像权案	被告在广告中使用了原告肖像,并在微信公众号上推广	判决二被告各赔偿原告精神损害抚慰金3000元。(判决结果引自江苏省淮安市清江浦区人民法院(2021)苏0812民初472号民事判决书[Z])

(一)裁判思路分析

14件纠纷裁判,法院在12件纠纷裁判中支持了原告的诉讼请求,2件纠纷裁判(28号、29号)中驳回了原告的诉讼请求。14件纠纷裁判,从判决书表述可以推断出未成年人年龄的4件(20号、22号、27号、32号),分别为2岁、4岁、1岁、1岁,年龄不详的10件。可以看出,法院在纠纷裁判中并没有将未成年人的年龄作为判定责任需考量的重要因素,甚至在多起纠纷裁判中未明确论述未成年人的年龄。

1. 支持原告诉讼请求案件的分析

(1)停止侵害的适用

未成年人属无民事行为能力人或限制民事行为能力人,行为人未经未成年人及其法定代理人同意,商业利用未成年人肖像属《民法通则》第100条规定的侵害肖像权的行为,案件事实可涵摄于《民法通则》第120条第1款,权利人可依据《民法通则》第120条第1款请求行为人停止侵害。实践中,法院也适用《民法通则》第100条、第120条第1款判决行为人停止侵害。有疑义的是,此处的同意应表述为未成年人法定代理人的同意还是未成年人的同意。如27号案件,法院认为被告使用肖像未征得原告法定代理人的同意,侵害了权利人的肖像权。与此不同的是,在21号案件中,法院认为被告未征得原告(未成年人)同意,以营利为目的使用原告肖像,侵害了原告的肖像权。可以看出,法院就《民法通则》第100条“未经本人同意”的理解并不一致,对此学界也有不同的认识。如有学者认为,此处的同意应为监护人的同意。❶

(2)精神损害赔偿的适用

在判决支持精神损害赔偿的案件中,法院适用了《精神损害赔偿司法解释》第1条、《侵权责任法》第22条。《民法典》实施后,个别案件适用了《民法典》第1018条、第1019条。确定精神损害抚慰金数额时,适用了《精神损害赔偿司法解释》第10条,个别法院适用了《民法通则》第100条、第120条。在支持精神损害抚慰金的纠纷裁判中,一些未成年人的年龄不大,有的不到1岁,有的只有三四岁。商业利用这些未成年人的肖像做广告,很难说会给其造成严重的精神损害。故对商业利用未成年人肖像的行为判处精神损害抚慰金考虑的不仅是未成年人的精神损害,更多的是未成年人监护人或者近亲属的精神损害。在22号案件中,法院就认为,被告将案涉照片刊登在搞笑栏目中,在照片下方标注“我家楼下的女汉子”,年仅4岁的原告耿某某因体形较胖,被冠以“女汉子”称号,显然并非褒义,被告的行为侵犯了原告的肖像权,并对原告及其家人造成了一定的精神损害。

---

❶ 张民安.无形人格侵权责任研究[M].北京:北京大学出版社,2012:668.

(3)财产损失赔偿的适用

在12件支持原告诉讼请求的案件中，法院共支持原告财产损失赔偿2.92万元、精神损害抚慰金5.7万元。可见在此类纠纷的裁判中，相比于财产损失赔偿，法院更易支持原告关于精神损害抚慰金的诉讼请求。其原因主要有两方面：一方面可能源于法官坚持传统人格权理论，认为肖像权是一种精神性人格权，保护肖像权本质上保护的是人格上的精神利益，从而运用精神损害赔偿对权利人进行救济；另一方面可能源于财产损失赔偿数额的不易确定。在多数被侵权人为非公众人物自然人的情形下，在裁判中法院罕有可资参照的标准确定原告的财产损失数额，侵权人获得的利益也很难被计算，这就给法院适用财产损失赔偿救济权利人造成了一定困难，导致一些法院转而采取精神损害赔偿方式对权利人进行救济。

2. 驳回原告诉讼请求案件的分析

14件案件中，驳回原告诉讼请求的案件2件(28号、29号)。28号案件虽不为典型的驳回原告诉讼请求的案件，但考虑到原告的诉讼请求[1]、一审判决结果[2]，二审法院实际驳回了原告大部分的诉讼请求。[3]驳回原告诉讼请求的2件案件，涉及原告同意肖像使用意思表示的推定。在28号案件中，法院一方面认为，被告与原告法定代理人未就照片的具体用途、使用范围等达成明确约定；另一方面又认为，原告之母应被告之邀带原告来为被告拍广告照片的行为，应视为同意被告使用原告肖像，被告的行为不构成对原告肖像权的侵犯。在29号案件中，法院认为被告举办"年画宝宝"大赛，并通过网络、报纸等宣传形式介绍活动内容，原告通过网上报名参赛，最终入选并拍摄照片，双方的行为表明原告与被告之间虽未签订书面的肖像使用协议，但实际上原告已用自己的行为同意被告使用肖像。从两件纠纷裁判的分析可以看出，法院一般将未成年人法定代理人带未成年人参加被告组织活动的行为，推定为未成年人及其法定代理人作出了同意被告使

---

[1] 在一审中，原告主张被告停止侵害，在省级报纸上向原告公开赔礼道歉，并赔偿原告精神、财产损失费20万元。

[2] 一审法院判决：被告立即停止销售附有原告肖像印刷品的产品，已上柜的产品必须撤下包装袋内的该印刷品才能再行销售，现存的该印刷品应全部销毁，灯箱广告必须立即撤除；赔偿原告人民币5000元，此款在判决书生效之日起10日内付清。

[3] 二审法院判决：撤销一审判决，被告自愿停止使用印刷品、补偿原告500元。

用未成年人肖像的意思表示。司法实践中对未成年人同意肖像使用意思表示的认定，是通过对未成年人法定代理人有关行为的推定来完成的，且这种推定是事后的、默示的，不利于对未成年人权利的保护。有学者认为，对他人同意再现、公开、使用肖像意思表示的推定，应为事先的、明示的和具体的。[1]司法实践中对未成年人及其法定代理人同意肖像使用意思表示的推定标准稍显宽松。从加强未成年人肖像权保护角度出发，应从严掌握对未成年人及其法定代理人同意肖像使用意思表示的推定标准。如我国《广告法》第33条规定，广告中使用无民事行为能力人、限制民事行为能力人形象的，应事先取得其监护人的书面同意。根据此种立法精神，为充分保护未成年人的肖像权，可以在法律中规定商业利用未成年人肖像，应事先取得未成年人监护人的书面同意，未成年人有识别能力的，还应征求未成年人的意见。

（二）纠纷裁判评析

从对未成年人肖像权纠纷裁判的分析中可以看出，法院在司法实践中通过运用停止侵害、精神损害赔偿、财产损失赔偿等多种责任方式，对未成年人的肖像权进行保护。在对未成年人肖像权给予保护的同时，司法实践也存在对《民法通则》第100条规定的"未经本人同意"认识不一致及对未成年人及其法定代理人同意肖像使用意思表示推定标准宽松的问题。这启示我们要加强对未成年人肖像权的保护，越南、法国的相关立法可资参考。《越南社会主义共和国民法典》(2005年版)第31条第2款规定："使用个人的肖像应得到本人的同意；若本人死亡，丧失民事行为能力或未满15岁，则应当得到其父母、夫妻、成年子女或代理人的同意，但为了国家利益、公共利益或法律另有规定的情形，不在此限。"在法国，权利人是未成年人的，再现、使用其肖像应当得到对该未成年子女肖像有处分权的监护人的同意。[2]为加强对未成年人肖像权的保护，我国立法也应明确规定权利人为未成年人的，使用其肖像应征得未成年人监护人的同意，但法律另有规定的除外；商业利用未成年人的肖像，应事先取得未成年人监护人的书面同意，未成年人有识别能力的，还应征询未成年人的意见。上述两个问题实质为有关未成年人监护制度的问题，不为与肖像权有关的理论问题。

---

❶ 张民安．无形人格侵权责任研究[M]．北京：北京大学出版社，2012：670.

❷ 张民安．无形人格侵权责任研究[M]．北京：北京大学出版社，2012：666.

第二节　肖像权客体的确认

肖像权客体的确认，主要涉及肖像认定纠纷裁判，演员剧照形象纠纷裁判，文学、艺术、科学作品肖像纠纷裁判，摄影、美术作品肖像纠纷裁判四类纠纷裁判。

一、肖像认定纠纷裁判

肖像认定纠纷，指的是行为人未经权利人同意使用了权利人面部或身体的局部形象，权利人以肖像权受侵害为由诉至法院，请求行为人承担侵权责任的纠纷。本书共收集到肖像认定纠纷裁判10件，详见表3-4。❶

表3-4　有关肖像认定纠纷的案例

案例序号	案件名称	核心内容	裁判结果
34号	赵某诉南岸区珊瑚路千变秀美容院肖像权案	原告在被告处接受按摩腹部套餐服务。被告使用腹部照片用于宣传。原告认为被告使用的是原告的腹部照片	判决驳回原告的诉讼请求。（判决结果引自重庆市南岸区人民法院（2016）渝0108民初6336号民事判决书[Z]）
35号	叶某诉首都医科大学附属北京安贞医院等肖像权案	原告在被告处治疗脸部先天青黑色瘢痕，被告为原告拍摄了治疗前后的照片。后被告在广告中使用了原告眼部以下形象的照片	判决驳回原告的诉讼请求。（判决结果引自北京市第二中级人民法院民事判决书[Z].［法宝引证码］CLI.C.67312）
36号	马某某诉深圳市某文化传媒有限公司肖像权案	原告原为被告员工，参加了被告组织拍摄的汽车栏目视频，后被告将视频在网站播放，视频中原告的眼部在镜头中全部被遮挡，遮挡处标注“禁韩令”	判决驳回原告的诉讼请求。（判决结果引自广东省深圳市龙岗区人民法院（2017）粤0307民初3335号民事判决书[Z]）

❶ 裁判编号：34~43。

续表

案例序号	案件名称	核心内容	裁判结果
37号	陆某某诉薛某某肖像权案	被告利用原告与冰心的合影，经电脑技术将合影照片上原告的躯体影像保留，头部影像更换成被告的头部影像，形成了被告与冰心的合影照片	判决被告停止使用、赔礼道歉、赔偿精神损害抚慰金2000元。（判决结果引自江苏省无锡市中级人民法院（2009）锡民终字第0168号民事判决书[Z]）
38号	刘某某诉孟州市人民医院肖像权案	原告为清除面部胎记到被告处做激光清除手术。后被告在住院部的两侧电梯内，张贴了原告治疗前的照片及电脑设计的治疗后的照片。照片显示的是原告面部侧面上半部，眼睛被蒙住	判决被告赔礼道歉，赔偿照相费、录像费共150元、精神损害抚慰金1000元。（判决结果引自河南省孟州市人民法院（2008）孟民初字第1001号民事判决书[Z]）
39号	华某某诉杭州香悦郡置业有限公司肖像权案	原告陪同其姐姐到被告的售楼中心。被告对售楼中心的销售现场情况进行拍摄，并于当天在微信公众号上使用了照片。照片反映的是售楼中心销售的整个现场情况，原告的图像在其中不处于凸显地位	判决驳回原告的诉讼请求。（判决结果引自浙江省杭州市中级人民法院（2016）浙01民终540号民事判决书[Z]）
40号	程某某诉洛宁博爱医院肖像权案	被告在刊物上刊登了宣传广告，广告中右下方有一幅诊疗图片，图片显示有一男性患者侧面和一医生的正面。图片右侧文字介绍，该医生擅长治疗男性疾病。	判决被告赔偿精神损害抚慰金3000元。（判决结果引自河南省洛阳市中级人民法院（2015）洛民终字第316号民事判决书[Z]）

续表

案例序号	案件名称	核心内容	裁判结果
40号	程某某诉洛宁博爱医院肖像权案	原告主张照片上的男性患者是其本人，并在广告刊登后遭到了朋友、邻居的嘲笑	判决被告赔偿精神损害抚慰金3000元。（判决结果引自河南省洛阳市中级人民法院（2015）洛民终字第316号民事判决书[Z]）
41号	许某某诉浙江兰溪华亚八达摩托车有限公司等肖像权案	被告发布了由多幅图片、文字说明组合而成的广告，其中一幅图片中，有两个半身后侧影人像。原告主张其中一人系原告	判决驳回原告的诉讼请求。（判决结果引自浙江省兰溪市人民法院（2000）兰民初字第1311号民事判决书[Z]）
42号	刘某某诉北京新氧科技有限公司肖像权案	被告在网站使用了一张女性照片作为文章配图，照片无法看到人物的眼睛及以上部位	判决驳回原告的诉讼请求。（判决结果引自北京市第三中级人民法院（2018）京03民终7057号民事判决书[Z]）
43号	黄奕诉武汉伽美医疗美容医院有限公司肖像权案	被告在其经营的网站中使用2张眼部经过马赛克处理的女性照片作为文章配图，原告主张照片中的女性系原告	判决被告赔礼道歉，赔偿经济损失2.2万元。（判决结果引自北京市第三中级人民法院（2018）京03民终6197号民事判决书[Z]）

（一）裁判思路分析

1. 驳回原告诉讼请求案件的分析

10件纠纷裁判中，6件驳回了原告的诉讼请求。在驳回原告诉讼请求的6件案件中，法院认为原告没有证据证明被告使用的是原告的肖像，被告未侵害原告的肖像权。在6件案件中，原告寻求肖像权保护的范围囊括了自然人的腹部、背部、脸部的形象等。肖像认定纠纷裁判主要涉及肖像的认定。对于肖像的认定，法院纠纷裁判坚持的裁判规则可以被梳理为以下三种：

第一，肖像认定采“自然人形象再现说”，认为肖像是自然人个人形象的再现，未将肖像局限于自然人的面部形象，如34号、36号、41号案件。

第二，坚持以可识别性为肖像的判断标准。6件案件，法院均以原告所要求保护的个人形象不具可识别性为由驳回了原告的诉讼请求。对于可识别性的判断标准，纠纷裁判采“一般人标准”，认为如果一般人能够在权利人与自然人局部形象之间建立可识别性的联系，此种局部形象为自然人的肖像，反之认为不为肖像。

第三，认为肖像应以人物为中心。39号案件中，法院认为照片反映的是售楼中心销售的整个现场情况，原告的图像在照片中不占被凸显的主体地位，并未将原告作为特定对象表现，且原告图像未达到清晰可辨的程度，判决驳回原告的诉讼请求。肖像必须以人物形象为画面的主题，以区别于风景画、事件画。[1]在比较法上也出现了被告以拍摄的照片为风景照抗辩不构成肖像权侵权的案例。[2]

2. 支持原告诉讼请求案件的分析

通过纠纷裁判分析，支持原告诉讼请求的纠纷裁判认为案涉照片中原告肖像受保护的原因为：

第一，原告肖像具有可识别性。在40号案件中，被告使用了一幅图片，图片显示一男性患者侧影和一医生的正面，图片右侧文字介绍该医生擅长治疗男性疾病。法院认为，原告在二审期间提供了3名证人（同村群众）出庭，证明被告刊登的医疗宣传广告中男性患者为原告，案涉照片与原告本人相似度很高，认定宣传图片上的患者系原告。在38号案件中，被告在住院部电梯内张贴了原告治疗前的照片及电脑设计的治疗后的照片，照片显示的是原告面部侧面的上半部分，照片中原告的眼睛被蒙住。法院认为，原告同村群众和单位同事可以识别出照片中的自然人是原告，判定被告侵害了原告的肖像权。43号案件中，被告在网站中使用了2张眼部经过马赛克处理的女性照片作为文章配图。法院认为，虽然网站刊载的照片经过了马赛克处理，但根据原告（艺人黄奕）提交的公证书及其他证据显示，案涉照片与原告肖像具有同一性，从而判定被告侵害了原告的肖像权。

---

[1] 马文．关于肖像权制度几个问题的探讨[J]．律师世界，1995(5)：20.

[2] 在日本出现了一个这样的案例，在一个燃料运营机构发行的地区信息杂志的封面上，登载了擅自拍摄的反对派正在捕鱼的照片，被告抗辩说是在拍摄像诗一样的风景，因此不必征得原告的承诺，但是法院认为，该照片是原告在捕鱼时的照片，虽不能说不是风景照，但是原告被拍得过大，所照的对象是原告很容易被看出来，从而认可了对原告肖像权的侵害。

第二，被告破坏了原告肖像的完整性。在37号案件中，被告用电脑技术将原告与冰心合影中原告的头部影像更换为被告的头部影像，原告的躯体影像保留，形成了被告与冰心的合影照片。一审法院认为，人的躯体也应在肖像权的保护范围内，认定被告侵害了原告的肖像权。二审法院认为，被告未经原告许可，运用电脑技术将具有特定价值的照片中原告的头部影像从整体影像中分离，破坏了原告肖像的完整性，侵害了原告的肖像权。从纠纷裁判分析可以看出，一、二审法院支持原告诉讼请求的理由不同。一审法院认为躯体形象为肖像权的保护范围，被告使用原告的躯体形象侵害了原告的肖像权。二审法院则认为被告移除原告头部影像的行为，破坏了原告肖像的完整性，侵害了原告的肖像权。二审法院实质以保护肖像完整性的方式对权利人进行救济。

（二）纠纷裁判评析

可识别性是肖像概念的核心。关于肖像可识别性的判断标准，学界主要有“亲密人标准”“一般人标准”两种标准。“亲密人标准”，顾名思义，是以与肖像权人具有亲密关系的人能否识别为判断标准。如在某案例中，法国巴黎法院宣判，因为与女星凯瑟琳·德纳夫（Cathertine Deneuve）最亲密的人可由此辨认出她，她可对其胸部享有“肖像权”。在裸照（Nacktaufnahme）一案中，被告使用了原告的“裸背”照片，德国联邦法院认为，原告的丈夫能够从照片中辨认出她，被告使用原告的“裸背”构成肖像权侵权。[1]“一般人标准”是以社会上一般自然人的标准来判断能否在肖像与自然人形象之间建立可识别性的联系。学界通说认为，可识别性应以“一般人标准”为判断标准。[2]

司法实践中，无论是驳回原告诉讼请求的纠纷裁判还是支持原告诉讼请求的纠纷裁判中，法院都坚持以可识别性为肖像的判断标准，对具有可识别性的自然人形象给予保护，对不具有可识别性的自然人形象不予保护。这种将可识别性作为肖像概念核心的做法值得肯定。对于可识别性的范围，法院并没有局限于自然人的面部形象，而是将范围扩展至包括自然人腹部、背部等在内的整体形

[1] 苏珊娜·伯格曼.美国和德国公开权制度的比较研究[A]//张民安.公开权侵权责任研究：肖像、隐私及其他人格特征侵权[C].广州：中山大学出版社，2010：294-295.

[2] 张红.肖像权保护中的利益平衡[J].中国法学，2014(1)：269-270；王利明.人格权法研究[M].北京：中国人民大学出版社，2005：459；张民安.无形人格权侵权责任研究[M].北京：北京大学出版社，2012：665.

象。在可识别性标准的判断上，法院在判决书的论述中坚持的是“一般人标准”，认为一般人看到自然人形象后能够产生与原形人有关的思想或感情活动，这种形象就属于自然人的肖像。

通过分析更多的纠纷裁判发现，在权利人为非名人的情况下，当原告提供同村群众或同事的证言，能够证明可以从案涉肖像载体中识别出权利人后，法院据此认定被告使用了原告肖像。可以看出，法院在这些案件中坚持的并不是“一般人标准”，因为原告同村群众和单位同事并不能等同于社会中的一般人。法院坚持的也不是“亲密人标准”，因为与前述案例中法国女星的丈夫相比，原告的同村群众和单位同事显然不是生活中的“亲密人”。法院似乎采用的是介于“一般人标准”与“亲密人标准”中间的一种标准，本书将之称为“熟识人标准”。所谓熟识人，就是与权利人接触较多，对权利人较为熟悉的人，是介于“一般人”与“亲密人”之间的一种状态。司法实践中对名人、非名人肖像采取不同的可识别性标准，是否科学，有无理论依据，颇值得探讨。肖像的可识别性，是判断自然人形象是否为肖像的关键，肖像的可识别标准实质为肖像的标准，本书将在后文“肖像的标准”中详细论述。

二、演员剧照形象纠纷裁判

演员剧照形象纠纷，指的是行为人未经同意使用了权利人表演的演员剧照形象，权利人以肖像权受侵害为由诉至法院，请求行为人承担侵权责任的纠纷。本书共收集到演员剧照形象纠纷裁判21件，详见表3-5。[1]

表3-5　有关演员剧照形象纠纷的案例

案例序号	案件名称	核心内容	裁判结果
44号	井柏然诉广州白云山中一药业有限公司肖像权案	被告在其微信公众号上使用原告5张剧照用于产品宣传	判决被告赔礼道歉、赔偿原告经济损失5万元。(判决结果引自北京市朝阳区人民法院(2016)京0105民初5981号民事判决书[Z])

[1] 裁判编号:44~64。

续表

案例序号	案件名称	核心内容	裁判结果
45号	刘诗施诉福建恒安集团有限公司肖像权案	被告将原告剧照用于微博中发布的宣传其生产经营内容文章的配图	判决被告赔礼道歉，赔偿经济损失2万元、公证费1000元。（判决结果引自北京市西城区人民法院（2017）京0102民初10270号民事判决书[Z]）
46号	佟丽娅诉北京知行锐景科技有限公司肖像权案	被告将原告剧照用于网站中发布的宣传其产品文章的配图。	判决被告赔礼道歉，赔偿经济损失1.5万元。（判决结果引自北京市海淀区人民法院（2015）海民初字第37343号民事判决书[Z].）
47号	霍建华诉哈尔滨博能汽车零配件制造有限公司肖像权案	被告将原告剧照用于微信公众号中发布的宣传其产品文章的配图	判决被告停止使用，赔礼道歉，赔偿经济损失、精神损害抚慰金及维权成本的合理开支共计1万元。（判决结果引自黑龙江省哈尔滨市平房区人民法院（2016）黑0108民初690号民事判决书[Z].）
48号	黄渤诉中国联合网络通信有限公司九江市分公司肖像权案	被告将原告剧照用于微信公众号中发布的宣传其产品文章的配图	判决被告赔礼道歉、赔偿经济损失8万元、维权成本1000元。（判决结果引自北京市朝阳区人民法院（2015）朝民初字第67958号民事判决书[Z]）
49号	陈乔恩诉广东太平洋互联网信息服务有限公司肖像权案	被告将原告剧照用于网站中发布的宣传其产品文章的配图	判决被告赔礼道歉、赔偿经济损失、精神损害、维权合理支出6万元。（判决结果引自广东省广州市中级人民法院（2016）粤01民终11394号民事判决书[Z]）

续表

案例序号	案件名称	核心内容	裁判结果
50号	张燕诉西安雁塔伊美尔门诊部有限公司肖像权纠纷案	被告以原告剧照作为微信公众号上发布文章的配图	判决被告赔礼道歉，赔偿经济损失、精神损害抚慰金、公证费共计2.62万元（判决结果引自北京市第三中级人民法院(2018)京03民终15955号民事判决书[Z]）
51号	王某某诉周某某等肖像权案	被告将原告剧照印制在其生产的食品包装上进行销售	判决被告停止侵害、赔礼道歉、赔偿经济损失3万元。（判决结果引自河南省洛阳市洛龙区人民法院(2010)洛龙关民初字第57号民事判决书[Z]）
52号	王某诉南昌海道网络技术有限公司肖像权案	被告在微信公众号发布的用于经营宣传的文章中使用原告的剧照作为配图	判决被告赔礼道歉、赔偿经济损失1.5万元。（判决结果引自北京市朝阳区人民法院(2017)京0105民初35526号民事判决书[Z]）
53号	郑恺诉北京搜房科技发展有限公司肖像权案	被告在其网站中发布的用于经营宣传的文章中使用原告的剧照作为配图	判决被告赔礼道歉、赔偿经济损失及合理支出共计3万元。（判决结果引自北京市海淀区人民法院(2016)京0108民初1141号民事判决书[Z]）
54号	葛优诉杭州许府老山东餐饮有限公司肖像权案	被告以原告主演话剧的海报为蓝本，制作宣传资料并使用	判决被告赔礼道歉、赔偿经济损失8万元及精神损害抚慰金2万元。（判决结果引自浙江省杭州市经济技术开发区人民法院(2012)杭经开民初字第146号民事判决书[Z]）

续表

案例序号	案件名称	核心内容	裁判结果
55号	陶某某等诉蔡某某等肖像权案	被告将原告演出剧照印制在演出门票正面左下角	判决被告赔礼道歉、被告2及第三人各赔偿精神损害抚慰金1万元并互负连带责任。(判决结果引自贵州省仁怀市人民法院(2016)黔0382民初4095号民事判决书[Z])
56号	唐嫣诉北京搜房科技发展有限公司肖像权案	被告在其网站中发布的用于经营宣传的文章中,使用原告20余张剧照作为配图	判决被告赔礼道歉、赔偿经济损失及合理支出共计8万元。(判决结果引自北京市海淀区人民法院(2016)京0108民初1142号民事判决书[Z])
57号	帕提曼诉乌鲁木齐市格莱美商贸有限公司肖像权案	被告将原告的舞台剧照用电脑成像进行部分改变后,在其生产、销售的焗油染发膏上使用	判决被告停止侵害、赔礼道歉、赔偿经济损失2万元。(判决结果引自新疆维吾尔自治区乌鲁木齐市沙依巴克区人民法院(2014)年沙民一初字第458号民事判决书[Z])
58号	倪妮诉深圳市好百年家居连锁股份有限公司肖像权案	被告使用包含原告形象的电影海报,用于商业宣传	判决被告赔礼道歉,赔偿经济损失、精神损害抚慰金3万元。(判决结果引自广东省深圳市中级人民法院(2016)粤03民终18948号民事判决书[Z])

续表

案例序号	案件名称	核心内容	裁判结果
59号	樊某诉冯某肖像权案	被告在生产、销售的殡葬用品上使用原告剧照	判决被告停止侵害、赔礼道歉、赔偿经济损失4369元、精神损害抚慰金1万元。(判决结果引自上海市普陀区人民法院(2011)普民一(民)初字第7066号民事判决书[Z])
60号	蓝天野诉天伦王朝饭店有限公司肖像权、名誉权案	被告在其经营场所摆放有原告剧照的灯箱和展示架	判决被告赔偿肖像使用费6000元、损失费1040元。(判决结果引自北京市东城区人民法院(2002)东民初字第6226号民事判决书[Z])
61号	卓玛诉内蒙古伊利实业股份有限公司等肖像权案	被告在奶茶广告中使用了原告父亲生前在电影中的剧照形象	判决驳回原告的诉讼请求。(判决结果引自内蒙古自治区呼和浩特市中级人民法院(1997)呼法民二终字第54号民事判决书[Z])
62号	章金莱诉蓝港在线(北京)科技有限公司肖像权、名誉权案	被告在其推出的网络游戏"西游记"官方网站及游戏中,使用了"孙悟空"形象被告在其推出的网络游戏"西游记"官方网站及游戏中,使用了"孙悟空"形象	判决驳回原告的诉讼请求。(判决结果引自北京市第一中级人民法院(2013)一中民终字第05303号民事判决书[Z])
63号	王宝强诉深圳英融投资担保有限公司肖像权案	被告将原告剧照在微信公众号中用于宣传被告公司及相关服务使用	判决被告赔礼道歉,赔偿经济损失1万元、公证费1000元。(判决结果引自北京市朝阳区人民法院(2017)京0105民初58013民事判决书[Z])

续表

案例序号	案件名称	核心内容	裁判结果
64号	范某某诉荆州世纪新城投资置业有限公司肖像权案	被告在微信公众号使用原告剧照,用于宣传性文章的配图	判决被告赔礼道歉,赔偿经济损失6万元。(判决结果引自北京市朝阳区人民(2018)京0105民初48018号民事判决书[Z])

(一)裁判思路分析

1. 驳回原告诉讼请求案件的分析

21件纠纷裁判中,法院在19件纠纷裁判中支持了原告的诉讼请求,在2件纠纷裁判中驳回了原告的诉讼请求。

第一,在61号"卓玛案"中,一、二审法院均驳回了原告的诉讼请求,但驳回的理由并不一致。一审法院以演员的剧照形象受法律保护,但特定历史人物的艺术形象不受保护为由驳回了原告的诉讼请求。二审法院则认为,演员剧照形象不为演员本身的形象,而是经过艺术加工的剧目角色形象,不受法律保护。

第二,在62号"六小龄童"案中,一、二审法院同样均驳回了原告的诉讼请求,但驳回的理由也不一致。一审法院认为肖像权保护的是真实人物的形象特征,孙悟空作为虚拟人物不属肖像权的保护范围。二审法院认为能够与演员建立紧密联系的角色形象为肖像权的保护范围,但被告使用的孙悟空形象与原告饰演的孙悟空形象存有差异,不能建立直接联系为由驳回了原告的诉讼请求。❶

2. 支持原告诉讼请求案件的分析

19件支持原告诉讼请求的纠纷裁判中,原告寻求肖像权保护的演员剧照包括影视剧照、电影海报、舞台剧照等。19件案件均认为被告使用原告的演员剧照形象构成对原告肖像权的侵害。19件案件中,12件案件未论述演员剧照形象与原告肖像之间的关系,直接将演员剧照形象认定为原告的肖像。如46号案件,法院认为,被告未经原告佟丽娅同意使用其照片(演员剧照形象),侵害了佟丽娅的肖像权。从纠纷裁判的分析可以看出,法院对于演员剧照形象清晰,可以与原告

❶ 高翼飞.角色形象成为演员肖像权的客体考量[J].人民司法,2013(16):35-37.

建立可识别性联系的演员剧照形象认定为权利人的肖像。一些纠纷裁判中，法院就演员剧照形象与原告肖像之间的关系进行了论述。如53号、56号案件中，法院认为，如果演员剧照基本反映的是表演者的面部形象或以面部正面形象为主的形象，与演员本人具有高度的可识别性，演员剧照形象为权利人的肖像。60号案件中，法院认为，人物剧照能清晰再现表演者面部形象特征而得以与其他表演者相区分，就是被再现的表演者的肖像。

（二）纠纷裁判评析

演员剧照形象，指的是演员在影视作品中扮演的角色形象。使用演员剧照形象是否侵害权利人的肖像权，学界存在争议，主要有“否定说”和“肯定说”两种观点。否定说认为，肖像是自然人真实形象的再现，演员剧照形象反映的是电影、戏剧的角色形象，并非演员的本来形象和神态，使用演员的剧照形象不构成侵害演员的肖像权。肯定说则认为，演员剧照形象是以演员自身形象为基础的，对于可以与演员建立可识别性联系的演员剧照形象，应纳入肖像权的保护范畴，使用演员的剧照形象构成对权利人肖像权的侵害。从演员剧照形象纠纷裁判的分析可以看出，在此类纠纷的裁判中，法院认定演员对能够与其建立可识别性联系的演员剧照形象享有肖像权，显示了法院在保护演员剧照形象方面的积极态度，颇值得赞赏。“卓玛案”作为少数反对将演员剧照形象纳入肖像权保护范围的案件，本文并不赞同一审、二审法院驳回原告诉讼请求的理由。

第一，一审法院关于特定历史人物演员剧照形象不受法律保护的观点不可取。演员虽然饰演的是特定的历史人物，但与非特型演员一样，其在人物的表演中不可避免地会有自己的风格，如古月饰演的毛泽东与唐国强饰演的毛泽东，给观众的印象和感觉就不一样。商业利用演员剧照形象，虽然商家有可能意图利用特定历史人物形象本身谋取利益，但因使用的是演员剧照形象，不可避免地会涉及演员的自身形象，侵害演员的肖像权。一些商家未经同意，在广告宣传中使用特定历史人物的演员剧照形象，属于《广告法》第9条规定的损害社会公共利益、违背社会良好风尚等广告不得具有的情形，市场行政主管部门可以责令停止发布广告，对广告主进行罚款，情节严重的可以吊销营业执照。[1]

---

[1] 如2007年6月，湖南浏阳河酒业有限公司聘请国家一级演员、毛泽东的扮演者王某做形象代言人。公告推出后，引起争议。湖南省工商管理局认为该广告涉嫌违反《广告法》，已责令有关报纸和电视台停止刊登和播放此广告。

第二，二审法院认为演员对演员剧照形象不享有肖像权的观点不可取。肖像是通过一定载体所反映的特定自然人可被识别的视觉形象，载体形式可以为多样，如雕塑、摄影、录像、电影等。演员在影视剧中的演员剧照形象是载体形式的一种。演员剧照形象虽受限于影视创作客观条件的限制，但其中包含演员本身赋予角色的生命力，不同演员出演同一角色也会出现不同的效果。[1]塑造一个成功和深入人心的角色需要演员付出汗水和心血，需要演员用自己特定的方式、风格和形象来演绎。[2]演员剧照是反映自然人形象的物质载体之一，可以与演员建立可识别性联系的演员剧照形象属于自然人的肖像。

“卓玛案”的审结时间为1997年，为我国司法实践早期的裁判立场，新近的裁判显示司法实务已放弃了演员对演员剧照形象不享有肖像权的观点。“六小龄童”案中，一审、二审法院驳回原告诉讼请求的理由同样不一致。一审法院以虚拟人物的演员剧照形象不受法律保护为由驳回了原告的诉讼请求，二审法院以被告使用的孙悟空形象不能与原告肖像建立可识别性联系为由驳回了原告的诉讼请求。从纠纷裁判的分析可以看出，在演员剧照形象纠纷裁判中，法院在演员对演员剧照形象享有肖像权的认识上已基本不存争议。存有争议的问题为虚拟人物的演员剧照形象是否纳入肖像权的保护范畴以及使用与演员形象差异较大的演员剧照形象是否侵害权利人的肖像权。这两个问题的关键是肖像的标准如何界定，本书将在后文“肖像的标准”中详细论述。

三、文学、艺术、科学作品肖像纠纷裁判

文学、艺术、科学作品肖像纠纷，指的是行为人未经权利人同意，在文学、艺术、科学作品中使用权利人肖像，权利人以肖像权受侵害为由诉至法院，请求行为人承担侵权责任的纠纷。因6号周某某等诉黄某某等肖像权纠纷案，同样涉及文学作品中的肖像使用，故再次将其纳入分析范围。本书共收集到文学、艺术、科学作品肖像纠纷裁判8件，详见3-6。[3]

[1] 肖云成. 演员对剧照享有肖像权吗[N]. 北京日报，2017-1-4(013).

[2] 张民安. 无形人格侵权责任研究[M]. 北京：北京大学出版社，2012：625.

[3] 裁判编号：6、65~71。

表3-6 有关文学、艺术、科学作品肖像纠纷的案例

案例序号	案件名称	核心内容	裁判结果
6号	周某某等诉黄某某等肖像权案	原告系鲁迅的孙子、孙女，被告在其出版的《鲁迅像转》一书中，使用了鲁迅生前照片	判决驳回原告的诉讼请求。(判决结果引自上海市黄浦区人民法院(2014)黄浦民一(民)初字第1245号民事判决书[Z])
65号	蒋某某诉周某某、江苏人民出版社有限公司等肖像权案	原告的曾祖父为蒋介石、祖父为蒋经国。被告在其撰写的《悬崖边的贵族蒋友柏:蒋家王朝的另一种表达》一书中，使用了原告及其家庭成员的20张照片	判决被告停止侵害、销毁未出售的书籍、停止宣传、赔礼道歉、赔偿精神损害抚慰金5万元、经济损失20万元。(判决结果引自浙江省杭州市西湖区人民法院(2010)杭西民初字第1579号民事判决书[Z])
66号	张艺谋诉华夏出版社、黄某某肖像权、姓名权、名誉权案	被告2在其所著、被告1出版的《印象中国:张艺谋传》中，将原告的肖像作为封面，肖像下方署有“张艺谋”字样的手写签名，书中描写了张艺谋的婚姻生活和感情纠葛	判决被告停止侵害、赔礼道歉、赔偿经济损失40万元、精神损害抚慰金5万元。(判决结果引自北京市高级人民法院(2010)高民终字第411号民事判决书[Z])
67号	史某某诉张某某、人民卫生出版社等肖像权案	在被告出版的《耳鼻咽喉头颈外科影像导航技术》一书中，使用了原告的1幅面部正面照片，5幅医学影像。原告自认同意照片用于医学交流，但不同意在正式出版且公开销售的图书中使用	判决被告停止侵害，赔偿原告经济损失4万元、精神损害抚慰金1万元。(判决结果引自北京市朝阳区人民法院(2014)朝民初字第36582号民事判决书[Z])

续表

案例序号	案件名称	核心内容	裁判结果
68号	王某某诉俞某某肖像权案	被告在其编著的《晚清震动朝野余杭杨乃武案》中，介绍了原告系杨乃武的后裔，使用了包含原告肖像的照片	判决驳回原告的诉讼请求。（判决结果引自浙江省杭州市中级人民法院（2013）浙杭民终字第3483号民事判决书[Z]）
69号	李某某诉袁某某肖像权案	被告在其编著的《婚礼完全手册》一书中使用了原告婚礼的7张照片	判决被告停止侵害、赔礼道歉、赔偿精神损害抚慰金1000元。（判决结果引自河南省郑州市中级人民法院（2009）郑民一终字第1665号民事判决书[Z]）
70号	韩某某诉中国社会科学出版社肖像权案	原告曾因被认定为"现行反革命"被判刑，后被宣告无罪。被告在其出版的《蓝镜头》一书中，使用了原告曾经被认定为"现行反革命"的照片。原告女友看到照片后，与原告分手	判决被告停止侵害、销毁书中侵权内容、赔礼道歉、赔偿精神损害抚慰金3万元。（云南省昆明市中级人民法院（2002）昆民三终字第535号民事判决书[Z]）
71号	崔健诉赵某某、北京师范大学出版社肖像权案	被告在其撰写、出版的纪实文学作品《崔健在一无所有中呐喊》一书中，使用了20余张有原告形象的演出照及生活照	判决停止使用、赔礼道歉、被告共赔付原告照片使用酬金1000元，精神损害抚慰金1700元，经济损失272.8元。（判决结果引自北京市海淀区人民法院（1992）海民初字第3294号民事判决书[Z]）

(一)裁判思路分析

1. 驳回原告诉讼请求案件的分析

8件纠纷裁判,法院在2件纠纷裁判(6号、68号)中认为基于科学艺术自由,可以合理使用权利人的肖像,驳回了原告的诉讼请求。

第一,6号案件,被告在出版的《鲁迅像传》一书中使用鲁迅照片,原告系鲁迅的孙子、孙女,被告黄某某系北京鲁迅博物馆副馆长。法院经审理认为,鲁迅是中国著名的文学家、思想家、革命家,鲁迅留下的照片为社会所拥有,被告使用鲁迅照片的目的是介绍鲁迅事迹、解读鲁迅精神,属于对肖像的合理使用,判决驳回原告的诉讼请求。

第二,68号案件,被告在其编著的《晚清震动朝野余杭杨乃武案》一书中,将含有原告肖像的照片作为插图使用。法院经审理认为,"基于科学、文化、教育等公共利益的需要,在一定的范围内有限使用公民的肖像,即使未取得本人的同意,也不宜认定为侵权行为……纵观该书的前言和主文内容,结合被告多年从事杨乃武与小白菜冤案研究工作的客观实际,被告辩称该书的出版目的在于杨乃武与小白菜冤案的史料发掘和历史研究,具有合理性"。

2. 支持原告诉讼请求案件的分析

8件纠纷裁判中,法院在6件纠纷裁判(65号、66号、67号、69号、70号、71号)中支持了原告的诉讼请求。在支持原告诉讼请求的案件中,法院并没有认为基于科学艺术自由,可以未经同意使用权利人肖像,而是认为被告未经原告同意,以营利为目的使用原告肖像的行为,侵害了原告的肖像权。6件案件中,使用权利人肖像的方式主要可以概括为:

第一,在个人传记中使用。66号案件,被告在《印象中国:张艺谋传》一书封面上使用原告肖像。71号案件,被告将原告崔健的肖像在纪实文学作品《崔健在一无所有中呐喊》一书中使用。

第二,在文学作品中使用。65号案件,被告将原告肖像在《悬崖边的贵族蒋某某:蒋家王朝的另一种表达》一书中使用。70号案件,被告在意图再现历史的《蓝镜头》一书中使用原告肖像。69号案件,被告在其编著的《婚礼完全手册》中使用原告婚礼的照片。

第三,在医学作品中使用。67号案件,被告在其主编的医学书籍《耳鼻咽喉头颈外科影像导航技术》一书中使用原告的肖像。

（二）纠纷裁判评析

文学、艺术、科学作品肖像纠纷裁判中，争议的焦点为行为人能否未经权利人同意，在文学、艺术、科学作品中使用权利人肖像。部分纠纷裁判主张，科学艺术自由为肖像权侵权的违法阻却事由，在文学、艺术、科学作品中使用肖像构成肖像权的合理使用。部分纠纷裁判则主张，未经权利人同意，在文学、艺术、科学作品中使用肖像侵害了权利人的肖像权。可见，法院在文学、艺术、科学作品肖像纠纷裁判中，存有争议的问题为科学艺术自由是否构成肖像权的合理使用事由。本文将在后文"肖像权的合理使用"中详细论述。

四、摄影、美术作品肖像纠纷裁判

摄影、美术作品肖像纠纷，指的是行为人未经权利人同意，在摄影、美术作品中使用了权利人的肖像，权利人以肖像权受侵害为由诉至法院，请求行为人承担侵权责任的纠纷。本书共收集到摄影、美术作品肖像纠纷裁判10件，详见表3-7。[1]

表3-7　有关摄影、美术作品肖像纠纷的案例

案例序号	案件名称	核心内容	裁判结果
72号	汤某诉张某、吉林美术出版社肖像权案	原告为演员，被告1为原告拍摄艺术照片，原告与被告1签订四份协议，三份协议约定摄影照片可用于专业学刊发表，第四份协议约定可用于摄影专集出版。后被告将部分照片用于摄影专集出版	判决被告停止销售、赔礼道歉、赔偿30万元。(判决结果引自北京市第二中级人民法院(2005)二中民终字第13143号民事判决书[Z])

[1] 裁判编号：72~81。

续表

案例序号	案件名称	核心内容	裁判结果
73号	孔某某诉张某、菏泽市牡丹区麦田文化传媒有限公司肖像权案	原告系在校大学生，被告1为原告拍摄照片。双方口头约定，被告将照片精修后放到正规网站进行模特推广。后被告1将原告照片提供给被告2并收取费用若干。被告2将原告照片在充斥大量色情内容的网站使用	判决被告赔礼道歉、赔偿精神损害抚慰金2万元、公证费800元、委托代理费5000元。(判决结果引自山东省济南市中级人民法院(2015)济民四终字第1041号民事判决书[Z])
74号	葛某某诉上海人民美术出版社有限公司、上海秦艺服饰有限公司等肖像权案	原告为职业模特，为被告服饰拍摄样本，收取费用若干。后被告将原告照片在杂志上刊发，用于介绍宣传海派旗袍	判决被告赔礼道歉、赔偿经济损失及律师费2万元。(判决结果引自上海市静安区人民法院(2015)静民一(民)初字第2847号民事判决书[Z])
75号	唐某诉重庆出版社有限责任公司肖像权案	原告系某艺考美术培训学校学生，为学校充当模特。后被告在其出版的美术书籍中使用了原告的15幅照片	判决被告停止使用、归还原告底稿、赔礼道歉、赔偿精神损害抚慰金1.5万元、经济损失5000元。(判决结果引自重庆市第五中级人民法院(2014)渝五中法民终字第03397号民事判决书[Z])
76号	王某1诉王某2肖像权案	原告与被告为朋友。为纪念双方感情，原告同意被告为其拍摄人体裸照并制作油画用于个人收藏。后被告以原告的部分裸照为蓝本，创作油画作品，部分用于	判决被告停止侵害、赔礼道歉、赔偿原告130万元。(判决结果引自湖南省湘潭市中级人民法院(2012)潭中民一终字第46号民事判决书[Z])

续表

案例序号	案件名称	核心内容	裁判结果
76号	王某1诉王某2肖像权案	展览，部分流入市场。原告同学、朋友及学生家长对原告议论纷纷，给原告造成精神压力	判决被告停止侵害、赔礼道歉、赔偿原告130万元。（判决结果引自湖南省湘潭市中级人民法院（2012）潭中民一终字第46号民事判决书[Z]）
77号	代某诉史某某、人像摄影杂志社肖像权案	原告与被告达成协议，被告为原告免费拍摄艺术照一组，被告可以在其工作室内无偿公开使用照片。后被告将原告照片在人像摄像杂志上发表	判决被告赔礼道歉、赔偿经济损失5400元。（判决结果引自北京市东城区人民法院（1999）东民初字第2310号民事判决书[Z]）
78号	艾瑞比·鲍威尔·泰勒诉人像摄影杂志社著作权、肖像权案	原告为模特，被告将为原告拍摄的照片刊发在其发行的杂志上原告为模特，被告将为原告拍摄的照片刊发在其发行的杂志上	判决被告停止发行、赔礼道歉，赔偿经济损失及维权合理支出8500元。（判决结果引自北京市第一中级人民法院（2003）一中民初字第10253号民事判决书[Z]）
79号	奚某诉某有数码影像有限公司肖像权案	被告为原告提供摄影服务，合同约定将22张照片底片入CD交付原告。原被告就超出22张之外的90张照片底片归属产生争议，原告诉至法院	判决驳回原告的诉讼请求。（判决结果引自上海市第一中级人民法院（2012）沪一中民一（民）终字第563号民事判决书[Z]）
80号	刘某诉深圳市深浅服饰设计有限公司等肖像权案	原告曾系被告职员，依据劳动合同，原告的工作包括协助设计师拍摄服装搭配图片等内容。后被告为原告拍摄了试穿服装产品的照片，并通过微博等方式使用照片进行产品宣传	判决驳回原告的诉讼请求。（判决结果引自广东省深圳市福田区人民法院（2013）深福法民一初字第4153号民事判决书[Z]）

续表

案例序号	案件名称	核心内容	裁判结果
81号	茅某某诉上海某服饰有限公司肖像权案	原告为资深模特,曾获得多项模特比赛冠军。被告聘请原告作为模特参加其服装发布会并支付报酬,后被告在与原告无其他约定的情况下,将发布会原告走秀照片制作成宣传海报设置在其经营场所	判决被告赔偿经济损失1.6万元。(判决结果引自上海市徐汇区人民法院(2012)徐民一(民)初字第4035号民事判决书[Z])

(一)裁判思路分析

1. 驳回原告诉讼请求案件的分析

10件纠纷裁判中,法院在2件纠纷裁判(79号、80号)中驳回了原告的诉讼请求。

第一,在79号案件中,被告为原告提供摄影服务,合同约定将22张照片底片入CD后交付原告,后原被告就超出22张照片之外的90张照片底片归属产生争议,原告要求复制全部照片底片,被告坚持剩余照片原告应以每张30元价格购买。后原告诉至法院。法院经审理认为,原告虽然对案涉照片享有肖像权,但肖像权的行使不应妨碍他人权利,原告以对照片享有肖像权为由,要求无偿复制多拍照片底片的请求,缺乏公平性与合理性,判决驳回原告的诉讼请求。在本案中,法院认为肖像权人不能仅因对肖像作品享有肖像权就获得肖像作品的所有权,这反映了著作权对肖像权的制约。在摄影、美术作品中,肖像权的行使同样受到合同约定及著作权的限制。肖像权人无权仅以其对肖像作品享有肖像权就无偿获得他人的某种服务。

第二,在80号案件中,法院认为,依据原被告签订的劳动合同,原告的工作包括协助设计师拍摄服装搭配图片等内容,被告为原告拍摄试穿服装产品的照片,并通过微博等方式使用照片用于产品宣传,并未超出原告的工作职责范围,且在使用过程中原告也未表示反对,被告未侵害原告的肖像权。

2. 支持原告诉讼请求案件的分析

10件纠纷裁判中,法院在8件纠纷裁判中支持了原告的诉讼请求。法院在一些纠纷裁判中,对肖像权与著作权的关系及人体模特肖像权的保护进行了阐述。

第一,肖像权与著作权的关系。当摄影、美术作品的著作权与肖像权分属不同的民事主体,会出现一幅肖像作品上既存在肖像权,又存在著作权,两种权利在某种情形下会产生冲突。当肖像权与著作权产生冲突时,法院一般认为,作为人格权的肖像权优先。在72号、76号、77号案件中,法院都持此种观点。如在77号案件中,法院认为被告提出其对摄影作品享有发表权,但原告享有肖像权在先于被告对摄影作品享有的发表权,被告侵害了原告的肖像权。

第二,人体模特肖像权的保护。法院在司法实践中的裁判思路可以概括为:

其一,如对肖像使用范围有明确约定,对被告超出范围使用肖像的行为,认定侵害了人体模特的肖像权。如在72号案件中,原被告约定拍摄照片可用于专业学刊的发表,后被告将照片在出版的摄影专集中使用,法院认为,被告超出约定范围使用照片,视为未取得原告授权,认定被告侵害了原告的肖像权。在73号案件中,原被告约定,将原告精修后的照片放在正规网站进行模特推广,后被告将原告照片转让其他网站,使得原告照片出现在充斥色情词汇、图片及链接的网站。法院认为,被告未经原告同意,将照片提供给其他公司,使得照片出现在充斥色情内容的网站,判决被告承担赔偿责任。

其二,如对肖像使用范围未明确约定,可以在合理范围内使用人体模特肖像,且无须另行支付肖像使用费。在74号案件中,法院认为,被告曾于2007年邀请原告参与服饰模特拍摄,并支付服饰样本拍摄费,原被告对肖像使用未明确约定,合理预期使用的范围应限制在被告自身产品宣传需要,考虑到被告系营利性的企业单位,其支付原告费用的目的势必包括用于产品宣传,故该费用不应仅理解为原告的劳务费,还包括肖像使用费。法院推定向人体模特支付的费用包含肖像使用费有一个隐含前提——向人体模特支付的费用金额不明显过低。在81号案件中,原告为专业资深模特,被告邀请原告作为模特走秀并拍摄了相关照片,支付报酬1200元,后被告将所拍摄照片制作成宣传海报在经营场所张贴。在本案的裁判中，法院未支持被告关于支付的费用中包含肖像使用费的抗辩理由，其中原因可能为被告向作为专业资深模特的原告支付费用仅1200元，此时推定支付的费用包含肖像使用费，数额明显过低，不符合常理。

(二)纠纷裁判评析

摄影、美术作品肖像纠纷主要涉及肖像作品著作权与肖像权的冲突。通过对纠纷裁判展开分析，肖像权与著作权产生冲突，法院一般会对作为人格权的肖像权优先保护。同时，肖像权的行使也要受到著作权的限制。一是肖像权人不能仅因对肖像作品享有肖像权就无偿获得著作权人的某种服务。二是人体模特的肖像权受到一定程度的限制，无明确约定的情形下，著作权人可以在合理范围内使用肖像作品，且无须另行向人体模特支付肖像使用费。摄影、美术作品肖像纠纷的争议焦点，实质为肖像权与著作权的冲突，本文将在后文“肖像权的冲突”中进行详细论述。

第三节　肖像权利用方式的确认

肖像权利用方式的确认，主要涉及新闻报道利用肖像纠纷裁判、合理使用肖像纠纷裁判、网络服务提供者利用肖像纠纷裁判、商业利用肖像纠纷裁判四类纠纷裁判。

一、新闻报道利用肖像纠纷裁判

新闻报道利用肖像纠纷，指的是行为人未经权利人同意，在新闻报道中使用权利人肖像，权利人以肖像权受侵害为由诉至法院，请求行为人承担侵权责任的纠纷。本书共收集到新闻报道利用肖像纠纷裁判20件，详见表3-8。[1]

[1] 裁判编号：82~101。

表3-8 有关新闻报道利用肖像纠纷的案例

案例序号	案件名称	核心内容	裁判结果
82号	邹某某诉海峡导报社肖像权案	被告刊文《女副教授成网络传言主角》,该文涉及与原告有关的网络事件,并配有一张图片,图片中的一男一女眼部均做了马赛克处理。原告主张图片中的男子为原告本人	判决驳回原告的诉讼请求。(判决结果引自福建省厦门市思明区人民法院(2013)思民初字第11714号民事判决书[Z])
83号	陈某某诉服饰导报社肖像权案	被告为记者并拍摄了原告婚礼照片,以《婚礼办在泳池边》为题,介绍了原告及婚礼经过,使用了婚礼现场的5幅照片,其中4幅照片包含原告肖像。文章旁边附文,主要介绍可办泳池婚礼的地方、费用和婚礼方案	判决被告赔偿精神损害抚慰金2000元。(判决结果引自江苏省南京市中级人民法院(2000)宁民终字第31号民事判决书[Z])
84号	尤某某诉广州日报社肖像权案	被告刊登文章,向读者宣传介绍河源等地的茶叶及茶叶的作用,在文章中配发了原告在评选活动茶艺表演时拍摄的照片	判决被告赔礼道歉、赔偿精神损害抚慰金4000元、维权合理支出13元。(判决结果引自广东省广州市中级人民法院(2010)穗中法民一终字第815号民事判决书[Z])
85号	袁某某诉成都晚报社肖像权案	被告使用原告照片作为报纸文章的配图,文章介绍成都环境适宜居住。报纸其他版面有部分房地产开发企业的广告	判决被告赔礼道歉,赔偿精神损害抚慰金3000元。(判决结果引自四川省成都市中级人民法院(2008)成民终字第499号民事判决书[Z])

续表

案例序号	案件名称	核心内容	裁判结果
86号	陈某某诉广东电视台名誉权、肖像权案	被告在其开办的“社会纵横”栏目播出了以“炒金黑幕”为题的新闻报道，该新闻报道主要反映客户因炒金业务亏损，质疑该公司业务存在黑幕的事件，作为该报道的“引子”部分出现了原告与客户协商的场景	判决驳回原告的诉讼请求。（判决结果引自广东省广州市中级人民法院（2009）穗中法民一终字第3484号民事判决书[Z]）
87号	陈某某诉江西法制报社肖像权、名誉权案	被告发表《女科长失踪之谜——一起特大报复杀人抛尸案侦破纪实》的文章，文章右下角刊登了两幅照片，一幅为原告60年前中学时代的照片	判决被告赔礼道歉、赔偿精神损害抚慰金8000元。（判决结果引自北京市海淀区人民法院（1996）海民初字第2498号民事判决书[Z]）
88号	陈某某诉上海画报出版社肖像权案	被告刊文《青春与美丽的诱惑》一文，报道了上海大商场中高档化妆品的销售情况，使用了一张涉及原告形象的图片作为配图	判决驳回原告的诉讼请求。（判决结果引自上海市静安区人民法院（1997）静民初字第1696号民事判决书[Z]）
89号	杜某诉《北方银潮》编辑部肖像权案	被告拟刊发原告文章，要求原告提供一张照片。后被告并未将照片与原告文章一同刊发，而是在刊发其他文章时将照片作为配图使用	判决被告赔礼道歉、停止侵害并赔偿经济损失1000元。（判决结果引自黑龙江省哈尔滨市中级人民法院（1995）哈民二终字第67号民事判决书[Z]）
90号	王某某诉广东《希望》杂志社肖像权案	被告刊文《我和艾滋病人有个约会》的文章，内容是女记者采访一个男性艾滋病人“小路”，使用了原告照片作为配图	判决被告停止侵害、赔礼道歉、赔偿精神损害赔偿金2万元。（判决结果引自广东省深圳市中级人民法院（2001）深中法民终字第2513号民事判决书[Z]）

续表

案例序号	案件名称	核心内容	裁判结果
91号	李某某等诉叶集公安分局、安徽电视台等名誉权、肖像权案	6原告为初中生，在班主任的带领下，前往公安机关与犯罪嫌疑人朱某某一起参加了受害人的混合指认。后公安机关将混合指认的摄影录像提供给安徽电视台。安徽电视台在新闻栏目中播出了6原告参与辨认的图像，6原告面部无技术处理。节目播出后，6原告被同学和其他人以“几号强奸犯”“嫌疑犯”等字眼称呼	判决被告赔礼道歉，2被告向6原告各赔偿精神损害抚慰金6000元，共计3.6万元。（判决结果引自安徽省合肥市中级人民法院民事判决书[Z].［法宝引证码］CLI.C.72511）
92号	刘某某诉中国石油天然气管道局石油管道报社肖像权案	原告参加无偿献血。被告记者坚持为原告拍照。后被告在其出版的《蓝色周末》上刊登了原告献血的一张照片，照片中的原告两眼模糊似带泪光，嘴张着，《无偿献血遭遇尴尬》一文标题中的“尴尬”二字压在原告照片的左上角，文章内容与原告的照片无关联	判决被告赔礼道歉、赔偿精神损害抚慰金2000元。（判决结果引自河北省廊坊市中级人民法院（1999）民上字第168号民事判决书[Z]）
93号	刘翔诉《精品购物指南》报社等肖像权案	被告将刘翔肖像用作《精品购物指南》杂志封面，在封面底部有中友公司购物节的广告	判决被告赔礼道歉、赔偿精神损害抚慰金2万元。（判决结果引自北京市第一中级人民法院（2005）一中民终字第8144号民事判决书[Z]）

续表

案例序号	案件名称	核心内容	裁判结果
94号	罗某某等诉都市时报等肖像权案	被告刊登了“产妇死亡家属医院设灵堂”的新闻报道，在新闻报道中配发了2张照片。其中1张照片包含与死者无关的5原告，其中2人面部特征不明显，3人面部特征明显	判决驳回原告的诉讼请求。（判决结果引自云南省昆明市中级人民法院（2008）昆民三终字第397号民事判决书[Z]）
95号	莫某诉石家庄碧桂园房地产开发有限公司肖像权案	被告在其微信公众号转载了一条祝贺中国男子4×100米获得接力银牌的文章，文章包含原告在内的四名选手赛后合影两张，文章右侧有被告微信二维码和宣传信息	判决驳回原告的诉讼请求。（判决结果引自广东省深圳市中级人民法院（2016）粤03民终22257号民事判决书[Z]）
96号	朱某某诉内蒙古日报社肖像权、名誉权案	被告在开办的网站上刊文《近三十年被处决的十名美女死刑犯》，将原告的照片作为文章的配图	判决赔礼道歉、赔偿损失6000元，赔偿精神损害抚慰金1.2万元，赔偿调查取证费及律师费6000元。（判决结果引自江苏省南通市中级人民法院（2014）通中民终字第0355号民事判决书[Z]）
97号	任某诉周某、文化艺术报社、柏某名誉权、姓名权、肖像权案	原告到被告1处学习杂技并共同生活，被告1将原告姓氏改为姓周。原告参加了《变脸》拍摄，担任女主角“狗娃”，后原告被其母亲接走。被告3根据被告1的叙述，撰写了《狗娃，你在哪里》一文，在被告2的报纸上刊发，文章附有原告的剧照及生活照片	判决被告消除影响、恢复名誉、赔偿精神损害抚慰金500元。（判决结果引自陕西省西安市碑林区人民法院民事判决书[Z].［法宝引证码］CLI.C.22635）

续表

案例序号	案件名称	核心内容	裁判结果
98号	王某诉深圳青年杂志社、深圳市缘来是你家政有限公司名誉权、肖像权案	原告与一名美国男子J合影一张。被告刊文《上网，找个老外嫁出去》，报道深圳一些女性以婚姻为目的上网交友的新兴社会现象，将照片作为配图，并在照片下注明“某电台的女主持在美国依旧做主持”	判决被告赔礼道歉，赔偿原告精神损害抚慰金5000元。（判决结果引自广东省深圳市罗湖区人民法院民事判决书[Z].［法宝引证码］CLI.C.882565）
99号	韦某某诉广西某报社等肖像权案	被告刊文《南宁一女孩倾家荡产只为跑车》，配有原告于2009年参观车展的照片被告刊文《南宁一女孩倾家荡产只为跑车》，配有原告于2009年参观车展的照片	判决被告赔偿精神损害抚慰金3000千元。（判决结果引自广西壮族自治区南宁市青秀区人民法院（2011）青民一初字第1940号民事判决书[Z]）
100号	杨某某诉沈阳日报社肖像权、名誉权、隐私权案	被告记者在告知原告拍摄目的的情况下，拍摄了原告女儿亲吻原告的照片。后将照片作为《父母离异未必就是孩子的不幸》文章的配图	判决驳回原告的诉讼请求。（判决结果引自辽宁省沈阳市中级人民法院（2005）沈民（1）权终字2026号民事判决书[Z]）
101号	叶某某诉云南长基房地产开发有限公司、云南日报报业集团肖像权案	原告参加了被告1组织的拍卖活动，拍得最优先选房卡“钻石卡”，并与被告1签订了认购书。被告2针对拍卖活动刊文《88万元长基拍出天价房卡》，使用拍卖会当天原告与被告签订认购协议、发表感言的2张照片作为配图	判决驳回原告的诉讼请求。（判决结果引自云南省昆明市中级人民法院（2008）昆民三终字第941号民事判决书[Z]）

(一)裁判思路分析

1. 驳回原告诉讼请求案件的分析

在20件纠纷裁判中,法院在7件纠纷裁判中驳回了原告的诉讼请求。7件驳回原告诉讼请求的纠纷裁判中,被告使用原告肖像的方式可以分为以下两种类型。

第一种类型,权利人同意作为被告的新闻机构拍摄并在新闻报道中使用肖像,后权利人反悔将新闻机构诉至法院,如100号案件。

第二种类型,新闻机构在时事新闻报道中使用权利人的肖像,如82号、86号、88号、94号、95号、101号案件。该类案件基本情节模式为:新闻机构A在时事新闻报道中使用了权利人B的肖像,权利人B向法院提起诉讼,要求追究新闻机构A的侵权责任,法院认为根据《民法通则》第100条或者《民通意见》第139条的规定,侵害肖像权要以营利为目的,新闻报道使用权利人肖像不以营利为目的,不构成侵害肖像权。如在86号案件中,被告在其开办的《社会纵横》栏目播出了以“炒金黑幕”为题的新闻报道,报道中出现了原告与客户协商的场景。法院认为,自然人在主张肖像权时要受到限制,原告不得反对作为新闻机构的电视台为弘扬社会正气或揭露社会丑恶现象而善意使用其肖像。在94号案件中,被告刊登了“产妇死亡家属医院设灵堂”的新闻报道,在新闻报道中配发了2张照片,其中包含与事件无关的五原告的肖像。法院认为,被告出于新闻报道需要,对新闻事件进行采访报道,以社会公共利益需要的方式使用图片,目的是全面、真切地做好新闻报道,被告使用原告肖像具备违法阻却事由。

司法裁判中,新闻报道中的新闻机构不再局限为报纸、电视、新闻网站等传统新闻媒体,而且包括公司网站、微信公众号等自媒体。如在95号案件中,被告在微信公众号上转载了CCTV5对中国男子4×100米获得银牌的报道及照片。法院认为,被告使用案涉图片属于合理使用,并未以营利为目的,不构成侵犯肖像权。法院如此裁判的主要理由为:从内容上看,被告是完全转载新闻,并未对文字信息进行删减或加入广告;从时间看,被告是在原告等人获得奖项后,立即进行的转载,为的是保持新闻的时效性;从照片的使用目的看,非以营利为目的。

2. 支持原告诉讼请求案件的分析

在20件纠纷裁判中,法院在13件纠纷裁判中支持了原告的诉讼请求。13件支持原告诉讼请求的案件，主要可以分为“新闻机构错误使用照片”“新闻机构使用照片未尽注意义务”“新闻机构在非时事性新闻报道中使用照片”三种情形。

（1）新闻机构错误使用照片

13件支持原告诉讼请求的案件中，有6件涉及新闻机构错误使用照片，分别为87号、89号、90号、92号、96号、99号。这类纠纷典型的表现形式为：新闻机构在新闻报道中使用与新闻内容无关的插图、压题照片、配图等，使人误以为新闻报道中所涉主体与图片中的权利人为一人。如在87号案件中，新闻机构将权利人60年前中学时代的照片，作为新闻报道文章中死者生前的照片予以使用。在90号案件中，新闻机构将权利人肖像，作为新闻报道文章中艾滋病人的肖像予以使用，并在照片下配发与艾滋病有关的标题，内容失实，给权利人造成不良影响。在96号案件中，新闻机构将权利人肖像，作为被处决的女死刑犯照片使用，内容失实。

（2）新闻机构使用照片未尽注意义务

13件支持原告诉讼请求的案件中，有4件涉及新闻机构使用照片未尽注意义务，分别为91号、93号、97号、98号。这类纠纷典型的表现形式为：新闻机构在新闻报道中使用权利人照片未尽注意义务，存有过错，法院认定新闻机构侵犯了权利人肖像权在内的人格权。主要表现为：

第一，未对照片中权利人的肖像作技术处理。在91号案件中，6名原告为初中生，在班主任带领下，前往公安机关与犯罪嫌疑人一起参加了受害人的混合指认。后公安机关将相关视频资料交安徽电视台，安徽电视台在新闻栏目中进行播出。在播出的画面中，犯罪嫌疑人面部作了技术处理，6名原告的面部未作技术处理。原告被同学和其他人以“几号强奸犯”“嫌疑犯”字眼称呼。法院认为，虽然非以营利为目的使用肖像未侵害原告的肖像权，但被告未尽注意义务侵害了原告的名誉权，判决被告给付原告精神损害抚慰金。

第二，未对报道内容予以核实。在97号案件中，被告未经原告法定代理人同意，在未经核实的情况下，刊文宣称原告“失踪”并在报道中使用了原告的肖像。法院认为，被告未向原告及有关部门进行调查核实，即刊文报道有关原告失踪的失实消息，且未经原告同意，公开发表刊登原告照片的行为，侵犯了原告的肖像权。

第三，对相关照片进行改动令公众产生误解。在93号案件中，被告在杂志封面使用原告(刘翔)在奥运会赛场上跨栏的照片，封面底部有购物节的广告。法院认为，被告专刊内容中虽有关于刘翔奥运夺金的信息，但封面使用的肖像有较大改动，不属于单纯的新闻报道，封面的整体设计反映出的效果足以令公众产生刘翔在做广告的误解，为以一定广告性目的使用刘翔肖像的行为，判决被告给付刘翔精神损害抚慰金2万元。

第四，新闻报道与照片没有紧密联系。在98号案件中，新闻机构将权利人的肖像作为《上网，找个老外嫁出去》一文的配图。法院认为，该文报道的是一些女性以婚姻为目的上网交友的社会现象，具有新闻价值，但文章内容与原告无关，被告使用照片是为了吸引读者和扩大影响，具有营利目的，判决被告侵害了原告的肖像权。

(3)在非时事性新闻报道中使用照片

13件支持原告诉讼请求的案件中，有3件涉及非时事性新闻报道中使用照片，分别为83号、84号、85号。这类纠纷的共同点为，案件中的新闻报道类型不为时事新闻报道，新闻报道与权利人肖像使用之间没有必然联系。在这类纠纷裁判中，法院并没有将新闻报道作为肖像权侵权的违法阻却事由从而认定肖像使用行为合法，也并没有将是否具有营利目的作为肖像权侵权责任的构成要件，而是认为是否以营利为目的只是侵权行为的一个具体情节，是法官酌定损害赔偿责任的重要因素。在85号案件中，成都晚报刊文《成都：就是中国宜居第一城》，使用原告肖像作为文章配图。法院认为，是否具有营利目的是确定赔偿责任需考虑的因素，是侵害肖像权的一个情节，被告未经许可擅自使用原告照片，构成侵权。但法院同时也指出，被告将原告照片作为正面介绍成都适宜居住文章的配图，内容健康，不会对原告造成严重的负面影响，判决被告给付原告精神损害抚慰金3000元。

(二)纠纷裁判评析

1. 纠纷裁判规则梳理

通过新闻报道利用肖像纠纷裁判的分析，法官在纠纷裁判中的裁判规则主要可以从以下四个方面进行归纳：

第一，时事新闻报道可以合理使用权利人肖像。《现代汉语辞典》对“时事”的定义为，最近期间的国内外大事。新闻界普遍认可“时事新闻”是对时事的报道。从这个角度出发，时事新闻指的是需要迅速及时报道的正在发生的或国内外新近发生的重大事件，它具备鲜明的时效性与题材的重大性两个特征。❶纠纷裁判中，86号案件“炒金黑幕”的报道，94号案件“产妇死亡家属医院设灵堂”的报道，95号案件“中国男子4×100米获得银牌”的报道等均属于时事新闻报道，在这些案件的裁判中，法院均认为时事新闻报道中新闻机构可以合理使用权利人的肖像。

第二，非时事性新闻报道不为肖像权侵权的违法阻却事由。非时事性新闻报道一般为观点性的新闻报道，新闻不具时效的紧迫性，新闻题材与肖像的关联亦不紧密。在此类报道中使用权利人肖像与社会公共利益关系不大，使用肖像不是报道所必须，亦不具备紧迫性，故除非权利人同意，否则使用肖像构成侵害权利人的肖像权。如84号案件向读者介绍茶叶及茶叶的作用，85号案件介绍成都适宜居住，83号案件报道新兴的泳池婚礼现象等，均不属于时事新闻报道，在此类纠纷裁判中，法院认为非时事性新闻报道不为肖像权侵权的违法阻却事由。

第三，新闻报道中使用权利人肖像应尽注意义务。在新闻报道中，如果新闻机构存在错误使用照片或使用照片未尽注意义务等情形，给权利人造成损害的，应承担侵权责任。因为未尽注意义务使用肖像，会让权利人陷入“给人错误印象”的困境，而这种印象是虚假的和令人不快的。❷

第四，新闻报道规则同样适用于自媒体。随着经济社会的发展，一些商家纷纷开通网站、微信公众号、微博等自媒体，一些自媒体也转载新闻报道。将自媒体排除适用新闻报道规则，不利于保护言论自由，也不利于公民监督权的行使。

2. 纠纷裁判争议评析

法院在新闻报道利用肖像纠纷裁判中对“以营利为目的”是否为肖像权侵权责任的构成要件及新闻报道是否为肖像权侵权的违法阻却事由两个问题的认识上存有争议。

第一，“以营利为目的”是否为肖像权侵权责任的构成要件。如在88号案件

---

❶ 钱婕，项亮．大众媒体合理使用公民肖像权的法律思考[J]．传媒观察，2003(11)：43.

❷ 来诗秋．新闻报道中的肖像权问题[J]．当代传播，2006(4)：60-61.

中，法院认为“以营利目的”为肖像权侵权责任的构成要件，新闻报道不具有营利目的，判决驳回原告的诉讼请求。在85号案件中，法院认为“以营利为目的”不为肖像权侵权责任的构成要件，只是侵害肖像权的一个情节，是确定赔偿责任需考虑的因素。“以营利为目的”不为肖像权侵权责任的构成要件，而是肖像权侵权责任的考量因素。由于商业利用肖像是典型的“以营利为目的”使用肖像，本文将在后文“肖像的商业利用”中对此问题专门论述。

第二，新闻报道是否为肖像权侵权的违法阻却事由。法院的纠纷裁判对此问题的认识也不一致。如同为报道一种新兴社会现象，88号案件报道了高档化妆品在上海大商场的销售情况，法院认为新闻报道中使用照片构成肖像权的合理使用。98号案件报道了一些女性以婚姻为目的交友的社会现象，法院认为该报道具有新闻价值，但新闻报道不为肖像权的合理使用事由，认定被告侵害了原告的肖像权。因时事新闻报道与公民知情权及社会公共利益相关，在时事新闻报道中使用肖像可以使报道更客观和便于传播，在时事新闻报道中使用权利人肖像构成肖像权的合理使用事由。

除时事新闻报道外，正当行使新闻舆论监督也构成肖像权的合理使用。新闻舆论监督是新闻工作者和公民通过新闻传播媒介发表言论和意见，对政治、经济和文化生活进行批评，以发挥监督作用的权利。在我国，新闻舆论监督的核心是公开报道和新闻批评，主要的监督方式有评论、报道、批评、讨论等。[1]一些情形下，新闻舆论监督和人格权保护会产生冲突，如为行使新闻舆论监督，不可避免地会使用自然人的姓名、肖像。从比较法经验看，此种情形下，大都倾向于优先保护新闻舆论监督。对新闻舆论监督进行优先保护，可以鼓励人们借助大众传媒批评和披露社会生活中的违法和丑陋现象，维护社会公共利益。[2]优先保护新闻舆论监督也是有条件的，只有正当的新闻舆论监督才能受到优先保护，且在新闻舆论监督中使用权利人肖像，也要尽谨慎的注意义务。

---

❶ 王大纲．新闻舆论监督与新闻侵权[J]．苏州市职业大学学报，2004(1)：89．

❷ 王利明．人格权法研究[M]．北京：中国人民大学出版社，2005：467．

二、合理使用肖像纠纷裁判

合理使用肖像纠纷，指的是行为人未经同意非“以营利为目的”使用权利人肖像，权利人以肖像权受侵害为由诉至法院，请求行为人承担侵权责任，行为人以使用肖像不具有营利目的，不构成肖像权侵权为由进行抗辩的纠纷。本文共收集到合理使用肖像纠纷裁判14件，详见表3-9。[1]

表3-9　有关合理使用肖像纠纷的案例

案例序号	案件名称	核心内容	裁判结果
102号	蔡某甲诉蔡某乙肖像权案	被告在宗祠内，将张贴在墙壁上的两幅照片画（布质）用羊角锤划破。所划破的位置涉及原告为主要人物的照片一张，照片中原告的头部与身部被划开	判决被告出资修复，赔礼道歉。（判决结果引自浙江省宁波市鄞州区人民法院（2015）甬鄞民初字第2369号民事判决书[Z]）
103号	贡嘎诉次仁热旦等肖像权案	被告在与原告去格尔木拉煤的途中，私下拍摄了原告打电话的视频，发到一个20多人的微信群	判决被告给付精神损害抚慰金600元。（判决结果引自西藏自治区那曲县人民法院（2017）藏2421民初176号民事判决书[Z]）
104号	张某某诉蔡某等肖像权案	原告与被告系夫妻关系，因琐事发生争吵，原告到被告工作单位索要医药费。被告偷拍了原告照片并将原告照片长时间张贴在单位门卫室墙上。原告知晓后与被告及被告工作单位进行交涉，后照片被撕毁。原告精神受到刺激，多次到医院治疗	判决被告赔礼道歉、赔偿精神损害抚慰金2000千元。（判决结果引自安徽省六安市中级人民法院（2016）皖15民终1898号民事判决书[Z]）

[1] 裁判编号：102~115。

续表

案例序号	案件名称	核心内容	裁判结果
105号	曹某诉上海豫园大酒店有限公司豫园万丽酒店分公司肖像权案	原告与被告因在用工期间发生争议,被告将原告照片放置在门卫岗亭室,原告诉至法院	判决驳回原告的诉讼请求。(判决结果引自上海市第二中级人民法院(2016)沪02民终1918号民事判决书[Z])
106号	陈某某诉三亚牙龙湾开发股份有限公司亚龙湾仙人掌度假酒店名誉权、肖像权案	原告在被告任前厅接待员,因粗心大意造成短款800元,后又将客人支付的491.9元未入账不辞而别。被告向三亚市部分同等酒店通报此事,后原告返回酒店,将拖欠款项退回酒店并结清账目。原告以侵害名誉权、肖像权为由诉至法院	判决驳回原告的诉讼请求。(判决结果引自海南省三亚市中级人民法院(2004)三亚民一终字第127号民事判决书[Z])
107号	聂某某诉淮北矿业股份有限公司朱庄煤矿肖像权案	原告系被告的员工。被告将原告的照片粘贴在其退休审批表上,存放于原告个人的退休档案中。原告认为被告未经同意使用原告照片的行为,侵害了原告的肖像权	判决驳回原告的诉讼请求。(判决结果引自安徽省淮北市中级人民法院(2015)淮民一终字第00146号民事判决书[Z])
108号	苏某某诉梁某某肖像权案	原告依据公安机关的要求提交建筑工地上村民扰乱正常生产秩序的视频资料,公安机关对被告处以行政拘留十天的处罚	判决驳回原告的诉讼请求。(判决结果引自广东省中山市第一人民法院(2016)粤2071民初4165号民事判决书[Z])

续表

案例序号	案件名称	核心内容	裁判结果
109号	杨某某诉曹某肖像权案	原告与被告系伟城公司同事。伟城公司以原告与其他单位建立劳动关系及矿工为由,作出解除与原告劳动关系的决定。原告不服,向劳动仲裁委员会申请仲裁。伟城公司为保留原告离职的证据,指示被告在原告工作时拍摄含有原告形象的相关照片用以证明原告同时在其他单位任职及向原告送达解除劳动关系决定的事实。被告用手机拍摄照片后交给伟城公司,伟城公司在仲裁过程中作为证据提交	判决驳回原告的诉讼请求。(判决结果引自江苏省南京市江宁区人民法院(2016)苏0115民初8591号民事判决书[Z])
110号	王某某诉娄某某、陈某某肖像权案	原告与被告系邻居,因琐事发生争吵。被告为证明原告辱骂被告在被告住房单元门上安装了摄像、录音装置。后在另案中,本案被告以本案原告为被告提起名誉权诉讼,将摄录装置拍摄的画面作为证据向法庭提交。原告以被告侵犯肖像权、隐私权,造成原告身心健康伤害为由向法院起诉	判决驳回原告的诉讼请求。(判决结果引自上海市第二中级人民法院(2011)沪二中民一(民)终字第1509号民事判决书[Z])

续表

案例序号	案件名称	核心内容	裁判结果
111号	陈某诉重庆出版社肖像权案	被告因出版体育教材需要封面照片，与原告中学的排球队取得联系。排球队教练对拍摄一事进行了安排，并将拍摄封面一事告知了队员，当时无人反对。后被告将包含原告的集体照片在体育教材封面、扉页、封底使用	判决驳回原告的诉讼请求。（判决结果引自重庆市第一中级人民法院（2004）渝一中民终字第2824号民事判决书[Z]）
112号	乔某某诉府谷县煤产品经营公司、府谷县邮电局肖像权案	原告为原府谷县恒昌实业公司经理。1991年，府谷县恒昌实业公司选送的隶属企业恒昌精焦厂生产的焦粉荣获金杯产品奖，原告作为代表接受了冶金部有关领导的颁奖并留有照片。后被告1购买了恒昌精焦厂，协议约定将恒昌精焦厂的产权、技术资料、荣誉转让给被告1。后被告2收取被告1广告费2500元，将含有原告的照片作为广告刊登在电话簿上	判决驳回原告的诉讼请求。（判决结果引自陕西省高级人民法院（1996）陕民终字第40号民事判决书[Z]）
113号	施某某、张某某、桂某某诉徐某肖像权案	原告2、原告3系原告1生母、生父，原告1为未成年人，被他人收养。被告在新浪微博上发布内容为原告1被养母虐待、性格大变，请求网络帮助的微博，	判决驳回原告的诉讼请求。（判决结果引自江苏省南京市江宁区人民法院（2015）江宁少民初字第7号民事判决书[Z]）

续表

案例序号	案件名称	核心内容	裁判结果
113号	施某某、张某某、桂某某诉徐某肖像权案	并配发了包含原告1的照片，照片对原告面部进行了模糊处理。该微博被网络和媒体多次报道。后公安机关将原告1养母刑事拘留，检察机关以故意伤害罪向法院提起公诉	判决驳回原告的诉讼请求。（判决结果引自江苏省南京市江宁区人民法院（2015）江宁少民初字第7号民事判决书[Z]）
114号	覃某甲、巫某某诉覃某乙肖像权案	在法院另案审理的他人诉本案2原告健康权纠纷案中，本案被告向法院提供了包含2原告肖像的照片、录像作为证据。2原告认为被告向法院提交包含2人肖像的照片、录像的行为，侵害了原告的肖像权	判决驳回原告的诉讼请求。（判决结果引自广西壮族自治区象牙县人民法院（2015）象民初字第1049号民事判决书[Z]）
115号	王某诉珠海市舒丽码温控卫浴设备有限公司肖像权案	原告系被告员工。被告拍摄了原告上班期间接打电话的照片，将照片及处理决定贴在被告保安亭上。原告以被告张贴附有原告接听电话的照片侵害肖像权为由诉至法院	判决驳回原告的诉讼请求。（判决结果引自广东省珠海市香洲区人民法院（2013）珠香法湾民一初字第857号民事判决书[Z]）

（一）裁判思路分析

1. 驳回原告诉讼请求案件的分析

14件纠纷裁判中，法院在11件纠纷裁判中驳回了原告的诉讼请求。法院在这类纠纷裁判中的裁判思路可以概括为：行为人虽未经同意使用权利人肖像，但不符合《民法通则》第100条、《民通意见》第139条规定的“以营利为目的”，不构成对权利人肖像权的侵害。通过分析纠纷裁判，司法实务中法院认可的肖像权合理使用情形主要有以下五种类型：

第一，拍摄特定事件。在115号案件中，公司拍摄员工上班违反规定接打手机的照片。在112号案件中，以奖状和奖杯为特定表现对象，拍摄冶金部领导为企业负责人颁奖的照片用于宣传。如有学者就认为，单位为自身宣传和表彰先进，通过绘画、摄影等方式制作、使用自然人肖像，构成肖像权的合理使用。❶在109号案件中，公司为保留员工离职的证据，拍摄员工在其他单位任职及向员工送达解除劳动关系决定的照片。在我国台湾地区也出现了类似的案例，原告雇主为确保原告遵守劳动契约在禁烟区内不得吸烟以避免发生火灾，在原告工作仓库安装监控设备并拍照，法院最后驳回原告的诉讼请求，认为原告雇主的行为符合目的之必要性、方法之妥当性、利益之比较衡量。❷

第二，履行取证、作证义务。在114号案件中，向法庭提供照片和录像。在110号案件中，为收集证据，摄制包含权利人肖像的照片和录像向法院提供。在108号案件中，依据公安机关要求，向公安机关提供相关责任人扰乱社会生产秩序的视频资料等。

第三，揭露可能存在的违法犯罪行为。在113号案件中，为揭露可能存在的犯罪行为及保护未成年人利益，在微博中发布未成年人受伤的照片。在106号案件中，在员工携房款不辞而别的情况下，向本市部分同等酒店通报。

第四，为权利人本人利益而使用肖像。如使用权利人肖像制作身份证、工作证、毕业证、登记表等法律证件。在107号案件中，将员工照片粘贴在员工退休审批表中。

第五，在教材中使用肖像。在111号案件中，将权利人肖像在体育教材的封面、扉页、封底使用。

2. 支持原告诉讼请求案件的分析

14件纠纷裁判中，法院在11件纠纷裁判中支持了原告的诉讼请求。3件案件中，行为人使用肖像的方式并不相同。在102号案件中，行为人将包含权利人肖像的照片划开，使得照片中权利人的头部和身体被分开。在103号案件中，行为人未经同意将权利人肖像公开，将包含权利人肖像的视频上传至微信群。在

---

❶ 吕彦. 公民肖像权若干问题探讨[J]. 现代法学，1990(4)：53.

❷ 王泽鉴. 人格权法：法释义学、比较法、案例研究[M]. 北京：北京大学出版社，2013：144-145.

104号案件中，行为人偷拍权利人肖像并在一定范围（单位门卫室墙上）张贴照片。上述肖像使用行为均不以营利为目的。在纠纷裁判中，法院均摒弃了“以营利为目的”作为肖像权侵权责任构成要件的观点，转而采取了未经本人同意、存在肖像使用行为、无违法阻却事由的三构成要件说。通过分析可以看出，在此类纠纷裁判中，法院及时摒弃了“以营利为目的”作为肖像权侵权责任构成要件的认识，认定未经同意非以营利为目的使用他人肖像的行为同样属于对权利人肖像权的侵害，显示了司法实践对社会现实的及时回应以及肖像权制度本身的再生长性。

（二）纠纷裁判评析

肖像权的合理使用，是指不必征得肖像权人同意，也不必向其支付报酬，基于正当目的而使用肖像的合法行为。[1]法律之所以要对肖像权进行限制，主要原因在于，一些社会中的正常活动离不开肖像的使用，如果一切制作、使用肖像的行为都须经肖像权人同意，就会给社会生活的正常运转带来不便与阻碍。我国目前的法律和司法解释，未规定肖像权的合理使用制度。通过纠纷裁判的分析可以看出，司法实践中法院认可的肖像权的合理使用情形主要包括：拍摄特定事件；履行取证、作证义务；揭露可能存在的违法犯罪行为；为自然人本人利益而使用肖像；在教材中使用肖像；时事新闻报道中使用肖像（新闻报道利用肖像纠纷裁判）。法院在纠纷裁判中提供的经验为科学界定肖像权的合理使用情形提供了参考。法院在纠纷裁判中认定的肖像权合理使用情形是否科学，除此之外还有哪些肖像权合理使用的情形，本书将在后文“肖像权的合理使用”中进行详细论述。

三、网络服务提供者利用肖像纠纷裁判

网络服务提供者利用肖像纠纷，指的是在网络服务提供者提供服务的网站中使用权利人肖像，权利人以网络服务提供者未对肖像侵权采取必要救济措施或者网络服务提供者侵害肖像权为由诉至法院，请求网络服务提供者承担侵权责任的纠纷。本书共收集到网络服务提供者利用肖像纠纷裁判5件，详见表3-10。[2]

---

[1] 张红．人格权各论[M]．北京：高等教育出版社，2015：200.

[2] 裁判文书编号：116~120。

表3-10　有关网络服务提供者利用肖像纠纷的案例

案例序号	案件名称	核心内容	裁判结果
116号	臧天朔诉北京蛙网数字音乐技术有限公司、广州网易计算机系统有限公司名誉权、肖像权案	被告1、被告2联手在其开设的网站推出“国内歌坛十大丑星评选”活动。有近10万网民参与评选，在评选结果中，原告以16 911的票数名列“国内歌坛十大丑星”第三名	判决被告停止侵害、赔礼道歉、赔偿经济损失1500元、精神损害抚慰金1万元。（判决结果引自北京市第二中级人民法院（2002）民第397号民事判决书[Z]）
117号	郭某某诉北京新浪互联信息服务有限公司肖像权案	原告请摄影师拍摄了名为“七宗罪”的一组8张照片。后一名叫“虫子眼中的世界”的网友将照片上传至新浪网论坛。被告在自己发布的新闻图库中设置了超级链接，使每个网友在被告提供的新闻图库中可以看到原告的该组8张照片。原告以侵犯肖像权为由，诉至法院	判决被告赔偿经济损失2000元及诉讼合理支出1020元，赔礼道歉。（判决结果引自江苏省南京市玄武区人民法院（2006）玄民一初字第112号民事判决书[Z]）
118号	何某某诉北京百度网讯科技有限公司肖像权案	原告将与妻子拍摄的婚纱照上传至开放性的论坛中。后注册名为“zyq309”的网络用户在百度文库中发表了《80后最囧的离婚理由》使用了原告与妻子的一张婚纱照作为配图。原告向被告投诉，被告要求原告提供相关材料后再行处理，原告未提供。后被告在诉讼过程中删除了文档及照片	判决驳回原告的诉讼请求。（判决结果引自北京市第一中级人民法院（2013）一中民终字第13221号民事判决书[Z]）

续表

案例序号	案件名称	核心内容	裁判结果
119号	马某诉北京百度网讯科技有限公司肖像权案	个别网络用户在贴吧中发帖，内容具有辱骂性质并使用了原告及其家人的照片。原告未按照被告明示的渠道向被告投诉。后在诉讼过程中，被告删除了相关的侵权内容	判决驳回原告的诉讼请求。（判决结果引自北京市海淀区人民法院（2016）京0108民初28888号民事判决书[Z]）
120号	战某诉北京创融投资顾问有限公司肖像权、名誉权案	被告系网站经营者，网站为其会员提供信息存储的网络服务。网友在个人博客中转载了标题为“揭秘北京天上人间真正的‘陪侍小姐’照片”的文章，配图中有包含原告肖像的一张照片。被告在收到原告律师函前主动断开了该链接	判决驳回原告的诉讼请求。（判决结果引自北京市朝阳区人民法院（2011）朝民初字第03088号民事判决书[Z]）

（一）裁判思路分析

在5件纠纷裁判中，法院在3件纠纷裁判中驳回了原告的诉讼请求，在2件纠纷裁判中支持了原告的诉讼请求。

1. 驳回原告诉讼请求案件的分析

3件驳回原告诉讼请求的案件分别为118号、119号、120号。3件案件的基本模式为：法院认为网络服务提供者对肖像权侵权的发生及存续没有过错，不符合《侵权责任法》第36条第2款规定的“网络服务提供者接到通知后未及时采取必要措施”的情形，不承担肖像权的侵权责任。[1]在118号、119号案件中，原告未按照作为被告的网络服务提供者的要求，提供权利被侵害的初步证明及按照规定

[1]《侵权责任法》第36条第2款：“网络用户利用网络服务实施侵权行为的，被侵权人有权通知网络服务提供者采取删除、屏蔽、断开链接等必要措施。网络服务提供者接到通知后未及时采取必要措施的，对损害的扩大部分与该网络用户承担连带责任。”

的投诉渠道反映侵权问题。法院认为，侵权照片并不是被告主动编辑、修改而成，被告并非直接的侵权人；原告未按照网络服务提供者要求履行通知义务，未提供权利被侵害的初步证据，被告在其中没有过错，根据《侵权责任法》第36条第2款的规定，驳回原告的诉讼请求。在120号案件中，被告用户发布了包含原告肖像的侵权信息，被告在收到原告律师函前主动断开了侵权链接，由于侵权行为及被告主动断开侵权链接的时间节点均为《侵权责任法》实施前，法院援引了《民法通则》第5条驳回原告的诉讼请求。[1]

2. 支持原告诉讼请求案件的分析

2件支持原告诉讼请求的案件分别为116号、117号。在2件案件中，法院认为作为网络服务提供者的被告直接采取或者参与了肖像权侵权，对侵权行为的发生和后果具有过错，判决被告承担侵权责任。在116号案件中，二被告联手在其开设的网站推出“国内歌坛十大丑星评选”活动，有近10万网民参与评选，在评选结果中，原告臧天朔以16 911的票数名列“国内歌坛十大丑星”第三名。法院指出，臧天朔为公众人物，但享有的合法权益同样受到法律保护，被告“评丑”活动虽然使用的是原告公开演出的照片，但被告未经同意以营利为目的使用原告肖像，构成对原告肖像权的侵害，判决被告承担侵权责任。在117号案件中，侵权照片由网络用户发布，被告在网站对侵权照片设置链接，使得每个网友都可以看到侵权照片。法院认为，被告侵害了原告的肖像权，主要理由为：一是被告新浪网对他人上传至网站论坛的照片设置链接，客观上扩大了侵权范围，主观上存在过错；二是网络用户登记的个人资料不真实、不完整，被告新浪网存在过错；三是被告新浪网使用原告照片的行为客观上能够增加点击率，属于可以使被告获益的行为。

（二）纠纷裁判评析

网络服务提供者利用肖像纠纷主要涉及网络服务提供者侵害肖像权的责任。网络服务提供者大致可分为网络接入服务提供者和网络内容服务提供者。司法实践中，网络服务提供者利用肖像纠纷涉及的一般为网络内容服务提供者，本文未收集到网络接入服务提供者侵害肖像权的纠纷裁判。在本文中，除非特

[1]《民法通则》第5条：“公民、法人的合法的民事权益受法律保护，任何组织和个人不得侵犯。”

别标注，网络服务提供者指的是网络内容服务提供者。按照侵权信息的发布主体不同，网络服务提供者侵害肖像权可以分为以下两种情形：

第一，侵权信息为网络用户发布，网络服务提供者没有对侵权信息为编辑、整理。网络用户为侵权人，承担侵权责任。但存在以下两种情形，根据《侵权责任法》第36条的规定[1]，网络服务提供者对侵权承担连带责任。一是网络服务提供者对网络用户利用网络服务侵害他人肖像权的行为，明知且未采取必要措施。二是网络服务提供者接到权利人通知后未及时对侵权信息采取必要的救济措施。

第二，侵权信息为网络服务提供者发布或者网络服务提供者编辑、整理侵权信息，使得侵权范围扩大的。在此种情形下，网络服务提供者也要承担侵权责任。如在115号案件中，法院认为，作为网络服务提供者的被告，对他人上传至网站的侵权照片设置链接，应等同于自己发布侵权信息。

网络具有虚拟性、科技性、传播便捷等特点，网络的兴起对肖像的制作和保护提出了更高要求。在利用网络侵害肖像权的情形下，认定网络服务提供者的侵权责任是其中的一个重要课题，本文将在后文“网络环境下肖像权的保护”中详加论述。

四、商业利用肖像纠纷裁判

商业利用肖像纠纷，指的是行为人未经权利人同意，以促销商品、服务或提升企业形象等营利目的使用权利人肖像，权利人以肖像权受侵害为由诉至法院，请求行为人承担侵权责任的纠纷。本书共选取38件商业利用肖像纠纷裁判作为分析样本，详见表3-11。[2]

---

❶《侵权责任法》第36条：“网络用户、网络服务提供者利用网络侵害他人民事权益的，应当承担侵权责任。网络用户利用网络服务实施侵权行为的，被侵权人有权通知网络服务提供者采取删除、屏蔽、断开链接等必要措施。网络服务提供者接到通知后未及时采取必要措施的，对损害的扩大部分与该网络用户承担连带责任。网络服务提供者知道网络用户利用其网络服务侵害他人民事权益，未采取必要措施的，与该网络用户承担连带责任。”

❷ 裁判编号：121~158。

表3-11　有关商业利用肖像纠纷的案例

案例序号	案件名称	核心内容	裁判结果
121号	彼特·威廉·罗宾逊等诉湖南长沙同升湖国际实验学校等肖像权案	三原告为案外人聘请的外籍教师，受邀参观了被告1学校。后被告2播放了被告1的招生宣传片，视频中含有三原告的肖像	判决被告赔礼道歉、赔偿诉讼支出费用1.8万元、精神损害抚慰金6000元。（判决结果引自湖南省长沙市雨花区人民法院（2001）雨民一初字第1221号民事判决书[Z]）
122号	葛某某诉哈尔滨市南岗区新东方培训学校肖像权案	原告曾在被告处培训，后被告印刷宣传单用于宣传，使用了原告的照片	判决被告停止侵害、赔礼道歉、赔偿精神损害抚慰金1000元。（判决结果引自黑龙江省哈尔滨市南岗区人民法院（2015）南西民初字第273号民事判决书[Z]）
123号	靳某诉吴某肖像权案	原、被告为同学。被告将原告照片作为“陌陌”交友平台的头像，并在平台上推销保健品。后被告向原告赔礼道歉并赔偿价值3490元的礼物	判决被告赔偿精神损害抚慰金5000元。（判决结果引自内蒙古自治区五原县人民法院（2017）内0821民初1012号民事判决书[Z]）
124号	梁某某诉中山市花园酒店有限公司中山喜来登酒店肖像权案	被告1为原告拍摄了一段婚宴视频，委托被告2播放了包含该视频的广告用于宣传	判决被告赔礼道歉、赔偿损失1万元。（判决结果引自广东省中山市第一人民法院（2014）中一法民一初字第2506号民事判决书[Z]）

续表

案例序号	案件名称	核心内容	裁判结果
125号	吕某某诉上海某酒店肖像权案	原告原为被告处员工，被告为原告拍摄了数张宣传照，后原告发现被告在制作的宣传册及网站上使用了原告的多张照片	判决被告停止使用、消除影响，赔偿精神损害抚慰金3000元、公证费1000千元、律师费2000元。（判决结果引自上海市浦东新区人民法院（2008）浦民一（民）初字第18552号民事判决书[Z]）
126号	蔡少芬诉上海紫颖美容管理有限公司等肖像权、姓名权案	原告为演员，案外人聘请原告为产品代言人，后被告与案外人签订加盟协议书。加盟期限届满后，被告仍使用原告肖像为产品宣传	判决被告赔礼道歉、赔偿损失10万元。（判决结果引自浙江省嘉兴市中级人民法院（2012）浙嘉民终字第435号民事判决书[Z]）
127号	李慧娴（艺名李若彤）诉浙江欧易新能源有限公司等肖像权案	原告与被告曾签订肖像权使用协议，约定被告使用原告肖像做平面广告。合同期满后，原被告未续约，被告继续在网站上使用原告肖像	判决被告赔礼道歉、赔偿原告经济损失9万元。（判决结果引自浙江省嘉兴市中级人民法院（2012）浙嘉民终字第421号民事判决书[Z]）
128号	莫少聪诉广东省中山市美多化妆品有限公司等肖像权案	原告与被告签订协议，约定被告聘请原告为被告产品拍摄平面广告和电视广告。合同期限届满后，原告发现被告仍在销售带有原告肖像广告的产品，遂诉至法院	判决被告停止侵害、赔礼道歉，赔偿经济损失25万元、维权合理支出4064.1元。（判决结果引自福建省泉州市中级人民法院（2005）泉民终字第1178号民事判决书[Z]）

续表

案例序号	案件名称	核心内容	裁判结果
129号	张柏芝诉梧州远东美容保健用品有限公司肖像权案	原告与被告就宣传被告产品达成两份协议，约定原告为被告生产的特定美体瘦身、洁护肤系列产品代言。后原告发现被告超出约定范围使用原告肖像为其生产的其他产品代言，遂诉至法院	判决被告停止使用、赔礼道歉，赔偿经济损失100万元。（判决结果引自江苏省高级人民法院（2006）苏民终字第109号民事判决书[Z]）
130号	赵雅芝诉北京世纪欧美雅科技有限公司肖像权案	原告与被告达成代言协议，合同期限届满后，被告仍继续使用原告肖像，原告诉至法院	判决被告停止侵害、赔礼道歉、赔偿精神损害抚慰金10万元。（判决结果引自北京市第一中级人民法院（2013）一中民终字第14391号民事判决书[Z]）
131号	额某等诉内蒙古丽人文化传媒有限公司肖像权案	被告将二原告的婚纱照在其微信公众号中使用，用于宣传将要举办的相亲会	判决被告赔礼道歉、赔偿经济损失1000元。（判决结果引自内蒙古自治区呼和浩特市新城区人民法院（2014）新民二初字第437号民事判决书[Z]）
132号	房某某诉王某某肖像权案	被告将原告照片发布在微信朋友圈，用于经营的足疗店招揽生意。原告知晓后报警，公安机关出具了原告报警的相关证明	判决被告停止侵害、消除影响、赔礼道歉，赔偿精神损害抚慰金2万元。（判决结果引自山东省临沂市罗庄区人民法院（2016）鲁1311民初382号民事判决书[Z]）

续表

案例序号	案件名称	核心内容	裁判结果
133号	黄某某诉河南省大京九种业有限公司肖像权案	被告将含有原告肖像的照片印在被告的宣传彩页上	判决被告停止侵害、赔偿精神损害抚慰金5000元。(判决结果引自河南省郑州市金水区人民法院(2012)金民一初字第1099号民事判决书[Z])
134号	刘力诉北京四季沐歌太阳能技术集团有限公司肖像权案	原告为业界知名广告模特。原告为被告拍摄电视广告,使用期限2年。合同期满后,被告仍继续使用广告进行宣传	判决被告赔礼道歉,赔偿经济损失2万元。(判决结果引自北京市第一中级人民法院(2015)一中民终字第1728号民事判决书[Z])
135号	陈好诉上海合丽装饰材料有限公司肖像权案	原告为影视演员,与被告签订协议,约定被告聘请原告为产品拍摄广告并担任形象代言人。合同期满后,被告仍使用原告肖像用于产品宣传	判决被告赔偿肖像权损失60万元。(判决结果引自北京市第三中级人民法院(2014)三中民终字第07054号民事判决书[Z])
136号	李某诉苏州洋蕾啄木鸟服饰有限公司肖像权案	原被告签订协议,约定被告聘请原告为被告生产的内衣拍摄平面广告。合同期限届满后,被告仍为产品宣传继续使用平面广告	判决被告赔礼道歉、赔偿经济损失20万元。(判决结果引自上海市第二中级人民法院(2011)沪二中民一(民)终字第103号民事判决书[Z])
137号	李慧娴(艺名李若彤)诉浙江缝叶鸟鞋业有限公司等肖像权案	原被告签订协议,约定被告为商业宣传、推广为目的,有偿使用原告肖像。协议期满后,被告仍使用原告肖像,原告诉至法院	判决被告赔礼道歉、赔偿精神损害抚慰金10万元。(判决结果引自广东省广州市中级人民法院(2013)穗中法民一终字第2589号民事判决书[Z])

续表

案例序号	案件名称	核心内容	裁判结果
138号	辰星萌耀(北京)文化发展有限公司诉浙江建华五金机电市场有限公司、苏州市金马木业有限公司肖像权案	原告是张信哲的经纪公司,该公司拥有张信哲肖像在特定区域内的独占性至有使用权及许可他人使用的权利	判决驳回原告的诉讼请求。(判决结果引自浙江省杭州市拱墅区人民法院(2014)杭拱民初字第35号民事判决书[Z])
139号	岳龙刚诉徐州市川锅一号餐饮管理有限公司肖像权案	被告使用原告的肖像用于商业宣传	判决被告赔偿经济损失3万元(判决结果引自北京市第二中级人民法院(2021)京02民终15778号民事判决书[Z])
140号	孙丽(艺名孙俪)诉河南和美家白金厨具有限公司肖像权案	被告在其网站的网页上多处使用原告肖像为产品进行广告宣传,并称原告为其形象大使	判决停止侵害、赔礼道歉,赔偿经济损失10万元、公证费1000元。(判决结果引自河南省郑州市中级人民法院(2015)郑民三终字第956号民事判决书[Z])
141号	林某某诉江门市大自然化工有限公司肖像权案	原告系影视演员、歌手,具有一定知名度。被告在宣传、销售其产品的广告和产品包装上使用原告肖像	判决被告停止侵害、赔礼道歉、赔偿经济损失16万元。(判决结果引自广东省江门市中级人民法院(2014)江中法民一终字第108号民事判决书[Z])
142号	李湘诉昆明韩辰医疗美容医院有限公司肖像权案	被告在其认证的微信公众号上的三篇文章中使用原告照片作为配图,用于其经营的医疗美容项目的宣传和推广	判决被告赔礼道歉、赔偿经济损失3.5万元。(判决结果引自北京市第三中级人民法院(2016)京03民终12549号民事判决书[Z])

续表

案例序号	案件名称	核心内容	裁判结果
143号	林心如诉无锡美联臣医疗美容医院有限公司等肖像权案	原告系演员，被告在其网站使用原告照片用于宣传美容业务	判决被告赔礼道歉、赔偿经济损失4770元、精神损害抚慰金1190元。(判决结果引自江苏省无锡市中级人民法院(2014)锡民终字第0532号民事判决书[Z])
144号	林心如诉武汉市硚口区九美医疗美容门诊部肖像权案	原告系演员，被告在其网站中使用原告照片用于美容业务的宣传	判决被告赔礼道歉、赔偿经济损失30万元、精神损害抚慰金2万元、维权成本2092.5元。(判决结果引自湖北省武汉市中级人民法院(2015)鄂武汉中民外初字第00008号民事判决书[Z])
145号	史恒侠(网名“芙蓉姐姐”)诉上海美道信息服务有限公司肖像权案	原告为网络红人“芙蓉姐姐”。被告在其主办的网站中发布原告整容的文章并配发原告的照片，宣传推广其美容整形业务	判决被告赔礼道歉、赔偿经济损失1.3万元、精神损害抚慰金2000千元。(判决结果引自上海市第一中级人民法院(2014)沪一中民一(民)终字第126号民事判决书[Z])
146号	张彦亭(艺名费玉清)诉北京华纳百川科技有限公司等肖像权案	被告在网站上销售产品的广告宣传中，使用了原告的肖像	判决被告赔礼道歉、赔偿经济损失50万元。(判决结果引自上海市静安区人民法院(2012)静民一(民)初字第116号民事判决书[Z])

续表

案例序号	案件名称	核心内容	裁判结果
147号	林立慧(艺名舒淇)诉中山市琦圣电器科技有限公司肖像权案	原告代言“索菲亚”衣柜及家具产品。被告经营“索菲亚”厨卫电器,在广告牌、宣传画册、报纸等使用原告肖像用于产品宣传,部分图像旁边标注“国际影星舒淇”及原告本人签名	判决被告停止侵害,赔礼道歉,赔偿经济损失20万元。(判决结果引自广东省中山市中级人民法院(2014)中中法民一终字第946号民事判决书[Z])
148号	周杰伦诉深圳市爱可西谷电子科技有限公司等肖像权案	被告在其官方网站举办代言明星有奖竞猜活动。后被告在官方网站宣布,最终聘请原告为其生产的MP3等音乐产品代言人。活动中,原告的姓名、肖像被多次使用	判决赔礼道歉、赔偿经济损失10万元、公证费3.508万元、购买侵权产品费897元、复印装订费用386元。(判决结果引自北京市海淀区人民法院(2013)海民初字第3655号民事判决书[Z])
149号	赵某诉应县某商贸有限责任公司等肖像权案	原告在被告举办的活动中中奖,经原告同意,拍摄了原告的照片。后被告将原告领奖照片发布在微信群,同时发布了宣传产品的内容	判决被告在个人微信群中撤销发布的原告照片并赔礼道歉。(判决结果引自山西省应县人民法院(2017)晋0622民初753号民事判决书[Z])
150号	谌龙诉广东新一派建材有限公司肖像权案	被告在其微信公众号发布的文章中使用了原告照片,且文章中植入了产品广告	判决被告赔礼道歉,赔偿经济损失5万元、公证费1000元。(判决结果引自北京市第三中级人民法院(2018)京03民终4481号民事判决书[Z])

续表

案例序号	案件名称	核心内容	裁判结果
151号	黄渤诉深圳市格调家私有限公司肖像权案	被告在其认证的微信公众号上发布的宣传其经营内容的文章中使用了原告照片作为配图	判决被告赔礼道歉，赔偿经济损失12万元、维权成本1000元。（判决结果引自北京市第三中级人民法院(2018)京03民终3477号民事判决书[Z]）
152号	黄渤诉北京迪信通商贸股份有限公司肖像权案	被告在其微信公众号上发布宣传其经营内容的文章，使用了原告照片作为配图	判决被告赔礼道歉，赔偿经济损失10万元、维权合理支出1200元。（判决结果引自北京市第三中级人民法院(2018)京03民终10313号民事判决书[Z]）
153号	陈乔恩诉郑州市二七区安杰玛健康养生美容会所肖像权案	被告在其微信公众号上发布宣传其经营内容的文章，使用了原告照片作为配图	判决被告赔礼道歉，赔偿经济损失2万元及维权费用3093.75元。（判决结果引自河南省郑州市二七区人民法院(2018)豫0103民初3629号民事判决书[Z]）
154号	乔某诉辽阳市蔓蒂美容美体会所、刘某肖像权案	被告在微信朋友圈发布原告美容照片用于宣传	判决被告赔偿0.3万元（判决结果引自辽宁省辽阳市中级人民法院(2022)辽10民终1709号民事判决书[Z]）
155号	葛优诉品橙（上海）商务咨询有限公司肖像权案	被告在其微信公众号上发布宣传其经营内容的文章，使用了原告在1993年《我爱我家》电视剧中的剧照作为配图	判决被告停止侵害、赔礼道歉、赔偿经济损失1.5万元及维权合理开支1250元。（判决结果引自北京市海淀区人民法院(2018)京0108民初18840号民事判决书[Z]）

续表

案例序号	案件名称	核心内容	裁判结果
156号	葛优诉艺龙网信息技术(北京)有限公司肖像权案	被告在其微博中使用了原告在1993年《我爱我家》电视剧中的剧照用于宣传	判决被告赔礼道歉，赔偿经济损失、维权合理支出共计7.5万元。(判决结果引自北京市第一中级人民法院(2018)京01民终97号民事判决书[Z])
157号	夏某某诉北京中科益健生物科技有限公司肖像权案	被告在网站上发布宣传其经营内容的文章，使用原告照片作为配图	判决被告赔礼道歉，赔偿经济损失5000元。(判决结果引自北京市第三中级人民法院(2018)京03民终10005号民事判决书[Z])
158号	赵某诉天津博亿科技有限公司肖像权案	被告在网站上发布宣传其经营内容的文章，使用原告照片作为配图	判决被告停止侵害、赔礼道歉、赔偿经济损失1.5万元。(判决结果引自北京市朝阳区人民法院(2018)京0105民初3012号民事判决书[Z])

(一)裁判思路分析

1.“以营利为目的”构成要件的裁判分析

法院在一些纠纷裁判中将“以营利为目的”作为肖像权侵权责任的构成要件，在另一些纠纷裁判中未将“以营利为目的”作为肖像权侵权责任的构成要件。

第一，“以营利为目的”作为肖像权侵权责任构成要件的裁判分析。在132号案件中，法院认为，被告为给其经营的足疗店招揽生意而将原告照片在微信朋友圈发布，从内容看具有广告性质，能起到宣传增加营利目的的效果，被告侵害了原告的肖像权。在145号案件中，法院认为，被告未经原告许可，在网站发布所谓的原告赴韩整容前后的对比照，属于营利性的宣传活动，侵犯了原告的肖像权。在148号案件中，法院认为，被告未经授权在产品广告宣传、包装外壳上营利性使用周杰伦照片，侵犯了周杰伦的肖像权。

第二，“以营利为目的”不为肖像权侵权责任构成要件的裁判分析。在121号案件中，法院认为，未经同意使用他人的肖像，无论是否以营利为目的，均构成对自然人肖像权的侵害。在122号案件中，法院认为，除依法正当使用肖像的情形外，未经同意使用自然人肖像，侵害了他人的肖像权。

通过纠纷裁判分析可以看出，法院在一些纠纷裁判中摒弃了“以营利为目的”作为肖像权侵权责任构成要件的观点，其中的原因可能为有些学者分析的学界观点对司法实践的影响。虽然这种影响到底多大我们无从知晓，但其效果和能量确实不容忽视。❶与学界的认识相反，法院在更多的纠纷裁判中，将“以营利为目的”作为肖像权侵权责任的构成要件。难怪有学者会发出这样的感慨，“秋菊打官司案”是一个非常难办的案件，因为贾桂花想赢得官司，必须有证据证明《秋菊》剧组是以营利为目的拍摄并选用了贾桂花的形象。❷

2. 精神损害赔偿适用的裁判分析

法院在一些纠纷裁判中支持了原告精神损害赔偿的诉讼请求，其中最大金额10万元，最小金额1000元。在商业利用肖像纠纷裁判中，大量适用精神损害赔偿，甚至完全以精神损害赔偿替代财产损害赔偿，存在以下缺点。

第一，保护路径不合时宜。在传统侵犯人格权的案件中，法官所关注的主要是对人的尊严的冒犯，损害赔偿数额一般是依据精神损害程度来确定。在商业利用肖像纠纷中，权利人所遭受的损害主要是财产损害。❸商业利用肖像纠纷的起因往往是权利人不满商业利用肖像所带来的利益分配。商业利用肖像很难会给权利人造成较大的精神痛苦，权利人也很少纠结于这种精神痛苦。以精神损害赔偿模式来调整肖像的商业利用，显得不合时宜。❹

第二，对权利人的保护不周延。在商业利用肖像纠纷裁判中，法院支持原告精神损害赔偿的数额通常较少，在很多情形下，与行为人基于侵权行为获得的利

---

❶ 张建文. 自然人肖像权保护的规范结构与解释论[J]. 社会科学家，2014(4)：13.

❷ 苏力.《秋菊打官司》的官司、邱氏鼠药案和言论自由[A]. 苏力.法治及其本土资源[C]. 北京：北京大学出版社，2015：219.

❸ 王利明. 人格权法(第二版)[M]. 北京：中国人民大学出版社，2016：111.

❹ 祝建军. 人格要素标识商业化利用的法律规制[M]. 北京：法律出版社，2009：214.

益难成正比。[1]如《重庆市高级人民法院关于审理精神损害赔偿案件若干问题的意见（试行）》（渝高法发〔2000〕14号）规定："公民肖像权遭受损害的，精神损害赔偿数额一般不超过1000元；侵权行为情节恶劣、后果严重的，赔偿金额为1000~5000元。"司法实践中，法院判处精神损害抚慰金的数额一般最高不超过10万元，而通过商业利用肖像，行为人获利有可能超过10万元，这时适用精神损害赔偿制度救济权利人，有可能造成行为人从非法利用肖像中获益的情况。精神损害赔偿数额的限制，其结果是权利人获得的赔偿数额较少，行为人基于侵权反而获得了财产利益。[2]

第三，对精神损害赔偿的适用条件进行扩张。《精神损害赔偿司法解释》第8条、《侵权责任法》第22条规定，请求精神损害赔偿需造成"严重精神损害"。商业利用肖像，一般不会给权利人造成严重的精神损害。尤其是商业利用肖像引发纠纷的案件，权利人一般为名人，名人一般不会因商业利用肖像产生精神负担，其所担心的主要是能否得到足够的经济补偿。如在137号案件中，一审法院判决被告赔礼道歉，赔偿原告精神损害抚慰金10万元。被告不服上诉至广州中院，上诉理由之一为，法院支持精神损害抚慰金的前提是侵权造成严重精神损害，而本案并不具备此条件。正是基于此，有学者认为，对名人因人格标识商业利用提出的精神损害赔偿请求，法院不宜支持。[3]

3. 财产损失赔偿适用的裁判分析

法院在一些纠纷裁判中支持了原告关于财产损失及维权合理支出的诉讼请求，其中最大金额100万元，最小金额1000元。不同法院对同一权利人支持财产损失赔偿的数额差距也较大。如143号案件、144号案件都涉及商业利用艺人林心如的肖像。在144号案件中，法院判定被告赔偿原告财产损失30万元、精神损害抚慰金2万元、维权成本2092.5元；在143号案件中，法院判决被告赔偿原告财产损失4770元、精神损害抚慰金1190元。通过对纠纷裁判的分析，法院在商业利用肖像纠纷裁判中存在确定财产损失赔偿数额标准不统一的问题。

第一，确定财产损失赔偿数额是否参照原协议。原被告签订肖像使用协议，

---

[1] 张丹丹. 真实人物形象商品化权的域外法律保护模式评析[J]. 社会科学辑刊，2010(3)：117.

[2] 祝建军. 人格要素标识商业化利用的法律规制[M]. 北京：法律出版社，2009：3.

[3] 祝建军. 人格要素标识商业化利用的法律规制[M]. 北京：法律出版社，2009：89.

后被告超期限、范围使用原告肖像，对确定财产损失赔偿数额是否参照原协议，法院的认识不统一。在128号案件中，原告诉至法院，主张被告超过原代言协议约定的期限使用肖像，法院在判处财产损失赔偿数额时参照了原协议的约定。在另一些类似的肖像权纠纷裁判中，法院并没有参照原代言协议的约定确定财产损失赔偿的具体数额。如在136号案件中，法院并未参照原协议，而是结合被告实施侵权行为范围的大小、造成后果的严重程度、时间的长短等，确定财产损失赔偿的具体数额。在134号案件中，法院亦未参照原协议，而是根据原告的知名度、原被告的陈述、中央电视台广告转播程度及时间，确定财产损失赔偿的数额。在另一些纠纷裁判中，法院采取了参照且略高于原协议约定标准的方法，确定财产损失赔偿数额，使得财产损失赔偿带有“惩罚性”。如126号案件、127号案件，在判决书的论述中，法院均明确表示采取了略高于原协议约定的标准确定财产损失赔偿数额。

第二，确定财产损失赔偿数额是否参照一般有偿使用原告肖像的费用标准。在140号案件中，被告在网站上使用原告肖像用于产品宣传，并宣称原告为被告产品的形象代言人。一审法院认为，综合考虑侵权的具体情节等因素，并参照一般有偿使用原告肖像的费用标准，确定被告赔偿原告财产损失30万元。二审法院认为，根据原告的知名度、侵权行为方式等因素，判决被告赔偿原告财产损失10万元。从一、二审法院判决书不同的表述可以看出，一审法院参照了一般有偿使用原告肖像的费用标准，二审法院则放弃参照这一标准。

第三，确定财产损失赔偿数额是否参照被告的获利情况。在144号案件中，法院考量了包括被告可能的获利等因素，确定财产损失赔偿数额。在158号案件中，法院同样在确定财产损失赔偿数额中考量了被告可能的获利情况。在一些类似的纠纷裁判中，法院并没有将被告可能的获利情况作为确定财产损失赔偿数额的因素予以考量。

第四，确定财产损失赔偿数额的酌定考量因素。《侵权责任法》第20条规定，被侵权人财产损失、侵权人获利数额无法确定的，由人民法院根据实际情况确定赔偿数额。在实践过程中，法院酌定财产损失赔偿数额考量的因素并不相同。在150号案件中，法院结合侵权行为的具体情节、影响及后果、被告的过错程度，确定了财产损失赔偿数额。在148号案件中，法院依据侵权行为造成的损害结果、周杰伦的知名度、被告的过错程度、可能的获利、使用肖像的位置和作用等情况，确定了财产损失赔偿数额。

(二)纠纷裁判评析

通过对纠纷裁判的分析，商业利用肖像纠纷裁判主要有以下三个特点：

第一，法院在"以营利为目的"是否为肖像权侵权责任构成要件的认识上不统一。在一些纠纷裁判中，法院摒弃了"以营利为目的"作为肖像权侵权责任构成要件的认识，但在更多的纠纷裁判中，法院仍将"以营利为目的"作为肖像权侵权责任的构成要件。目前学界通说认为，"以营利为目的"不为肖像权侵权责任的构成要件。有学者认为，"以营利为目的"不为肖像权侵权责任的构成要件，其为判断肖像权侵权责任大小的依据。[1]

第二，法院在绝大多数纠纷裁判中支持了原告精神损害抚慰金的诉讼请求。在大部分商业利用肖像纠纷裁判中，法院仍然利用传统人格权精神损害赔偿制度救济权利人，在绝大多数案件中支持了原告精神损害抚慰金的诉讼请求。商业利用肖像虽不必然排除精神损害赔偿，因为一些商业利用肖像的行为同样会给权利人造成精神损害(如将权利人肖像用于推销治疗性病药物的广告)，但其核心问题是肖像权财产利益的保护。运用精神损害赔偿制度救济权利人，是以法院扩张精神损害赔偿适用条件为代价，保护路径不合时宜、对权利人的保护亦不充分。

第三，法院确定财产损失赔偿数额存在适用标准不统一的问题。法院对原告主张的财产损失赔偿在支持上持谨慎态度，在确定财产损失赔偿数额方面存在适用标准不统一的问题。

在市场经济条件下，肖像权具有一定的财产价值，可以作为商业利用的对象，但这并不改变肖像权人格权的本质属性，只要承认肖像权蕴含有财产利益即可。我国应继续坚持人格权模式来保护肖像权的财产利益。"以营利为目的"不为肖像权侵权责任的构成要件，而是肖像权侵权责任的考量因素。对商业利用肖像的行为应主要坚持财产损失赔偿、不当得利的救济方式，财产损失赔偿数额

[1] 张红."以营利为目的"与肖像权侵权责任认定——以案例为基础的实证研究[J].比较法研究，2012(3):73.

的确定标准,应按照实际损失赔偿、获利数额赔偿、法院酌定赔偿的标准展开。本文将在后文“肖像的商业利用”中进行详细论述。

在个别商业利用肖像纠纷(155号、156号案件)中,被告商业利用的是以权利人肖像为主要素材制作而成的网络表情包。在社交网络上以名人或热点事件人物肖像为素材制作而成的网络表情包也被大量使用。这种流传、盛行于网络,以时下流行的明星、热点事件人物肖像为主要素材,配上一系列文字,用以表达特定情感的网络表情包对肖像权保护提出了哪些挑战颇为值得研究,本文将在后文“网络环境下肖像权的保护”中进行详细论述。

本章小结

法的生命在于实践,法的价值非纸上正义,而是法与生活的互动发展,良法的生命来源于司法的经验与实践。[1]本章对158件肖像权纠纷裁判展开分析,涉及“死者肖像纠纷裁判”“集体肖像纠纷裁判”“未成年人肖像权纠纷裁判”“肖像认定纠纷裁判”“演员剧照形象纠纷裁判”“文学、艺术、科学作品肖像纠纷裁判”“摄影、美术作品肖像纠纷裁判”“新闻报道利用肖像纠纷裁判”“合理使用肖像纠纷裁判”“网络服务提供者利用肖像纠纷裁判”“商业利用肖像纠纷裁判”11个类型。通过分析纠纷裁判可以发现,法院在对肖像权纠纷进行裁判的同时,也在不断地对一些有关肖像权的理论问题进行探讨,为推进相关理论的深入研究贡献着来自实践的智慧。如一些纠纷裁判摒弃了将“以营利为目的”作为肖像权侵权责任的构成要件,坚持可识别性标准将演员剧照形象纳入肖像权的保护范围,将时事新闻报道作为肖像权的合理使用情形等。一些来自实践的智慧可以被提炼成具体规则,对完善我国的肖像权制度亦有所裨益。

通过对纠纷裁判展开分析,司法实践中法院对以下问题的认识存有争议。“死者肖像纠纷裁判”中死者肖像保护的依据以及死者肖像财产利益的保护方式。“集体肖像纠纷裁判”中集体成员个体能否未经集体其他成员同意使用集体肖像。“肖像认定纠纷裁判”中肖像可识别性的判断标准。“演员剧照形象纠纷裁判”中虚拟人物的演员剧照形象是否纳入肖像权的保护范畴以及使用与演员形

---

[1] 张红.人格权各论[M].北京:高等教育出版社,2015:141.

象差异较大的演员剧照形象是否侵害肖像权。“文学、艺术、科学作品肖像纠纷裁判”中科学艺术自由是否为肖像权的合理使用事由。“摄影、美术作品肖像纠纷裁判”中肖像权与著作权的冲突与平衡。“新闻报道利用肖像纠纷裁判”中新闻报道是否为肖像权侵权的违法阻却事由。“合理使用肖像纠纷裁判”中肖像权合理使用的具体情形。“网络服务提供者利用肖像纠纷裁判”中网络服务提供者侵权责任的认定。“商业利用肖像纠纷裁判”中“以营利为目的”是否为肖像权侵权责任的构成要件;采用何种模式保护肖像权的财产利益;依据何种标准确定侵害肖像权的财产损失赔偿数额及如何应对网络表情包对肖像权保护提出的挑战等。这些争议同样是有关肖像权理论的重要问题,对这些问题展开反思和讨论,对完善我国的肖像权制度具有重要意义。

司法实践中有关肖像权理论的争议可以概括为以下六个方面,本书将对这些有关肖像权的理论问题展开反思,以厘清有关认识。

第一,死者肖像保护。死者肖像保护的依据及采取何种方式保护死者肖像的财产利益。

第二,肖像权与其他权利的冲突。集体肖像中集体成员个体与其他成员个体之间肖像权的冲突。摄影、美术作品中肖像权与著作权的冲突。

第三,肖像的标准。肖像可识别性的判断标准及演员剧照形象是否纳入肖像的保护范畴。

第四,肖像权的合理使用。科学艺术自由、新闻报道是否为肖像权的合理使用事由及肖像权合理使用的具体情形。

第五,肖像的商业利用。“以营利为目的”是否为肖像权侵权责任的构成要件;采用何种模式保护肖像权的财产利益;依据何种标准确定侵害肖像权的财产损失赔偿数额。

第六,网络环境下肖像权的保护。在利用网络侵害肖像权的侵权行为中,网络服务提供者侵权责任的认定及如何应对网络发展对肖像权保护提出的挑战。

第四章　肖像权的边界

不同的权利基础各异、来源不同、权利之间边界的模糊及彼此间存在的交叉重叠，使得在法学领域与权利相关的冲突屡见不鲜。[1]对肖像的标准、肖像权与其他权利的冲突、网络环境下肖像权的保护展开反思，对于厘清肖像权的边界具有重要意义。

第一节　肖像的标准

肖像是通过一定方式在物质载体上反映的自然人可被识别的视觉形象。判断是否为肖像，无关肖像的呈现方式，关键是能否在自然人与视觉形象之间建立可识别的联系。可识别性是肖像概念的核心，肖像只有具有可识别性，才能在肖像与自然人之间产生关联，才能与自然人的人格尊严产生关联。

一、可识别性的含义和范围

肖像的可识别性，是指借助一定的表现形式从某载体中识别出本人。[2]在比较法上，无论是德国、法国的肖像权还是美国的形象权，都将具有可识别性作为肖像（形象）受法律保护的前提。[3]在德国，肖像被理解为某个人外貌特征的所有再现，通过这种再现该人的外貌能够被人们辨别出来。[4]在法国1994年的司法判例中[5]，法国著名的摄影师拍摄的影集出版后，两名妇女向法院起诉她们就是影集中的两名年轻姑娘，要求分享影集获得的利润。法官认为，两名妇女的面部特征与影集中两名年轻女人的面部特征不符，无法识别，驳回了原告的诉讼请求。在美国，使用他人肖像的隐私侵权或者形象权侵权也适用可识别性规则，原告需

---

[1] 田广兰．权利的边界[J]．哲学动态，2014(5)：56-57.

[2] 张红．人格权各论[M]．北京：高等教育出版社，2016：154.

[3] 王叶刚．论肖像的可识别性及其判断[J]．四川大学学报（哲学社会科学版），2018(3)：27-28.

[4] 陈静．大众传播中的肖像权利研究[M]．北京：中国传媒大学出版社，2012：93.

[5] 张民安．无形人格侵权责任研究[M]．北京：北京大学出版社，2012：663-664.

证明被告使用的是自己的肖像。[1]《田纳西州法典》第47-25-1102条第5款将照片定义为个人运动的或者静止的摄影作品，并且该个人应当具有可识别性。[2]《美国侵权法》规定，肖像范围包括图画、绘画、照片、雕像，无论是静态的还是动态的，关键这些人能够被识别。[3]

肖像可识别性的范围，除了自然人的面部形象外，还包括身体其他部位的形象。“肖像固以人之面部特征为主要内容，但应从宽解释，凡足以呈现个人外部形象者，均包括在内。”[4]通过对肖像认定纠纷裁判的分析可以看出，权利人寻求肖像权保护的范围囊括了自然人腹部、背部、脸部的形象等，法院并未以权利人寻求保护的身体局部形象不为肖像可识别性范围为由驳回原告的诉讼请求，可见司法实践亦认为肖像可识别性的范围不应仅局限于自然人的面部形象，还应包括身体其他部位的形象。判断肖像是否具有可识别性，除面部特征和其他身体部分外，还需要考虑其他因素综合判断。[5]在“蓝天使案”中，德国联邦法院将借助周边环境使人产生错误印象的行为认定为侵害肖像权的行为。[6]在美国的一起案件中，被告的广告从背面展示了两位裸体女性，原告对被告提起诉讼，称其丈夫可以辨认出照片中的人是他的妻子和女儿。被告以一般公众无法辨认为由进行抗辩。法院未支持被告的抗辩理由，并指出对他人的识别不局限于面部特征，还包括“头发、形体特征和姿势等其他方面”。[7]在“赛车一案”中，美国第九上诉法院认为，原告的赛车及其装饰具有固定的特点，能够使得普通人认为赛车手就是原告，因此确认具有可识别性，被告构成侵权。[8]自然人的面部形象不清晰，但是借助其他因素，如特殊的记号、个性姿势，可以识别出自然人本人，同样具有可识别性。[9]判断是否具有可识别性，应就肖像的呈现方法、特征、场合、相关文

[1] 张民安. 无形人格侵权责任研究[M]. 北京:北京大学出版社,2012:664.

[2] 王叶刚. 论肖像的可识别性及其判断[J]. 四川大学学报(哲学社会科学版),2018(3):28.

[3] 张民安. 无形人格侵权责任研究[M]. 北京:北京大学出版社,2012:617.

[4] 王泽鉴. 人格权法:法释义学、比较法、案例研究[M]. 北京:北京大学出版社,2013:141.

[5] 王叶刚. 论肖像的可识别性及其判断[J]. 四川大学学报(哲学社会科学版),2018(3):31.

[6] 张红. 人格权各论[M]. 北京:高等教育出版社,2015:154-155.

[7] 苏珊娜·伯格曼. 美国和德国公开权制度的比较研究[A]//张民安. 公开权侵权责任研究:肖像、隐私及其他人格特征侵权[C]. 广州:中山大学出版社,2010:280.

[8] 王利明. 人格权法研究[M]. 北京:中国人民大学出版社,2005:460.

[9] 张红. 肖像权保护中的利益平衡[J]. 中国法学,2014(1):269.

字说明等客观要件加以综合认定。[1]

二、可识别性的判断标准

肖像可识别性的判断标准,主要有"亲密人标准""一般人标准"两个标准。"亲密人标准",是以与肖像权人有亲密关系的人能否识别为判断标准。如在某案例中,法国巴黎法院宣判,因为与女星凯瑟琳·德纳夫(Cathertine Deneuve)最亲密的人可由此辨认出她,她可对其胸部享有"肖像权"。对此有学者持反对态度,认为判断是否具有可识别性不能仅以某个熟人能否辨认为标准,应该采取"一般人标准"。[2]所谓"一般人标准",是以社会上一般自然人的标准来判断能否在肖像与自然人形象之间建立可识别性的联系。"一般人标准"要求普通人通过肉眼即可鉴别判断肖像反映的是肖像本人之外部特征而不是他人。[3]可识别性不及于物件,仅限于自然人本身。目前多数学者主张,判断肖像是否具有可识别性,应坚持"一般人标准"。结合司法实践中法官在纠纷裁判中提供的经验,应区分名人与非名人适用不同的肖像可识别性判断标准,非名人为"熟识人标准",名人为"一般人标准"。

(一)名人与非名人相区分标准

每一个人的知名度和社会影响不同,认定肖像是否具有可识别性,应综合考虑权利人的社会知名度、社会交往范围等因素予以判断。[4]完全以社会一般人能否识别为标准并不妥当。对于非名人而言,因其具有较高的知名度,判断被告是否使用原告肖像,除了其面部及身体其他部分的形象外,其衣着、动作、打扮、背景或者艺名,以及这些人身特征的组合都有助于帮助将肖像与该名人联系起来。如美国1978年的阿里(Ali v. Playgirl, Inc.)案,是一个有关肖像的典型判例。在该案中,被告在自己杂志上刊登了一幅图画,画面为一个坐在拳击场一角的裸体男性黑人,胳膊靠在两边的绳索上,双手抱在一起。画面旁边配有"最伟大的"(the Greatest)字样,这通常是拳王阿里称呼自己的用语。阿里由此起诉被告侵犯了自

[1] 王泽鉴. 人格权法:法释义学、比较法、案例研究[M]. 北京:北京大学出版社,2013:141.

[2] 王利明. 人格权法研究[M]. 北京:中国人民大学出版社,2005:459.

[3] 马卉,李东才. 对民法意义上的"肖像"之认识[J]. 建材高教理论与实践,2001(2):95.

[4] 王叶刚. 论肖像的可识别性及其判断[J]. 四川大学学报(哲学社会科学版),2018(3):30.

己的形象权。法院在审理后认定,虽然被告在图画下面写上了“神秘的人”字样,但有关的细节表明图画中的裸体男性黑人就是拳王阿里。法院在判决中还指出,画面中人物的脸部细节,如“颧骨、宽阔的鼻子和棕黑色的眼睛,以及独特的微笑和卷曲的黑头发,都是公认的阿里的特征”。另外,阿里通常使用“最伟大的”称呼自己,也证实被告侵犯了阿里的形象权。❶

相比于名人,对非名人而言,即使行为人利用了权利人的肖像,社会上的一般人也很难将权利人与该肖像联系起来。囿于非名人的知名度,其他人身特征亦无助于帮助社会一般人从肖像载体中识别出权利人的肖像。一概按照一般人标准判定肖像不利于保护肖像权人的利益。❷在形象权可识别性方面,坚持的也是名人、非名人相区分的标准。如麦卡锡教授区别名人和非名人提出了判断肖像侵权的不同标准。名人为“无辅助的识别”(unaided identification)判断标准,即一定数量的观众可以在身份要素上辨别出原告就可以;非名人为“有辅助的识别”(aided identification)判断标准,即原告需证明身份要素实际指向的是原告或形象权人。❸

(二)非名人肖像认定采取“熟识人标准”

熟识人,就是与权利人接触较多,对权利人较为熟悉的人,介于“一般人”与“亲密人”之间。“熟识人标准”在学界和司法实践中都有支持者。如有学者认为,摹写一个人的形象,即使不是面部的全部,但是熟悉权利人的人能够辨识出权利人的形象,就可以认定行为人侵害了权利人的肖像权。❹司法实践中,在刘某某诉孟州市人民医院肖像权纠纷案、程某某诉洛宁博爱医院肖像权纠纷案中,原告提供了同村群众、单位同事的证言,证明可以在照片中识别出原告后,法院支持了原告的诉讼请求,认定被告侵犯了原告的肖像权。“同村群众”“单位同事”既不为社会的“一般人”也很难算为“亲密人”,只能算为与原告较为“熟识的人”。相比于“一般人标准”,“熟识人标准”对肖像可识别性判断上持较为宽松的态度。这点与德国司法实务中对肖像可识别性标准所持的宽松态度相似。德国司法实

❶ 李明德. 美国形象权法[J]. 环球法律评论,2003(冬季号):481.

❷ 王叶刚. 论肖像的可识别性及其判断[J]. 四川大学学报(哲学社会科学版),2018(3):29.

❸ 李明德. 美国形象权法研究[J]. 环球法律评论,2003(冬季号):490.

❹ 杨立新. 人格权法[M]. 北京:法律出版社,2011:442.

践中，不需要每一个人都能辨认出是原告的肖像，只要一般社会公众或一部分人可以辨认出是原告的肖像，法院就认定肖像具有可识别性。而对于这些观察者的范围，司法判例认为，应该是被描绘的人的熟人圈子，只要是这些熟人可以从肖像中识别出所涉及的人来就足够了。[1]在裸照（Nacktaufnahme）一案中，被告使用了原告的“裸背”照片，而原告的丈夫从照片中辨认出妻子，原告起诉至法院，要求被告承担侵权责任。德国联邦法院认为，即使被告没有展示原告的面部特征，只要原告的丈夫能够从照片中辨认出妻子，被告使用的“裸背”就具有可识别性，被告使用原告的“裸背”也构成肖像权侵权，被告应当对原告承担侵权责任。[2]

（三）名人肖像认定采取“一般人标准”

名人在社会中的知名度和社会影响较高，能否在肖像载体中识别出其形象应以社会一般自然人的标准来判断。在法国，1980年杰奎琳·H（Jacqueline H.）一案，一家杂志出版了系列描绘著名主持人的彩色图画，其中一幅是关于杰奎琳·H的图画。该图画显示她半裸地躺在沙发上，拿着一根长笛。原告以侵犯肖像权和隐私权为由提起诉讼。该案一直上诉至法国最高法院。法国最高法院认为，该图片未复制真实情景属想象类作品，故并不侵犯原告的隐私权，但该图片有目的、清晰地描绘一个真实的人，任何读者只要不付出足够的注意，会误以为是真实的图片，被告构成对原告肖像权的侵犯。在德国，当行为人未经同意擅自模仿他人或者使用与他人形象相似的人的肖像来做广告时，除非行为人的行为造成一般公众的误认，否则原则上不能依据《艺术和摄影作品著作权法》第22条来提起肖像权诉讼。[3]在海诺（Heino）一案[4]，被告“Tote Hosen”乐队的主唱像德国著名乡村音乐歌手海诺（Heino）一样，戴一副墨镜，头发染成浅黄色，海诺（Heino）对被

---

[1] 陈龙江．人格标志上经济利益的民法保护：学说考察与理论探讨［M］．北京：法律出版社，2011：27.

[2] 苏珊娜·伯格曼．美国和德国公开权制度的比较研究［A］//张民安．公开权侵权责任研究：肖像、隐私及其他人格特征侵权［C］．广州：中山大学出版社，2010：294-295.

[3] 苏珊娜·伯格曼．美国和德国公开权制度的比较研究［A］//张民安．公开权侵权责任研究：肖像、隐私及其他人格特征侵权［C］．广州：中山大学出版社，2010：295.

[4] 苏珊娜·伯格曼．美国和德国公开权制度的比较研究［A］//张民安．公开权侵权责任研究：肖像、隐私及其他人格特征侵权［C］．广州：中山大学出版社，2010：295.

告提起诉讼，要求法官发布禁令禁止被告的模仿行为和海报的发行。法院未支持原告提出的禁止被告模仿行为的请求，理由为一般公众不会把在台上演唱的被告当作海诺(Heino)，但法院同时指出，当“Tote Hosen”乐队下一次张贴音乐会海报时，一般公众会误以为海诺(Heino)成了朋克乐队的主唱，被告侵犯了原告的“肖像权”，颁发禁令禁止海报的发行。

在我国的司法实践中，法院亦坚持“一般人标准”判断名人的肖像是否具有可识别性。在张丰毅诉绍兴宝顺汽车销售服务有限公司肖像权纠纷案中，法院认为，依据张丰毅本人面貌特征与其提交的证据同案涉照片中的人物图片对比，以一般人的认知标准，可以认定争议图片确系张丰毅之照片。[1]在戴皎倩诉宁波海曙品优网络技术有限公司肖像权纠纷案中，法院认为，原告提供的百度网页实名搜索的照片截图，从普通人的辨识能力来看，与被告网站文章中的照片系同一人。[2]在蓝天野诉天伦王朝饭店有限公司肖像权纠纷案中，被告在其经营场所摆放有原告剧照的灯箱和展示架，法院认为，在案涉的人物剧照中，饰演“秦二爷”角色的表演者原告的面部形象特征清晰，一般公众也能够产生与原告相关的联想，由此足见原告对案涉剧照享有肖像权。[3]在上述纠纷裁判中，法院使用的是“一般人”“普通人”“一般公众”，采取的是“一般人标准”。

三、对演员剧照形象纠纷裁判的回应

肖像是通过一定方式在物质载体上反映的自然人可被识别的视觉形象。载体的形式多样，可以为雕塑、摄影，也可以是录像和电影。演员在影视剧中的演员剧照形象是载体形式的一种。对于可以与演员建立可识别性联系的演员剧照形象，应纳入肖像权的保护范畴。虚拟人物本身不能成为演员剧照形象不受法律保护的原因。角色虽然是虚拟的，但角色人物却是由真实自然人演绎的，况且除历史题材的影视剧外，大多数影视剧中的角色人物都不是真实存在的，以虚拟人物为由，不保护演员的剧照形象实不足取。在美国，形象权一般不对虚拟人物的角色进行保护，但是如果在广告中使用虚拟人物角色，足以识别出其系指某个

---

[1] 北京市朝阳区人民法院(2018)京0105民初4007号民事判决书[Z].

[2] 浙江省宁波市海曙区人民法院(2018)浙0203民初5692号民事判决书[Z].

[3] 北京市东城区人民法院(2002)东民初字第6226号民事判决书[Z].

人时，此时构成形象权的侵害。[1]法院在处理不同的案件时，要具体分析和整体判断行为人的行为是否滥用了角色的人格，是否让群众联想到演员。[2]在原告为乔治·弗兰德（George Mc Far—land）的案件中，美国第三巡回法庭将演员扮演的虚拟角色形象纳入形象权的保护范畴。原告曾在电影中扮演角色斯班克（Spanky）。被告于其经营的餐厅使用斯班克的形象。第三巡回法庭认为，在公众心目中当一个角色已经和演员建立起紧密的联系，达到缠结在一起的状态时，演员对该角色享有形象权。在普莱斯案（Price v. Worldvision Enterprises, Inc.）中，法院认为，当他人创造了某种人物时，被告未经他人或者他人继承人的同意擅自以商业目的使用他人创造人物的姓名、肖像，构成形象权的侵权。

虚拟人物演员剧照形象受法律保护的前提，是可以在演员剧照形象与自然人之间建立可识别性的联系。对于演员以纯脸谱的形式演出的虚拟人物剧照形象，如果观众无法在演员剧照形象与演员自身之间建立可识别性的联系，演员一般不能对演员剧照形象主张肖像权。即便演员的真实形象和神态同其扮演的角色的形象和神态不一样，但如果演员扮演的角色如此深入人心，以至于社会公众忽视他人真实的形象和神态而仅仅在意他人扮演的角色的形象和神态，那扮演角色的形象和神态也因此而成为肖像。[3]

第二节　肖像权与其他权利的冲突

权利为权利主体是否采取特定行动或是否处于某种状态的资格。[4]权利冲突已经成为日常社会生活和法律生活中的普遍现象。[5]权利之间的冲突包括同类权利之间的冲突及不同类权利之间的冲突。[6]协调权利冲突的原则主要有权

[1] 王泽鉴．人格权保护的课题与展望——人格权的性质及构造：精神利益与财产利益的保护[J]．人大法律评论，2009(1)：67.

[2] 安吉拉·D. 库克．公开权是否应保护演员所饰演的角色[A]//张民安．公开权侵权责任研究：肖像、隐私及其他人格特征侵权[C]．广州：中山大学出版社，2010：177.

[3] 张民安．无形人格侵权责任研究[M]．北京：北京大学出版社，2012：625.

[4] 田广兰．权利的边界[J]．哲学动态，2014(5)：56.

[5] 刘作翔．权利冲突：一个值得重视的法律问题——权利冲突典型案例研究[J]．浙江社会科学，2002(3)：54.

[6] 郭明瑞．权利冲突的研究现状、基本类型与处理原则[J]．法学论坛，2006(1)：7-8.

利相对性原则、权利位阶原则、利益最大化原则、适当限制原则、公共利益优先原则等。在集体肖像、摄影美术作品上,同样存在着权利冲突。集体肖像,主要为集体成员不同个体肖像权的冲突。摄影美术作品,主要为肖像权人的肖像权与肖像作品著作权人著作权之间的冲突。运用协调权利冲突的相关原则,可以较为合理地解决实践中存在的肖像权与其他权利的冲突问题。

一、个体肖像权之间的冲突

集体肖像是两个以上的自然人通过摄影、录像等艺术手段所形成的肖像。从这个角度出发,通过雕塑、录像、电影、画像等方式将数人肖像集合在一起制作而成的肖像,也属于集体肖像。[1]集体肖像是一个事实概念。[2]由于集体肖像不可分,使用集体肖像不可避免地会涉及集体所有成员个体的形象,对集体肖像的利用,可以区分集体成员内部关系和外部关系分别予以规制。

(一)集体成员外部

在集体成员外部,不存在典型的权利冲突。肖像权为对世权,任何第三人都负有对集体肖像不为侵犯的义务。集体成员之外的第三人使用集体肖像,应经全部集体成员同意。如美国NBA的球员加入国家队前要通过合同的形式将自己的肖像权授权给一个法律实体,经授权后法律实体使用美国篮球队的视频、照片不构成对运动员肖像权的侵犯。[3]未经集体成员同意使用集体肖像或者超范围使用集体肖像,是对集体肖像的侵权行为。每个集体成员对于第三人侵害集体肖像的行为,无论是以营利为目的,还是非以营利为目的,都可以依法向侵权人主张权利。除合理使用情形外,集体成员之外的第三人未经同意使用集体肖像,构成对集体成员个体肖像权的侵害,应当承担侵权责任。[4]

(二)集体成员内部

“如果一个社会为发挥个人的积极性和自我肯定留有空间(也许有人会怀

---

[1] 杨立新.论人格利益准共有[J].法学杂志,2004(6):13.

[2] 张红.人格权各论[M].北京:高等教育出版社,2015:241.

[3] 郭发产.“集体肖像权”的法律问题——析姚明与可口可乐公司肖像权纠纷案[J].法学,2003(6):128.

[4] 陈静.集体照片的肖像权问题[J].青年记者,2014(32):66.

疑，历史上是否有过这样一种社会，即它能够在长时期内完全压制人们的这些自然冲动），那么在相互矛盾的个人利益之间肯定会有冲突和碰撞。”[1]集体肖像客观存在，利用集体肖像不可避免地会使用全体集体成员个体的肖像，集体成员内部关系涉及集体成员中个体肖像权的冲突与平衡。可以采取协调权利冲突的权利相对性原则，即权利人行使自己权利时，不得以损害他人权利为代价，他人的权利就是自己权利的边界。[2]每个集体成员合理使用集体肖像，不构成侵权，其他成员也不得主张侵权。[3]如集体成员可以制作集体照片，将照片悬挂在家中、办公室内，在出版的书中使用集体肖像等。不是所有使用集体肖像的行为都为集体肖像的合理使用，合理使用集体肖像应受到一定的限制，如不得以营利目的使用集体肖像、使用集体肖像应遵守公序良俗原则、不得损害其他集体成员的人格尊严等。根据《著作权法》第10条的规定，肖像作品的修改权归著作权人，不为著作权人的集体成员无权修改集体肖像作品。即使著作权人修改集体肖像也应遵循谨慎性原则，因为集体成员很大程度上存在一种组织联系，如班集体、与会人员等，在集体肖像上留有共同的记忆、共有的精神利益，不得无故将集体肖像中的个体形象进行删除及丑化。在集体成员内部，集体成员对集体肖像利益共有支配权。[4]集体成员对集体肖像的共有利益源于集体成员共同实施了照相、录像等行为，使得集体成员的形象在一个肖像载体中集合，不可分割。[5]集体成员对集体肖像商业使用，需征得集体全部成员的同意，因为不经其他成员同意集体肖像对商业利用，侵害了肖像权的使用权能，不符合权利相对性原则。

二、肖像权与著作权的冲突

肖像权与著作权的关系密切，德国、意大利就是通过著作权法来实现对肖像权的保护。当以肖像权人为原型创作肖像作品，该肖像作品即为肖像权与著作权的共同表现形式，肖像权与著作权在一定情形下会产生冲突。

---

[1] E. 博登海默. 法理学：法律哲学与法律方法[M]. 邓正来，译. 北京：中国政法大学出版社，2004：414.

[2] 杨立新. 人格权法[M]. 北京：法律出版社，2011：92.

[3] 陈静. 集体照片的肖像权问题[J]. 青年记者，2014(32)：66.

[4] 杨立新. 使用合影当心侵权[N]. 检察日报，2004-03-01.

[5] 杨立新. 论人格利益准共有[J]. 法学杂志，2004(6)：14.

(一)肖像权与著作权冲突的协调

肖像权与著作权产生冲突的根源在于肖像权的客体肖像与著作权的客体肖像作品都必须依附于物质载体,以一定形式表现出来。[1]德国、意大利等大陆法系国家在著作权法中确认和保护肖像权正是基于对这一冲突的认识。根据我国《著作权法》第3条的规定,美术、摄影作品,属于《著作权法》规定的作品,权利人对此享有著作权。《国家版权局关于对影楼拍摄的照片有无著作权的答复》(权办〔1997〕12号)第1条也特别规定影楼拍摄的摄影作品受著作权法保护。[2]在一幅肖像作品中,包含了作者对该作品的著作权和肖像权人的肖像权。在诸如"肖像权人未经许可修改肖像作品"及"著作权人未经同意发表肖像作品"等情形下,会产生著作权人著作权与肖像权人肖像权的冲突。正确处理肖像权与著作权的冲突对于保护两个权利具有重要意义。因为权利冲突会使人们的行为与结果之间的合理预期不能实现,甚至导致社会失控。[3]一些国家通过将肖像作品权利纳入邻接权或者在著作权法中限制著作权的方式,来减少肖像权与著作权的冲突。[4]一般来讲,邻接权的权利范围要小于著作权,期限也要短于著作权,这种对肖像作品采取邻接权保护的方式实际是对肖像作品著作权的限制。[5]我国著作权法没有此类规定。

当肖像权与著作权发生冲突,解决冲突的最佳途径是依据当事人意思自治就肖像作品的权利归属、使用范围、使用方式等达成约定。[6]这种约定可以在肖像作品制作完成之后进行,也可以在肖像作品制作之初进行。[7]在没有约定的情

---

[1] 程啸,杨明宇.肖像权与肖像作品著作权冲突的研究[J].四川大学学报(哲学社会科学版),2000(3):112.

[2]《国家版权局关于对影楼拍摄的照片有无著作权的答复》(权办〔1997〕12号)第1条:"根据著作权法实施条例第23条的规定,著作权自作品创作完成起产生。法律没有要求非营利性作为产生著作权的条件。凡作品,包括影楼拍摄的摄影作品,都受法律保护。"

[3] 付颖光.权利冲突产生的必然性及解决途径[J].理论界,2009(5):86.

[4] 程啸,杨明宇.肖像权与肖像作品著作权冲突的研究[J].四川大学学报(哲学社会科学版),2000(3):117.

[5] 任燕.著作权与肖像权冲突之法律探析[J].河南省政法管理干部学院学报,2007(5):133.

[6] 朱国光.肖像权及其法律保护制度探析[J].法学论坛,1997(4):66-67.

[7] 杨立新.人格权法[M].北京:法律出版社,2011:466.

况下，相比于著作权，作为人格权的肖像权优先，未经肖像权人同意，肖像作品不得复制、发表、出售。[1]从意大利、德国等国的立法来看，都采取了肖像权优先于著作权的原则。[2]这一认识的理论基础可以解释为"权利位阶原则"。所谓权利位阶原则，是指虽然任何权利对于权利人而言都是重要的，但并不是同等重要，权利之间根据权利保护的先后顺序及权利的重要程度存在权利位阶。[3]虽然适用绝对的位次顺序以解决权利冲突是不可能的，但这并不意味着权利之间不存在任何的位阶关系[4]，亦不意味着任何对权利质的评价都行不通[5]。解决权利冲突应优先保护高位阶、在先的权利，肖像权是人格权，著作权是知识产权，人格权优先于知识产权；相比于著作权，肖像权始于自然人出生，属在先权利应优先保护。[6]这一认识也有制度上的支撑，在1997年《国家版权局关于对影楼拍摄的照片有无著作权的答复》第3条规定，影楼在行使著作权时应遵守《民法通则》第100条的规定，营利性使用照片，须事先取得肖像权人的许可。此条规定著作权人以营利为目的使用肖像作品，需取得肖像权人的许可，采取的是肖像权优先于著作权的原则。强调肖像权在内的人格权优先于著作权保护是非常有必要的，如以裸体为原型的摄影、美术等艺术作品除涉及肖像权，还有可能涉及隐私权和名誉权。同时，在肖像权与著作权发生冲突时，一概认为著作权服从于肖像权的观点也是不正确的。[7]第一，肖像权人不能仅凭肖像作品中包含其肖像，其具有肖像权为由就获得肖像作品的所有权；第二，肖像权的行使同样要受到来自肖像作品著作权的限制，如肖像权人营利使用肖像作品需取得著作权人的许可等。

（二）人体模特肖像权的保护

1. 著作权人是否有权未经人体模特同意公开肖像作品

1988年形成热点案件的"人体模特油画公开展出案"在社会上引起一定反

---

[1] 杨立新．人格权法[M]．北京：法律出版社，2011：466.

[2] 张瀚涛．肖像合理使用的理论探索[J]．学术交流，2006(2)：57.

[3] 杨立新．人格权法[M]．北京：法律出版社，2011：92-93.

[4] 田广兰．权利的边界[J]．哲学动态，2014(5)：63.

[5] E. 博登海默．法理学：法律哲学与法律方法[M]．邓正来，译．北京：中国政法大学出版社，2004：416.

[6] 杨德齐．论著作权与肖像权的冲突及解决——电影《秋菊打官司》之肖像权案新解[J]．中央财经大学学报，2015年增刊：171.

[7] 张红宵．论肖像摄影作品的肖像权与著作权[J]．法学天地，1996(5)：20.

响，客观上推动了学界关于社会、法律、伦理的有关研究和思考。[1]关于著作权人是否有权未经同意公开人体模特肖像作品，学界主要有“肯定说”“否定说”两种观点。“肯定说”认为，作者可以根据不同的创作需要和创作思路，以人体模特为原型创作不同的作品，有些作品中人物与模特的真实形象相差很远，如果作者与人体模特没有特别约定，那么人体模特同意艺术家创作视为同意艺术品公开。“否定说”认为，作者在创作人体作品时，应当与人体模特协商订约，确定作者是否有权将作品陈列、展览、复制，如果未经人体模特同意或双方未达成协议，作者虽有权制作、收藏肖像作品，但无权将肖像作品公开（展览）、陈列、复制，否则将构成对人体模特权利的侵害。[2]比较法上，德国、意大利等国对于人体模特的肖像权给予限制，规定在无特殊约定的情况下，权利人同意作为人体模特供艺术家创作、临摹，推定人体模特同意以其肖像作品为复制、展览和买卖。[3]在法国，法官在司法判例中普遍认为，他人享有独立的肖像权，未经他人尤其是人体模特明示或者默示的同意，作者不得公开肖像作品。[4]

未经人体模特同意，是否可以对肖像作品为公开应考量三个方面的因素。第一，应充分尊重艺术创作的规律。人体模特肖像作品是作者根据人体素材创作而来，如过于保护人体模特的利益，一些肖像作品就很难公开和传播，艺术家享有的艺术自由有可能受到侵害。[5]第二，应尊重人体模特对部分肖像权能的处分。人体模特在承诺为艺术家提供人体素材时，可以视为其处分了肖像权中的部分权能，对人体模特的肖像权应予以适当的限制。第三，其他因素，如人体模特是否为职业模特，公开肖像作品是否会侵害人体模特的重大利益等。是否可以未经人体模特同意，公开肖像作品应视肖像使用合同是否有特别约定，有约定的依约定；无约定的，肖像作品的使用应限制在作者本人的使用范围内，可以进行艺术品一般的复制、公开（展览）、出卖等活动，但不能转让他人使用。

2. 公开、使用肖像作品是否需向人体模特另行支付费用

关于公开、使用肖像作品是否需向人体模特另行支付费用，主要有“肯定说”

[1] 杨立新. 人格权法[M]. 北京：法律出版社，2011：452.

[2] 王利明. 人格权法研究[M]. 北京：中国人民大学出版社，2005：455.

[3] 杨立新. 中国人格权法立法报告[M]. 北京：知识产权出版社，2005：377.

[4] 张民安. 法国人格权法（上）[M]. 北京：清华大学出版社，2016：406.

[5] 张民安. 法国人格权法（上）[M]. 北京：清华大学出版社，2016：406.

“否定说”两种观点。肯定说认为，为拍摄向人体模特支付的报酬只是人体模特的劳务费，为人体模特允许作者再现其形象和拥有肖像作品的费用，不代表人体模特同意对肖像为公开及使用，公开、使用肖像作品需向人体模特另行支付费用。否定说认为，为拍摄向人体模特支付的费用包含肖像使用费，公开、使用肖像作品不需向人体模特另行支付费用。如《乌克兰民法典》第308条第2款规定：“自然人向作者收取费用而接受摄影或其他美术制品制作的，可以不经其同意即公开展示、复制或分发该摄影及其他美术制品。”人体模特是以向艺术家提供人体素材收取报酬的职业，为鼓励艺术创作和发展，对人体模特的权利进行限制是必要的。公开、使用肖像作品是否需向人体模特另行支付费用，应视有无特别约定，有约定的依约定；无约定的，除非行为人向权利人支付的费用明显过低，否则应推定向人体模特支付的报酬包含肖像使用费。

第三节　网络环境下肖像权的保护

互联网的发展让社会经历了一场前所未有的变革并深深改变了人们的生活。网络在向人们传递信息、丰富生活方式的同时，也给肖像权的保护带来了挑战，利用网络侵害肖像权的问题随之产生。“人肉搜索”“网络暴力”“网络恶搞”等网络现象，所带来的直接后果就是网民利用网络工具侵犯自然人肖像权案件的层出不穷，而且有愈演愈烈之势。[1]作为人格权法的价值目标，人格尊严、私生活、肖像及名誉保护不应成为科技进步的牺牲品。同时，简单地将利用网络侵害肖像权现象视为网络的负面产物，一概要求网络服务提供者对网络进行管制，并不能从根本上解决网络环境下肖像权的保护问题。网络的发展要求一方面要保护权利人，另一方面也要维护网络的正常运作和发展，在法律上如何规范成为现代法律的重要课题。[2]

一、网络环境下肖像权侵权的特点及责任

网络具有虚拟性、同步性、快捷性等特征，发展迅猛，日新月异。由于网络上数字化信息的传播及多媒体图像的生动再现，为肖像的制作和使用提供了现代

[1] 陈昶屹．网络人格权侵权责任研究[M]．北京：北京大学出版社，2014：1.

[2] 王泽鉴．人格权法：法释义学、比较法、案例研究[M]．北京：北京大学出版社，2013：246.

的新形式和巨大便利，网络的发展对肖像权保护提出了挑战。未经许可将自然人肖像上传网络及利用肖像在网络上做广告宣传的侵权行为时有发生。❶

（一）网络环境下肖像权侵权的特点

网络的发展使得制作、公开、传播、利用自然人肖像变得更为容易，方式更加丰富、内容更为多样。网络环境下肖像权的侵权具有以下特点：

1. 侵权载体形式多样

传统肖像的载体主要为照片、画像、雕塑等，一般为静态的物质载体。随着信息技术的发展，尤其是网络的普及，肖像的载体形式进一步丰富。现在社会，肖像的载体不仅可以表现为静态的照片、画像、雕塑，也可以是动态的视频、电影，甚至是动静结合的网络表情包。

2. 侵权行为实施简单易行

作为现代社会新型信息交互工具的网络，极大拓展了人类生产生活的活动空间和交流方式。网络的开放性使得侵权人可以在任何时间、任何地点实施侵权。通过硬件设施系统可以较为容易地获取自然人的肖像，在网络上公开他人肖像只需要轻轻一点鼠标。依托网络侵害肖像权的案例层出不穷，如借助"人肉搜索"肆意公开他人的姓名、肖像、家庭住址，将他人头像与色情图片拼接在一起损毁他人名誉和人格尊严，利用他人形象制作恶搞视频在一定范围内传播等。特别是随着人工智能技术的发展，通过AI技术实现换脸的表情包、视频越来越多。❷甚至通过AI换脸技术，可以达到以假乱真、真假难辨的程度，引起了人们的恐慌和担忧。一些不法分子通过"换脸"，在受害人不知情的情况下，实施虚假注册、刷单、诈骗等不法行为。❸正是在这样的背景下，《民法典》第1019条规定："任何组织或者个人不得以丑化、污损，或者利用信息技术手段伪造等方式侵害他人的肖像权。"《最高人民法院关于审理使用人脸识别技术处理个人信息相关民事案件适用法律若干问题的规定》第2条也明确，信息处理者违反法律、行政法规的规定使用人脸识别技术进行人脸验证、辨识或分析的，属于侵害自然人人格权的行为。

---

❶ 张新宝. 互联网上的侵权问题研究[M]. 北京：中国人民大学出版社，2003：19.

❷ 朱昌俊. 规定恶搞换脸侵犯肖像权为AI应用划界[N]. 中国青年报，2019-4-23(2).

❸ 朱昌俊. 规定恶搞换脸侵犯肖像权为AI应用划界[N]. 中国青年报，2019-4-23(2).

3. 传播速度快范围广

肖像载体一旦进入网络,其传播就开始不受控制。其他人可以很容易不经肖像权人的许可传播、下载肖像,甚至可以对肖像进一步利用和修改。[1]肖像在网络中的传播不仅仅是点对点,点对面的传播,几乎是以面对面的方式进行传播,传播速度难以想象。[2]一些热点事件的视频照片、当红人物肖像制作而成的网络表情包,超越了普通文字、图片所代表的含义,丰富了信息的传播途径,赋予信息新的意义,这些特点使得网络表情包在网络上大量流行和传播。甚至有学者认为,因为传播范围广,网络侵权发生之后,不可能恢复原状,权利人只能请求损害赔偿。[3]相比于传统侵害肖像权的行为,利用网络侵害肖像权的传播速度更快、影响更大、波及范围也更广。

4. 责任追究难度较大

网络侵害肖像权多发生在网络服务板块之中,如贴吧、社会论坛、博客等板块,这些都属于网络中公共表达、互动最为集中的区域。[4]网络中的一些行为不需要与现实中的真实身份相关联,侵权行为往往很难确定实际侵权人,即使通过技术手段追踪侵权人,维权成本也过高。[5]在网络上涉及"人肉搜索"的多起案件中,众多侵权的网络用户身份几乎都无法得到确认。[6]这些因素的存在,使得对网络侵害肖像权的行为追究责任难度较大。

(二)网络环境下侵害肖像权的责任

对网络环境下肖像权进行保护是有必要的。一些人基于网络自由、概不负责的心理在网络上无拘无束地为所欲为,甚至肆无忌惮地公开谩骂宣泄、恶意诽谤、披露隐私、恶搞肖像,给虚拟社会的自由带来灾难性的后果。[7]如何保护网络

---

❶ 陈静.大众传播中的肖像权利研究[M].北京:中国传媒大学出版社,2012:154.

❷ 陈静.大众传播中的肖像权利研究[M].北京:中国传媒大学出版社,2012:157.

❸ 王利明.人格权法研究[M].北京:中国人民法学出版社,2005:295.

❹ 陈昶屹.网络人格权侵权责任研究[M].北京:北京大学出版社,2014:39-40.

❺ 张新宝,任鸿雁.互联网上的侵权责任:《侵权责任法》第36条解读[J].中国人民大学学报,2010(4):18.

❻ 北京市朝阳区人民法院(2008)朝民初字第29276号民事判决书[Z];北京市朝阳区人民法院(2008)朝民初字第29277号民事判决书[Z].

❼ 陈昶屹.网络人格权侵权责任研究[M].北京:北京大学出版社,2014:64.

环境下的肖像权,成为摆在立法者面前的一个崭新课题。❶

1. 网络用户的侵权责任

利用网络侵害肖像权的形式主要有:未经同意将包含他人肖像的照片及视频上传至网络、制作合成与他人肖像相似的肖像载体、利用他人肖像在网络上做广告等。网络用户利用网络侵害他人肖像权,应当按照一般侵权行为的过错责任来处理。网络侵权的情况下,侵权人往往是以虚拟主体的形式出现,确定侵权人比较困难,在这种情况下,权利人及法院有权要求网络服务提供者提供侵权人的身份信息,网络服务提供者应当提供。

2. 网络服务提供者的侵权责任

科学界定网络服务提供者的侵权责任是必要的,赋予网络服务提供者过重的责任会使网络服务提供者动辄得咎,侵害公众的表达自由,过宽的责任会让网络服务提供者无动于衷,不利于权利人的保护。可以借鉴司法实践中法院在网络服务提供者利用肖像纠纷裁判中提供的经验,将网络服务提供者侵害肖像权的行为区分为网络服务提供者自己的侵权行为、他人的侵权行为,相关的责任划分为网络服务提供者自己责任及他人责任。

网络服务提供者自己的侵权行为,是指网络服务提供者因自己实施的侵害第三人肖像权的不法行为。❷网络服务提供者自己的侵权行为主要包括,网络服务提供者未经权利人同意擅自公开、使用权利人肖像,教唆、帮助他人从事侵害权利人肖像权的行为或者对他人侵害权利人肖像权的信息进行编辑、转载、加工等。网络服务提供者自己的侵权行为构成肖像权侵权的,应当按照《民法典》第1194条,承担相应的民事责任。

网络服务提供者他人的侵权行为,指在网络服务提供者提供的网络服务平台中发生的侵权行为不是因自己实施的侵权行为,而是由网络用户实施的侵权行为,网络服务提供者未从中直接参与或存在编辑、转载、加工、再上传等行为,相对网络服务提供者而言是他人的侵权行为。❸根据《民法典》第1195条第2款、第1197条的规定,网络用户实施的侵权行为,网络服务提供者知道或者应当知道

❶ 王利明. 电子商务法研究[M]. 北京:中国法制出版社,2003:77.

❷ 陈昶屹. 网络人格权侵权责任研究[M]. 北京:北京大学出版社,2014:98.

❸ 陈昶屹. 网络人格权侵权责任研究[M]. 北京:北京大学出版社,2014:98.

网络用户利用其网络服务侵害他人民事权益或者接到网络用户通知后，未采取必要措施的，与该网络用户承担连带责任或者对损害的扩大部分与该网络用户承担连带责任。

3. 网络环境下侵害肖像权的责任形式

按照《民法典》第179条、第995条的规定，侵害肖像权的，受害人有权请求行为人承担停止侵害，赔偿损失，消除影响、恢复名誉等民事责任。《民法典》第997条规定了人格权禁令制度，明确民事主体有证据证明行为人正在实施或者即将实施侵害其人格权的违法行为，不及时制止将使其合法权益受到难以弥补的损害的，有权依法向人民法院申请采取责令行为人停止有关行为的措施。由于网络的特点，在发生侵权行为之后，人格权禁令制度以及停止侵害，在网络环境下肖像权的救济中具有重要作用，可以有效阻止侵权影响和范围进一步扩大。对利用网络侵害肖像权的，根据《最高人民法院关于审理利用信息网络侵害人身权益民事纠纷案件适用法律若干问题的规定》第11条、第12条的规定，权利人可以请求赔偿财产损失和精神损害。损害赔偿数额的计算上，要考虑网络侵权发布面积广、影响大等特点，不单纯按照实际营利的计算标准，更需要通过网络的点击量等来判断侵权范围及后果。[1]《最高人民法院关于审理利用信息网络侵害人身权益民事纠纷案件适用法律若干问题的规定》第12条第2款规定，财产损失或者侵权人利益无法确定的，人民法院可以根据具体案情在50万元以下的范围内确定赔偿数额。

二、网络表情包与肖像权保护的平衡与反思

何为表情包，表情包产生于何时，学界尚没有明确共识。有学者认为，美国的ASCII字符开启了表情包的历史，后日本民众在此基础上形成“颜文字”用来模拟生动的表情。[2]“表情包”这个词汇最早出现在2008年左右，当时是用来指代卡通形象系列表情，在2010年后词语的含义逐渐发生变化，更多指配有文字的表情图片。[3]在我国，网络表情包为大众所熟悉始于2016年我国台湾地区网民与大陆

❶ 王利明. 人格权法(第二版)[M]. 北京:中国人民大学出版社,2016:143.

❷ 杨建华. 表情包文化的引导与规范[J]. 人民论坛,2018(14):140.

❸ 孙雨婷. 从网络表情包看视觉化语言及情绪表达[J]. 新闻知识,2016(10):79.

网民在社交网站Facebook上演的“FB表情包大战”。网络表情包，是指移动互联网时代形成的一种新的表达方式和流行文化，网络用户在网络社交平台以流行的明星照片、影视截图等为素材，配以或多或少的文字，用以表达特定的情感。网络表情包“图画+文字”的组合超越了普通文字或者图画所代表的意义，丰富了信息的传播途径，赋予信息新的含义，这些特点使得网络表情包在网络社交平台迅速流行和传播。网络表情包已成为网络社会的一种文化现象，为网络社交平台提供了新的表达方式和手段，提升了网络用户参与网络社交平台建设的积极性，展现了包容的网络态度和多元的网络文化。

网络表情包不是仅觉得好玩、彰显个性就可以随意制作、传播及利用。一些网络表情包以明星在内的真人肖像为素材制作而成，这些版本众多、传播速度快、范围广、具有一定影响的网络表情包，如利用不当也可能会侵害他人的权利。一些网络表情包的利用引发一系列涉及肖像权纠纷的诉讼，如演员葛优就曾以未经同意使用包含其形象的网络表情包为由，多次向法院提起诉讼维权。特别是随着网络信息技术特别是AI换脸技术的发展，出现了将他人头像与图片、视频拼接成恶搞图片、视频并以此为素材制作网络表情包使用和传播，给相关权利人造成困扰与损害。法律之外无净土，互联网领域也不例外，在当前网络环境日益复杂的形势下，部分网络表情包开始触碰法律和道德的底线。在这种情形下，依法规制对网络表情包的制作、传播及利用，无论对于网络的科学发展以及权利人肖像权的保护，都同样具有重要意义。

（一）肖像标准：网络表情包利用规制的基础

《民法典》第1018条规定，肖像是通过一定方式在物质载体上反映的特定自然人可被识别的形象。判断是否为肖像，无关肖像的呈现方式，关键是能否在自然人与视觉形象之间建立可识别的联系。可识别性是肖像概念的核心，肖像只有具有可识别性，才能在肖像与自然人之间产生关联。肖像的可识别性是指借助一定的表现形式从某载体中识别出本人。[1]

“表情包”的英文词汇为“emoticon”，是情绪（emotion）与图标（icon）的结合，可以形象地说明伴随着网络而出现的表情包是用图标来表达和释放情绪的一种新

[1] 张红．人格权各论［M］．北京：高等教育出版，2015：154.

方式。网络表情包之所以可以快速地在网络传播，并形成一种文化，主要原因为网络表情包可以满足公众的情绪表达需要及构建群体的身份认同。与以往文字和语言交流的聊天模式不同，网络表情包的出现弥补了网络空间没有非语言符号的缺陷，提高了传播效率和传播效果，成为信息传播的新载体。最初的网络表情包主要采用“卡通形象+真人表情”的组合方式，后来逐渐过渡到网友开始自己制作网络表情包，网络表情包的素材也越来越丰富，风格也逐渐开始定形为紧跟潮流和热点，以欢乐、调侃、搞怪为主。网络表情包的构成主要包括两方面：一是图画，其为网络表情包的主体素材，图画可以是明星的照片、影视截图、动漫合成图像等。二是文字，在图画外匹配一定数量的文字，用于辅助图画表达一定的含义或情感。一些网络表情包以真实存在的自然人的形象为主要素材制作而成，这类网络表情包在网络社交平台大量存在，如仅在微信表情商店推出的就有岳云鹏、王一博、邓紫棋、姚晨等明星的网络表情包。有的网络表情包可免费下载，有的则需付费。

一些网络表情包包含自然人的形象，这些形象或取材于自然人的照片、影视剧照，或取材于动漫刻画。无论呈现方式、呈现部位如何，如果可以在网络表情包与自然人之间建立可识别性联系，网络表情包就属于自然人的肖像，应纳入肖像权的保护范畴。即使网络表情包使用的自然人形象，不为自然人的面部形象，只要具有可识别性，亦可以纳入肖像权的保护范畴。《民法典》第1019条规定，未经权利人同意，不得制作、使用、公开权利人的肖像。从这个角度出发，未经权利人同意，制作、使用、公开符合肖像标准的网络表情包的行为可能构成侵权。现实生活中，部分网络用户通过信息技术手段合成或者伪造他人肖像的方式制作网络表情包并加以利用，亦属《民法典》第1019条规定的“利用信息技术手段伪造等方式”侵害他人肖像权。司法实践中，法院将具有可识别性的网络表情包认定为自然人的肖像进而予以保护。如在黄渤诉东风轻型商用车营销有限公司肖像权纠纷一案中，被告在微信公众号中使用了包含黄渤形象的网络表情包，北京市朝阳区人民法院认为，被告使用了黄渤的肖像，侵害了黄渤的肖像权，判决被告承担侵权责任（2018京0105民初50015号）。

(二)商业利用:网络表情包利用的限制

肖像的商业利用,是指将特定自然人肖像与商业活动相结合以获取一定财产利益的活动。伴随着广告中肖像的利用,消费者会将某人所代表的品位、品质、时尚观念等转嫁至其推销的商品和服务上。实践中,一些商家也借助明星网络表情包进行商业宣传,以此获取商业利益,未经明星同意的"被代言"现象也越来越多。由于网络信息传播的便捷,一些介入网络热点事件的普通人也借助网络快速走红,以其肖像制作的网络表情包也在特定时间内快速流传于网络,如2018年杭州吴正强就因"提发际线修鬓角清单4万"事件快速走红,以其肖像制作的网络表情包一时间大量在网上流传。具有可识别性的网络表情包属于自然人的肖像,未经同意商业利用涉嫌侵犯权利人的肖像权。

未经同意商业利用以演员剧照为素材的网络表情包是否侵害权利人的肖像权,关键为演员对影视作品中的演员剧照形象是否享有肖像权。应坚持可识别性作为判断网络表情包是否属于肖像的标准,以演员剧照为素材的网络表情包如符合肖像可识别性标准,应纳入肖像权的保护范围。肖像载体的形式多样,可以为雕塑、摄影,也可以是录像和电影。演员在影视剧中的演员剧照是肖像载体的一种。对于演员以纯脸谱形式出演的虚拟人物剧照形象,如果观众无法在演员剧照形象与演员自身之间建立可识别性联系,演员一般不能对演员剧照形象主张肖像权。对于可以与演员建立可识别性联系的演员剧照形象,应纳入肖像权的保护范畴。从这个角度出发,未经同意商业利用以演员剧照为素材的网络表情包涉嫌侵犯权利人的肖像权。司法实践中,法院对以演员剧照形象为素材制作而成的网络表情包进行了保护。如在涉及演员葛优的三起肖像权纠纷案中,被告使用了葛优在电视剧《我爱我家》中的剧照为主要素材制作而成的网络表情包,法院经审理认为,被告商业利用网络表情包的行为侵害了葛优的肖像权,判决被告承担民事责任(2018京0108民初1884号、2018京01民终97号、2019京0491民初20252号)。

(三)人格尊严:网络表情包传播的边界

人格权概念的法律意义,系在于宣誓人享有各种属于人的价值的正当性,这种“享有上的正当性”的反面意义，即在于人格权不容剥夺、不容侵害。[1]肖像作为自然人最具可识别性的人格标识，代表了自然人的形象，体现了人格尊严。歪曲、侮辱、玷污自然人肖像，会对自然人的人格尊严造成侵害。[2]

不正当使用网络表情包，可能侵害他人的隐私权，进而损害权利人的人格尊严。隐私是指与社会公共利益无关的个人信息、私有领域与私人活动。如为治理交通违章，陕西省府谷县交警大队于2016年12月在其官方微博上传系列网络表情包，除违章者的脸部形象外，网络表情包还有对违章行为的文字点评。这种方式在网上引发热议。有人认为，这种行为涉嫌侵害他人隐私权。[3]有人认为，这种行为只是以一种幽默的创新方式进行安全教育，且对违章者的面部进行了技术处理，要么打上“马赛克”，要么加一副眼镜，对这种安全教育的新方式不妨多些宽容。[4]现代社会，在无关社会公共利益的情况下，自然人的隐私权应得到充分的保护。从这个角度出发，陕西省府谷县交警大队在官方微博上将违章者放大的面部形象制作成网络表情包的行为，虽然主观上可能并无恶意，但违章者多为本地人，其在被配上戏谑文字的网络表情包曝光后，个人的生活安宁很有可能被破坏，此种行为涉嫌侵犯他人的隐私权。

不正当使用网络表情包，可能侵犯他人的名誉权，进而损害权利人的人格尊严。名誉权是自然人、法人的一项具体人格权。由于网络表情包在制作上不追求制作精良、画面优美，而是追求搞笑、独特、个性，一些网络表情包的制作和使用也有可能侵害他人的名誉权。主要原因为：一是网络表情包多用文字作辅助说明，一些文字具有戏谑内容。如一些网络表情包在图片上配文“隔着屏幕，我也能感受到你的丑”“老板，请让我给你生孩子”；再如用一个女明星的照片，配文“与群主一起睡”等。二是网络表情包使用了他人不愿公开的照片并配文。比较常见的为截取明星在影视作品中不太文雅的表情，配上带有戏谑含义的文字如“我疯了，我病了”等内容。如被网友玩坏了的一张网络表情包：《还珠格格》里的尔康，鼻孔放大、额骨增高，配文“紫薇，你别走！”。尔康的扮演者演员周杰就表

[1] 马俊驹．人格和人格权理论讲稿[M]．北京：法律出版社，2009：165.

[2] 杨立新，尹艳．侵害肖像权及其民事责任[J]．法学研究，1994(1)：92.

[3] 钱夙伟．“表情包”别用错了地方[N]．人民法院报，2016-12-15(2).

[4] 郭冬瑾．不妨对“交通违法表情包”多些宽容[N]．中国产经新闻，2016-12-15(1).

示，自己看到这种网络表情包时感觉是对自己的侮辱。[1]虽然目前在我国，一种行为可以致自然人名誉感降低，不能等同于这种行为就侵害了权利人的名誉权。但至少可以看出，一些恶搞的网络表情包并不都是所有明星都喜闻乐见的，一些网络表情包的存在同样给他们造成困扰。三是随着AI换脸技术的发展，一些人违法将他人头像与图片、视频拼接成恶搞图片、视频并以此为素材制作网络表情包进行使用和传播。网络表情包的制作、使用同样不是法外之地，如未经同意，以不正当方式制作、公开、使用、传播包含他人不雅形象或贬损内容的网络表情包，符合《民法典》第1024条“用侮辱、诽谤等方式侵害他人名誉权”情形的，涉嫌侵害他人的名誉权。

（四）合理使用：网络表情包科学发展的保证

《民法典》第1020条规定了肖像权的合理使用制度，弥补了我国民法未规定肖像权合理使用制度的缺陷，具有一定的进步性。《民法典》第1020条在第（一）至第（四）项确立了“个人学习、艺术欣赏、课堂教学、科学研究”“实施新闻报道”“国家机关依法履行职责”“展示特定公共环境”四种典型的肖像权合理使用情形，同时在第（五）项规定“为维护社会公共利益或者肖像权人合法权益的其他行为”作为肖像权合理使用的兜底条款。公众人物肖像关系到公众的兴趣，涉及公众知情权和舆论监督的开展，从这个角度出发，正当使用公众人物肖像，属于《民法典》第1020条“为维护社会公共利益的其他行为”的范畴，为肖像权合理使用的具体情形。

网络社会的发展使得以明星、影星肖像为主要素材的网络表情包在网络大量流行和传播。网民往往利用当红的明星，以一种调侃、幽默的态度制作、使用网络表情包，审美或审丑，以达到彰显个性、宣泄情绪的效果。大部分网民制作、使用网络表情包的目的单纯是为了娱乐、交流或彰显个性，不以营利为目的，使用的肖像大多是明星公开的肖像，这些肖像一般在网络中可以轻易找到。一些明星为了提高本人的知名度，主动将自己的肖像制成网络表情包或者对网友将其肖像制作成网络表情包的行为表示支持或默许。从这个角度出发，非以侮辱、诽谤、贬损、丑化或以其他违反社会公德、社会公共利益的方式使用明星肖像制

[1] 李国敏. 表情包风靡原因及影响分析[J]. 视听界，2016(6)：65.

作而成的网络表情包的行为,属于在合理范围内使用明星肖像,对此明星有适度的容忍义务,不构成对明星肖像权的侵害。但是对于以明显的商业目的利用明星肖像网络表情包或者相关社交媒体、网络服务商在表情商店供用户付费下载网络表情包的行为,属于以营利为目的的商业利用行为,构成对明星肖像权的侵害。当然,明星对此表示同意或以实际行动表示不追究民事责任的,为民事主体对自己权利的自由处分。

三、网络信息时代人格权保护的法治化路径

网络信息技术的发展让社会经历了前所未有的变革并深深改变了人们的生活。网络和信息技术在为人类传递信息、生产生活带来便捷的同时,也给人格权保护带来了新的挑战。如何应对网络信息技术发展给人格权保护带来的挑战成为现代法律的重要课题。

(一)完善我国现有的人格权保护制度,科学界定网络服务提供者的责任

《民法典》采用人格权独立成编的立法体例,为加强我国民事主体的人格权保护奠定了坚实基础。强化网络信息技术环境下人格权的保护,应不断完善我国现有的人格权保护制度,同时科学界定网络服务提供者的责任。

一是完善我国现有的人格权保护制度。《民法典》第990条在立法上确立了一般人格权及生命权、肖像权、姓名权、隐私权等具体人格权。第991条明确任何组织和个人不得侵害他人的人格权。第997条规定了诉前禁令措施,以防止侵害人格权的行为给权利人造成难以弥补的损害。此外,根据《民法典》第179条、第995条、第1182条、第1183条、第1194条等的规定,利用网络侵害人格权的,受害人可以请求行为人承担包括停止侵害、消除影响、赔礼道歉、财产损失赔偿、精神损害赔偿等民事责任。这些规定都较好地回应了网络信息技术发展对人格权保护和救济提出的新要求。《民法典》于2021年1月1日实施,其关于人格权保护的相关法律条文对我国民事主体人格权保护的效果,需等待司法实践的进一步检验。在《民法典》实施过程中,最高人民法院也可以通过出台有关人格权保护的司法解释、发布指导性案例等方式,进一步完善我国人格权保护的法律制度。

二是科学界定网络服务提供者的责任。作为人格权法的价值目标，人格尊严、隐私、肖像、个人信息等人格利益不应成为科技进步的牺牲品。同时，将利用网络侵害人格权现象简单地视为网络信息技术的负面产物，一概要求网络服务提供者对网络进行管制或者对其苛以过重的民事责任，并不能从根本上解决人格权的保护问题，也不利于网络的科学发展。依据《民法典》的相关规定，权利人发现他人利用网络服务实施侵害人格权行为的，可以依法请求网络服务提供者采取断开链接、删除等必要措施，以维护自身的合法权益。网络服务提供者侵害人格权的民事责任，可以根据侵权行为是网络服务提供者自己的侵权行为、他人的侵权行为，划分为网络服务提供者自己责任以及他人责任。网络服务提供者自己的侵权行为侵害人格权的，应依据《民法典》第1194条承担相应的民事责任。网络用户实施的侵权行为，网络服务提供者不知或不应当知道侵权行为存在的，不承担侵权责任。网络服务提供者接到权利人通知后，未及时采取必要措施的，依据《民法典》第1195条第2款的规定，应对侵权行为造成损害的扩大部分与侵权人承担连带责任。

（二）构建多元主体协同参与的人格权保护新格局

强化网络信息时代人格权的保护，不仅需要权利人切实增强法律意识、及时寻求法律救济，以维护自身的合法权益，相关机关、社会团体、企事业单位也应积极行动起来，构建多元主体协同参与的人格权保护新格局。

一是检察机关依法提起公益诉讼。《民事诉讼法》《行政诉讼法》规定了人民检察院提起公益诉讼制度。根据《民事诉讼法》第55条规定，人民检察院可以对污染环境、侵害众多消费者合法权益等损害社会公共利益的行为提起公益诉讼。目前，在保护消费者合法权益领域，全国已有多个省级人大常委会通过了支持检察机关公益诉讼的决定或决议，其中大部分授权检察机关办理大数据安全、个人信息保护等公益诉讼案件。如“2021年央视3·15晚会”曝光多家知名品牌利用门店摄像头收集消费者的人脸数据信息后，上海市检察机关就依据《上海市人民代表大会常务委员会关于加强检察公益诉讼工作的决定》，对相关企业采集人脸数据、侵犯个人信息安全等问题展开调查。此外，根据《最高人民法院、最高人民检察院关于检察公益诉讼案件适用法律若干问题的解释》第13条的规定，人民检察院可以依法对侵害英雄烈士肖像、姓名、荣誉、名誉等损害社会公共利益的行为，提起公益诉讼。

二是有关单位、社会团体、企业事业单位应依法做好支持起诉工作。《民事诉讼法》第15条规定了支持起诉原则，即为了维护国家、集体或者个人的民事权益，法律赋予有关机关、社会团体、企业事业单位，可以在道义上、法律上、经济上对有关当事人起诉提供帮助。权利人的人格权受侵害后，上述主体可以支持受损害的单位、个人依法向法院提起诉讼，以维护自身的合法权益。如侵权人通过网络信息技术手段侵害妇女人格权的，妇女所在单位、社区或妇女联合会、其他妇女组织可以依法支持受害人向人民法院提起诉讼。

三是政府有关部门、网络服务提供者应加大宣传力度，引导网络用户树立积极的网络文化意识。主要包括：引导网络用户规范网络言行；不使用可能侮辱他人人格、损害他人名誉、泄露他人隐私和个人信息的图片、视频、网络表情包等；正当使用他人肖像、姓名，尽量要征得权利人允许；如人格权受到侵害，权利人应尽量第一时间对网页和数据进行保存，也可以通过公证等手段保全、固定证据，并通知网络服务提供者寻求救济等。

第四节　死者肖像保护

《民法典》吸收学界的研究成果，在第994条规定肖像在内的死者人格利益受法律保护，该规定与《民法典》第185条英雄烈士人格利益保护的规定，共同构建了《民法典》死者人格利益保护制度。在我国，对死者肖像给予保护已成为学界的主流认识和司法实践的普遍做法，但对于死者肖像保护的教义学构建，历经十余年仍存在重大分歧。《民法典》采何种模式保护死者肖像，对死者肖像给予保护的理论依据是什么，是否保护死者肖像财产利益，死者肖像保护的期限多长等问题均需进一步明确。对死者肖像保护的具体研究应在死者人格利益保护的大背景下展开。

一、死者人格利益保护的比较法考察

死者人格利益保护，“涉及如何将新型法益纳入既有法制保护的法官造法问

题，其可能与限度一直令各国法官殚精竭虑”。[1]对此比较法主要有两种模式：间接保护模式与直接保护模式。间接保护模式认为，死者人格利益保护的非为死者自身人格，而是其他主体的利益。直接保护模式则主张，死者自身的人格是死者人格利益的保护对象。

(一)德国

德国在1899年的“俾斯麦(Bismarck)案”中依据不当得利判决侵害者将获利返还给死者的子女，对死者肖像权问题采取回避态度，被学者批评为“鸵鸟政策”。[2]1968年的“靡菲斯特(Mephisto)案”，德国司法实务肯定了人格权上的精神利益在自然人死亡后仍应受到保护。克劳斯·曼(Klaus Mann)撰写了小说《靡菲斯特》(*Mephisto*)，描写了一个名字为亨德里克·霍夫根(Hendrik Hofgen)的舞台演员，讲述亨德里克·霍夫根(Hendrik Hofgen)为迎合纳粹德国当权者，改变政治信仰、抛却人类及道德伦理约束。书中主角的外形、演出的作品、个人特征等多与德国著名演员古斯塔夫·格林德根斯(Gründgens)相符。古斯塔夫·格林德根斯(Gründgens)的养子(系Gründgens唯一的继承人)向法院提起诉讼，认为该小说侵害了古斯塔夫·格林德根斯(Gründgens)的人格权，请求法院禁止该书传播。德国联邦法院支持了原告诉请，认为死者不仅遗留可让与的财产利益，精神利益亦继续存在，肯定了人格权上的精神利益在人死后继续受保护，本案为德国法院第一次保护死者一般人格权。后被告不服，向德国联邦宪法法院提出宪法诉愿。德国联邦宪法法院认为，人性尊严在死后持续作用，个人死后遭侮辱或贬损与宪法保障的人性尊严价值不符。有学者认为，本案判决认为死者人格利益应受保护，但未提及保护死者人格利益目的是保护死者遗族的利益，采取的是直接保护模式立场。[3]

1999年的“玛蕾娜·迪特里希(Marlene Dietrich)案”，德国通过司法实务承认了人格权上财产利益的可继承性。该案涉及德国已故著名女演员玛蕾娜·迪特里希(Marlene Dietrich)，被告将该女演员的名字注册为商标，并将其肖像用于产品促销。作为该女演员唯一的女儿、继承人的原告，对被告的行为提起不作为之

[1] 张红．死者人格精神利益保护：案例比较与法官造法[J]．法商研究，2010(4)：143.

[2] 张红．基本权利与私法[M]．北京：法律出版社，2010：184.

[3] 张红．人格权总论[M]．北京：北京大学出版社，2012：370.

诉并诉请被告承担损害赔偿。此案一直上诉至德国联邦法院。德国联邦法院认为，一般人格权及一般人格权的特别表现形式（肖像权、姓名权），同时保护精神利益和财产利益；人格权主体死亡后，人格权的财产部分在精神利益受保护期间继续存在，相应权利转由继承人取得，由继承人按照死者明示或可推知的意思行使。该案判决被视为德国人格权发展史上的里程碑式判决，不仅认可了人格权财产成分的可继承性，而且使人格权的保护范围不再局限于精神利益，而是涵盖财产利益。[1]

（二）美国

在美国，分别通过隐私权和形象权对人格权中的人格利益和财产利益进行保护，形成了美国独特的“二分法”法律保护模式。在1890年由沃伦（Warren）和布兰蒂斯（Brandeis）在“隐私权”（The Right to Privacy）中最先提出隐私权这一概念后，隐私权逐步得到承认并不断发展。隐私权是一个独处的权利，法律对隐私权提供保护的理由不在于保护财产，而是对人类尊严的尊重。隐私权不能继承，自然人死亡后，其配偶、子女欲保护死者的隐私权，并无可主张的权利。[2]在美国，对死者人格财产利益的保护很大程度转化为形象权的可继承性问题。

“孟菲斯（Memphis）案”涉及美国著名的摇滚歌手“猫王”（Elvis Presley）。原告是一家非营利性组织，被告拥有“猫王”的形象权，第六巡回法庭将形象权的可继承性等同于名声的可继承性，拒绝承认形象权的可继承性，认为被告在“猫王”死后对“猫王”的肖像和姓名不享有排他的使用权。与“孟菲斯案”不同的是，在“鲁格西（Lugosi）案”中，加利福尼亚州最高法院虽然也认为本案中形象权不可继承，但认为不可继承的原因是死者鲁格西在生前并未对其人格标识进行商业利用。“鲁格西案”显示了美国法院对形象权可继承性的有限承认。“普莱斯（Price）案”是第一个明确承认形象权可继承的案件，在本案中纽约南区法院认为，形象权是和隐私权完全不同的一种财产权，形象权可继承性是财产权逻辑上的当然结论。第一个涉及公众人物形象权的是“马丁·路德·金（Martin Luther King）案”，在此之前涉及的都是体育、演艺明星，佐治亚州最高法院同样承认形象权的可继

[1] 陈龙江．人格标志上经济利益的民法保护：学说考察与理论探讨［M］．北京：法律出版社，2011：79-80．

[2] 王泽鉴．人格权法：法释义学、比较法、案例研究［M］．北京：北京大学出版社，2013：292．

承性，并主张无须对此施加限制。之后随着形象权理论的发展，在美国，各州的法院多肯定形象权可以继承，自然人死亡后，其配偶和子女可以以继承的形象权受侵害为由请求损害赔偿。

（三）比较法评析

通过比较法考察可以看出，德国认为法律对死者人格利益给予保护，保护的是死者人格利益本身，这种人格利益包括精神利益和财产利益，采直接保护模式。直接保护模式的基础是一元论的人格权构造，主张不将人格权财产部分从人格权中分离出来作为一种独立财产权，而是以一个人格权同时囊括精神利益和财产利益，并根据不同的内容给予不同的保护。正如瓦格纳（Wagner）教授所评论，“所期待者，终于被明确地说出来：人格权所保护的，不仅是其主体的精神利益，在此之外，并包括财产利益”。❶ 直接保护模式以死者自身人格为保护对象，保护客体清晰明确，对死者人格利益的保护更为直接和周到，但其在解释为何自然人死亡后仍存在旨在维护人的价值、请求他人尊重的人格利益上不能给出具有说服力的答案。此外，采直接保护模式，需有相应的民事权利能力制度与之相匹配。德国之所以采直接保护模式，前提为《德国民法典》没有明确规定自然人的民事权利能力终于死亡。间接保护模式的优点是可以避开民事权利能力问题，理论构造上具有稳妥性，但因请求保护的主体为死者近亲属且死者近亲属可为多人，易出现多名死者近亲属同时向行为人请求损害赔偿，造成自然人死后人格利益保护力度强于生前保护力度的悖论。直接保护模式与间接保护模式并没有明显的优劣之分。一个国家的法律制度与其法律传统、法律文化、国情、社会制度密不可分。我国经历了直接保护模式到间接保护模式的摇摆，目前间接保护模式正逐渐成为主流观点。❷直接保护模式固然清晰直观，但赋予死者享有人格利益，无法绕开我国《民法典》第13条关于自然人的民事权利能力终于死亡的规定。部分学者为缓和这种冲突，提出死者在人格权法律关系中具有部分民事权利能力，❸但由于存在实在法的障碍，亦不能完全令人信服。从我国的立法

---

❶ 王泽鉴. 人格权保护的课题与展望——人格权的性质及构造：精神利益与财产利益的保护[J]. 人大法律评论，2009(1)：86-87.

❷ 梁慧星. 民法总论[J]. 北京：法律出版社，2001：132.

❸ 刘召成. 部分权利能力制度的构建[J]. 法学研究，2012(5)：133-134.

传统以及与其他法律制度衔接的成本考量出发，为避免因死者人格利益保护引发民事权利能力问题争议，“采间接保护的方式，亦属可接受的规范机制”。[1]

体系性是民法典的生命力之所在，民法典的体系性要求民法典各部分以及具体条文之间是内容完整、逻辑严密、用语精准的统一整体。[2]从这个角度出发，结合《民法典》第13条关于自然人的民事权利能力终于死亡的规定，《民法典》第994条明确规定死者“肖像”“隐私”等人格利益受到侵害的，死者近亲属可以请求行为人承担民事责任，系采“间接保护模式”保护死者人格利益。

二、死者肖像保护的依据

死者肖像应受法律保护在域外及我国已不存争议，分歧在于是否通过赋予死者权利人地位对死者肖像进行保护。在我国，不同的学说给出了不同的答案。目前我国民法学界主要有“权利保护说”“人格利益继承说”“法益说”“近亲属利益说”“人身权延伸法律保护说”五种观点。“权利保护说”“法益说”“人身权延伸法律保护说”采直接保护模式，“近亲属利益说”“人格利益继承说”采间接保护模式。

（一）权利保护说

权利保护说认为，法律保护死者肖像，保护的是死者的肖像权。权利保护说主张我国应借鉴德国关于死者人格利益的直接保护模式，权利保护说保护包括肖像在内的死者人格利益。《民法典》第13条规定，自然人的民事权利能力终于死亡。权利保护说认为，死者具有肖像权的认识与我国私法关于民事权利能力的规定相冲突。

权利保护说为我国司法实务的早期观点，已被司法实务所放弃。我国最早涉及死者人格利益保护的案件最先发生在名誉权领域。在“荷花女案”“海灯案”中，最高人民法院两个复函均认为死者的名誉权受法律保护，采权利保护说的直

[1] 王泽鉴．人格权保护的课题与展望——人格权的性质及构造：精神利益与财产利益的保护[J]．人大法律评论，2009(1)：101.

[2] 柳经纬．民法典编纂的体系性困境及出路[J]．甘肃社会科学，2018(2)：153.

接保护立场。[1]后最高人民法院又在两个规范性文件中使用了“名誉”而没有使用“名誉权”来表述死者生前的人格要素，回归到间接保护立场。[2]在肖像权领域，司法实践亦呈现出从直接保护立场到间接保护立场的转变。2000年周海婴诉绍兴越王珠宝金行有限责任公司肖像权纠纷案中，最高人民法院作出民他字〔1998〕第17号答复意见，认为“公民死亡后，其肖像权应依法保护”，使用了“肖像权”概念，采取的为权利保护说的直接保护立场。2001年出台的《精神损害赔偿司法解释》，使用“死者肖像”，一定程度上放弃了权利保护说，回归到间接保护立场。权利保护说为我国2001年之前司法实务的基本立场，但在2001年《精神损害赔偿司法解释》出台后，在一定程度上被放弃。

（二）人格利益继承说

人格利益继承说认为，人身利益不同于人身权，其可以由继承人继承。自然人死亡后，人身权不复存在，但人身利益仍然存在并可为继承。依据该说，自然人死亡后，死者的肖像利益可由死者的继承人继承，法律保护死者肖像，保护的是死者继承人继承的肖像利益。人格利益继承说认为自然人死亡后，死者的人格利益可由死者继承人继承，与人格权具有专属性的传统认识存在冲突。

（三）人身权延伸法律保护说

人身权延伸法律保护说认为，自然人出生前或死亡后有先期存在和延续存在的人身法益，这种人身法益与人身权都有受保护的必要，法律应对其提供保护。自然人死亡后，对其肖像延伸保护，保护的并不是肖像权本身，而是对肖像权所体现法益的向后延伸。[3]人身权延伸法律保护说主张，自然人死亡后应受法

---

[1]《最高人民法院关于死亡人的名誉权应依法保护的复函》（1989）规定：“吉文贞（艺名荷花女）死后，其名誉权应依法保护，其母陈秀琴亦有权向人民法院提起诉讼。”《最高人民法院关于范应莲诉敬永祥等侵害海灯法师名誉权一案有关诉讼程序问题的复函》（1990）规定：“海灯死亡后，其名誉权应依法保护，作为海灯的养子，范应莲有权向人民法院提起诉讼。”

[2]《最高人民法院关于范应莲诉敬永祥侵害海灯名誉一案如何处理的复函》（1992）认为：“敬永祥在《金岛》《报告文学》上刊登的文章和在四川省民法、经济法学会上的发言基本内容失实，贬低了海灯的人格，已构成对海灯名誉的侵害。”《最高人民法院关于审理名誉权案件若干问题的解答》（1993）规定：“死者名誉受到损害的，其近亲属有权向人民法院起诉。”

[3]杨立新，王海英，孙博．人身权的延伸法律保护［J］．法学研究，1995（2）：23.

律延伸保护，延伸保护的客体不为人身权本身，而是这种延续存在的法益，实质坚持的同样为法益说。

（四）法益说

法益说认为，自然人死亡后，自然人的人格权虽不复存在，但某些人格利益并不消灭而继续存在，出于维护死者近亲属或社会道德、社会公共利益的原因，法律对死者的人格利益给予保护。[1]法律保护的利益，包括民事主体的个人利益，在特定情形下还包括社会公共利益。法益说主张，法律对死者肖像提供保护，保护的是死者的肖像利益。

法益说存在以下不足：

第一，将死者某些人格利益确定为一种应受法律保护的利益，并认为这种利益包含个人利益和社会公共利益，过于笼统，与法益的传统概念“乃法律间接保护之个人利益”[2]认识存在冲突。

第二，法益说没有解释为什么死者的某些人格利益需要延伸保护而其他人格利益不需要，为什么人格利益延伸保护而财产利益不延伸保护。

第三，法益说与我国《民法典》规定的侵权责任制度不兼容。依据《民法典》第1165条第1款，侵害他人民事权益造成损害应承担民事责任，保护的民事权益主体为“他人”，是可以确定权利归属的民事权益。法益说将死者肖像利益认为既包括个人利益也包括社会公共利益，且没有确定这种法益的归属，与民法典的有关规定不符。

第四，法益说最致命的缺陷在于承认死者为人格利益的主体。利益与权利只是保护程度、保护方法的差异，法律保护的利益，无论是否为权利，都须归属于权利主体。与权利保护说相同，法益说实质上仍承认死者具有民事权利能力或部分民事权利能力，同样与我国的民事权利能力制度存在冲突。

（五）近亲属利益说

近亲属利益说认为，法律保护死者肖像实质保护的是死者近亲属利益。死者人格利益因与近亲属人格利益存有关联，已转化为近亲属人格利益的组成部

---

[1] 王利明. 人格权法研究[M]. 北京：中国人民大学出版社，2005：196.

[2] 史尚宽. 债法总论[M]. 北京：中国政法大学出版社，2000：161.

分,保护死者肖像实质保护的是近亲属利益。❶

近亲属利益说不存在逻辑上难以自圆其说的缺点。将保护死者肖像视为对死者近亲属利益的保护,与我国民事权利能力制度不冲突。2001年施行的《精神损害赔偿司法解释》持近亲属利益说。依近亲属利益说,死者肖像受到侵害,死者近亲属可以向法院主张权利,亦符合我国民事诉讼法关于民事诉讼主体的有关规定。目前,我国多数学者主张对死者肖像保护采"近亲属利益说"。"权利保护说""人格利益继承说""法益说""人身权延伸法律保护说"都存在不同程度的缺陷。较上述四种学说,"近亲属利益说"更具可取之处。但"近亲属利益说"也存在不足,其无法适用于解释无近亲属在世或近亲属不请求保护等情形下,英雄烈士肖像受法律保护的原因。在此种情形下,法律对英雄烈士肖像予以保护,显然非为保护死者近亲属的利益,而是为了维护社会公共利益。

《民法典》第185条、第994条共同构成了《民法典》死者人格利益的保护条款。第994条规定,死者肖像受侵害的,死者近亲属可以请求行为人承担民事责任,采"近亲属利益说"。第185条规定,侵害英雄烈士肖像,造成社会公共利益损害后果的,需承担民事责任,将"社会公共利益"作为死者肖像保护的理论基础。综上所述,我国《民法典》在死者肖像保护的理论依据上持"近亲属兼社会利益说",即一般情形下死者肖像保护的目的是死者近亲属利益,死者为英雄烈士的,维护的还有社会公共利益。本书认为,《民法典》确定的"近亲属兼社会利益说"符合社会现实需要及我国国情,具有一定的进步性。主要理由为:

第一,侵害死者肖像将损及死者近亲属利益,为避免死者近亲属利益受损,法律对死者肖像予以保护。自然人虽然逝去,但肖像等人格标识可与死者分离,长存于世。肖像带有明确的指向性,因死者近亲属与死者之间的特殊关系、血缘纽带、亲情联系等,在死者肖像上,依存有近亲属对死者的敬爱追慕之情。侵害死者肖像,会损害死者近亲属对死者的敬爱追慕之情。如在我国台湾地区的"蒋孝严案"中,法院将死者近亲属对死者的敬爱追慕之情,视为死者近亲属的"其他人格法益"纳入保护范围。此外,一些情形下侵害死者肖像还会使死者近亲属蒙羞,给死者近亲属的名誉权或人格尊严造成损害。侵害死者肖像,造成死者近亲

❶ 刘国涛.死者生前人格利益民法保护的法理基础——读《死者生前人格利益的民法保护》后的再思考[J].比较法研究,2004(4):146.

属精神损害，以死者近亲属自身权益受侵害而获得救济。

第二，死者为英雄烈士的，除死者近亲属利益外，保护死者肖像更重要的是维护社会公共利益。英雄烈士不仅代表英雄烈士个体本身，还代表了一种民族精神，一种国家集体记忆，一种社会公共利益。对这些为国家、民族事业付出汗水、鲜血甚至生命的英雄烈士肖像进行保护，使之不被非法利用、贬损、亵渎，伤害社会公众的历史、民族情感，是维护社会公共利益的当然含义。《民法典》第185条使用了“肖像”而并没有使用“肖像权”，保护的为已故英雄烈士的人格利益，故本质上属于死者肖像的保护条款。该条明确规定侵害英雄烈士肖像造成社会公共利益损害后果的需承担民事责任，主要维护的是社会公共利益。依据该条规定，当英雄烈士无近亲属在世、近亲属不主张或不能主张权利时，可由检察机关或法律规定的其他组织向法院提起诉讼，以保护英雄烈士肖像不受非法侵害。

司法实务已经出现了因损害烈士名誉被判令承担侵权责任的案例，法院在裁判中认为，损害烈士名誉，不仅给烈士近亲属造成精神损害，同样损害了社会公共利益。如在2018年引起社会广泛关注的“叶挺后人诉‘暴走漫画’恶搞案”中，被告西安摩摩信息技术有限公司（自媒体账号“暴走漫画”的经营者），通过“今日头条”等多个平台发布短视频，视频中对叶挺烈士《囚歌》一诗进行篡改，因视频发布时间在《英雄烈士保护法》颁布施行之际，引起社会公众关注及网民评论，在社会上造成一定影响。叶挺烈士的儿子、孙子、孙女等后人向法院提起诉讼，认为被告侵害了叶挺烈士的名誉，请求判令被告停止侵害、公开赔礼道歉、赔偿精神损害抚慰金100万元。陕西省西安市雁塔区人民法院经审理认为，被告发布的视频内容损害了叶挺烈士名誉，亵渎了革命精神，给烈士亲属造成精神损害，伤害了公众历史情感，造成社会公共利益损害后果，判决被告公开赔礼道歉，赔偿原告精神损害抚慰金10万元。[1]

将侵害死者肖像，损害社会公共利益的保护范围限定为英雄烈士，受保护对象概念不清晰，保护范围也过窄。一是英雄烈士的概念较为模糊。烈士的范围、程序、标准，大致可以根据《军人抚恤优待条例》《烈士褒扬条例》等规定推出，但如何界定英雄的范围和标准，法律并没有明确规定。二是将侵害肖像损害社会公共利益的死者限定为英雄烈士，范围过窄。《英雄烈士保护法》第2条第2款将

[1] 陕西省西安市雁塔区人民法院（2018）陕0113民初8937号民事判决书[Z].

英雄烈士的范围限定为，近代以来为民族独立、国家富强、人民解放、人民幸福、世界和平、人类进步做出突出贡献的人。按照这种界定，贬损、侮辱民族英雄岳飞、郑成功或者生前为国家级劳模的死者的名誉、肖像，很难说与社会公共利益无关，但现有立法却很难为其提供保护。从这个角度出发，应扩大肖像与社会公共利益相关的死者的范围，如可以规定“侵害死者姓名、肖像、名誉、荣誉等生前的人格要素，造成社会公共利益损害后果的，死者近亲属或法律规定的机关、组织，可依法请求行为人承担民事责任”。

三、死者肖像财产利益的保护

比较法在司法实务中承认死者肖像财产利益应受保护，但即便在已给予保护的德国和美国，也一直充斥着反对的声音。长久以来，我国并没有关于保护死者肖像财产利益的法律规定，法律规范的缺失使得对死者肖像财产利益保护的方式存有争论。《民法典》亦未对此予以明确。

（一）死者肖像财产利益的保护方式

域外对死者肖像财产利益的保护，主要有德国的“人格权模式”和美国的“形象权模式”。德国通过一系列判例，扩张人格权权能或内容，认可人格权具有财产利益，通过一般人格权或特别人格权（如肖像权）同时保护死者肖像的精神利益与财产利益。美国分别保护人格上精神利益与财产利益，对人格上财产利益单独设立形象权，通过承认形象权的可继承性保护死者肖像财产利益。

在我国，学界对死者肖像财产利益的保护方式主要有三种观点：第一种观点认为，死者肖像财产利益是一种无形财产权，应由死者继承人继承，我国应采取美国的形象权模式对死者肖像财产利益进行保护；第二种观点认为，死者肖像财产利益应由死者近亲属承受，但因这种关系不是财产关系而是人身关系，故承受可以参照继承关系处理，但此种承受不等于继承；第三种观点认为，死者肖像财产利益具有财产属性，属于被继承人的“其他合法财产”，应由死者继承人继承。我国司法实务对死者肖像财产利益保护持否定态度。如在周海婴诉浙江省邮票局、绍兴市邮电局肖像权纠纷案中，最高人民法院书面批复认为，肖像权属人格权，不在继承范畴内，实质否定了死者肖像财产利益。在周海婴诉梁华侵犯计算机网络域名纠纷案中,法院也否定了死者姓名具有财产性及可继承性。[1]但近年来,死者肖像财产利益逐渐受到重视。在王某某等诉中国老年基金会北京崇文松堂关怀医院等肖像权纠纷案[2]、蔡某某等诉沅江县电信局等肖像权纠纷案[3]、周某某等诉黄某某等肖像权纠纷案[4],法院都认为死者肖像对其近亲属有着财产上的特定利益。

自然人死亡后,肖像权固然不存在,但死者肖像财产利益仍继续存在。死者肖像财产利益具有财产属性,是一种类似于著作财产权的无形财产权。在我国,著作权分立为著作人身权与著作财产权。著作人身权不能被继承,由死者的继承人或其他人代为行使,著作财产权可以继承。死者肖像财产利益与著作财产权本质上并无差异,可以由死者继承人继承。主要理由为:

第一,死者肖像财产利益具有财产属性。自然人利用肖像或授权他人利用肖像从事商业活动是肖像权的一项重要权能,权利人通过此种方式获得财产利益。每个人都有理由期待,自己的肖像在死后不被他人任意用于追求经济利益,否则个人在生前可能就会感到不安。自然人死亡后,肖像权虽随之消灭,但死者肖像财产利益仍继续存在。正如美国纽约南区法院在"普莱斯案"中所指出的那样,"似乎并没有什么逻辑上的理由使得这一项权利随着受保护的人的死亡而消灭"。死者肖像财产利益具有财产属性,应由死者的继承人继承。死者继承人继承的并不是死者肖像这一人格标识,因为人格标识是不能继承的,死者继承人继承的是死者肖像财产利益。司法实践中,法官在死者肖像纠纷的裁判中,同样对死者肖像财产利益进行了保护。如涉及"鲁迅肖像权"的三起案件[5],虽然均以调解方式结案,但三起案件的原告均获得了不同程度的金钱赔偿,鉴于商业利用鲁迅肖像的行为一般情形下不会造成鲁迅社会评价的降低,原告获取的金钱赔偿只能理解为鲁迅肖像的财产利益。

第二,肖像财产利益由死者继承人继承,可以避免他人通过商业利用死者肖

---

❶ 北京市第一中级人民法院(2009)一中民初字第4747号民事判决书[Z].

❷ 北京市崇文区人民法院(1999)崇民初字第1189号民事判决书[Z].

❸ 湖南省益阳市中级人民法院(2000)益民终字第190号民事判决书[Z].

❹ 上海市黄浦区人民法院(2014)黄浦民一(民)初字第1245号民事判决书[Z].

❺ 周海婴诉浙江省邮票局、绍兴市邮电局肖像权纠纷案,周海婴诉绍兴越王珠宝金行有限责任公司肖像权纠纷案,周海婴诉北京市泉生集币公司肖像权纠纷案。

像获取经济利益。死者肖像财产利益可为继承，将更能贯彻自然人对其人格上财产利益自主决定的权利。未经授权的使用者因未对肖像的商业价值做出努力或支付报酬，故不能无偿利用他人肖像。如在"鲁迅肖像权"纠纷案中，原告周海婴的委托诉讼代理人朱妙春就认为，如果置死者肖像财产利益不顾，死者继承人对死者肖像被无偿利用不能有所作为，与《民法通则》的等价有偿、公平互利原则相违背。[1]有学者同样认为，自然人肖像中蕴含有财产利益，自然人虽然死亡，但肖像财产利益仍然存在，并在事实上可以惠及死者家属，如法律对此不予保护，会造成他人无偿获利而继承人利益受损。[2]

由于继承人通过继承取得死者肖像财产利益，利用死者肖像的方式亦关涉死者在其他近亲属及社会公众中的形象，故死者继承人继承的死者肖像财产利益不同于一般的财产权益，其行使及利用应受到一定限制。如在"玛蕾娜·迪特里希(Marlene Dietrich)案"中，法院就认为，人格权的财产价值成分在人格权精神利益受保护期间继续存在，由死者继承人取得，死者继承人要按照死者明示或可推知的意思行使此类权利。死者继承人对死者肖像财产利益行使及利用的限制主要表现为：不得以贬损、歪曲或违背公序良俗的方式利用或授权他人利用死者肖像，利用或授权他人利用死者肖像不得违背死者明确或可推知的意思表示，不能主张死者生前授权的肖像利用行为不符合自己的价值观从而行使撤回权等。死者生前关于禁止或限制其肖像死后商业利用的意愿对继承人也具有约束力。

(二)死者肖像财产利益保护的制度构建

1. 死者肖像财产利益的主体：死者继承人

死者肖像财产利益具体由哪些近亲属继承应按照法律规定的继承人范围及顺序确定。我国《民法典》第1127条规定了法定继承人的范围及顺序，可以依据上述范围及顺序确定死者肖像财产利益的继承主体及具体顺序。

2. 死者肖像财产利益的保护期限：自然人死亡后30年

死者肖像财产利益的保护期限不宜过长。对死者肖像的保护同样涉及肖像作品的著作权，保护期限过长，会损害肖像作品著作权人的利益。法律可以规定

[1] 朱妙春．死亡人肖像权初探——鲁迅肖像权案评析[J]．法学，1998(8)：43.

[2] 程合红．商事人格权论——人格权的经济利益内涵及其实现与保护[M]．北京：中国人民大学出版社，2002：26-27.

自然人死亡后的30年为死者肖像财产利益的保护期限。超过保护期限的，死者肖像财产利益转化为公共资源，他人可以在不违反公序良俗的前提下“进行开发”，以满足社会的需要，进而创造社会价值。[1]

3. 死者肖像财产利益的救济：财产损害赔偿

部分法院在司法实务中对侵害死者肖像财产利益，通过判处精神损害抚慰金方式进行救济已不合时宜，侵害死者肖像财产利益的救济方式应为财产损害赔偿。侵害死者肖像财产利益给原告造成的损失，并非现实的财产被毁损或侵占，而是预期收益的减少，故此种损失与一般的财产损失不同。德国“玛蓮娜·迪特里希（Marlene Dietrich）案”采取以合理授权契约所得为标准计算侵害死者肖像的财产损失。我国《民法典》第1184条规定，侵害他人财产造成损失的数额，按照损失发生时的市场价格或者其他合理方式计算。依据该条规定，行为人未经同意商业利用死者肖像，死者的继承人可以获得相当于该肖像使用费市场价格的损害赔偿。此外，如果权利人依据《民法典》第122条向行为人主张返还不当得利的，此种不当得利为非给付型不当得利，法院亦可以参照该肖像使用费的市场价格确定行为人的返还数额。

四、死者肖像保护的期限

我国台湾地区著名的“诽韩案”，引发了关于死者人格利益保护的期限问题。所谓“诽韩案”是指郭某著文称，因风流沾染花柳病，唐代文士韩愈不治而死。韩愈第39代孙韩思道起诉郭某犯有我国台湾地区所谓的“刑法”规定的“诽谤死人罪”，最终胜诉。[2]时间的经过可能是法院考量死者权利最为关注的因素。[3]随着时间的推移，死者的肖像由于缺少行为的不断强化，会自死亡之日逐渐消退。[4]对死者肖像精神利益与财产利益，应着眼于两类利益的性质及保护对象，分别确定保护期限。[5]

[1] 杨立新. 人格权法[M]. 北京：法律出版社，2011：202-203.

[2] 杨仁寿. 法学方法论[M]. 北京：中国政法大学出版社，1999：3.

[3] 柯尔斯登R. 斯莫伦斯基. 死者的权利[J]. 张平华，等译. 法学论坛，2014(1)：33.

[4] 刘召成. 死者人格保护的比较与选择：直接保护理论的确立[J]. 河北法学，2013(10)：93.

[5] 杨巍. 死者人格利益之保护期限[J]. 法学，2012(4)：148.

(一)死者肖像精神利益的保护期限

人格权的精神利益是权利人享有的人格尊严、人格独立、人格平等不具有直接财产内容的利益。人格权精神利益的专属性决定了权利人死亡必然导致该利益因丧失依托而归于消灭。[1]对死者肖像精神利益的保护实为对死者近亲属利益的保护。因涉及死者近亲属的生存期限,对此种精神利益的保护期限,取决于立法政策对死者近亲属范围的划定,范围越大保护期限越长,反之则越短。[2]对侵害死者肖像的行为,死者的近亲属为请求权人,故死者近亲属的生存期限为死者肖像精神利益的保护期限。实践中,我国一直坚持的也是以死者近亲属的生存期限为死者肖像精神利益保护期限的做法。如在周某某等诉黄某某等肖像权纠纷案的裁判中,法院对此进行了间接论述,认为原告四人作为鲁迅的孙子女,具有诉讼主体资格。例外的是侵害已故英雄烈士的肖像,损害社会公共利益,此时不以近亲属存活于世为前提条件,死者无近亲属的,可由法律规定的机关代为提出。

(二)死者肖像财产利益的保护期限

死者肖像财产利益具有财产属性,应由死者近亲属继承,在法定期限内受法律保护。关于死者肖像财产利益的保护期限,学界主要有以下两种观点:

第一种观点主张,参照死者肖像精神利益的保护期限,以死者近亲属的生存期限为死者肖像财产利益的保护期限。[3]死者肖像财产利益具有可继承性,保护死者肖像财产利益实则保护的是死者继承人所享有的财产利益,该财产利益的保护期限应取决于立法政策对该财产利益所认可的存续期限,不应为继承人的生存期限。[4]死者肖像的财产利益具有财产属性,对于一种具有财产属性的权利进行保护,确定一个明确、具体、固定的保护期限更为合适。因死者近亲属的生存期限可长可短,参照死者肖像精神利益的保护期限界定死者肖像财产利益的保护期限,会造成保护期限的不固定,不利于对死者肖像财产利益的保护。

---

[1] 杨巍.死者人格利益之保护期限[J].法学,2012(4):149.

[2] 杨巍.死者人格利益之保护期限[J].法学,2012(4):150.

[3] 杨立新,林旭霞.论形象权的独立地位及其基本内容[J].吉林大学社会科学学报,2006(2):58.

[4] 杨巍.死者人格利益之保护期限[J].法学,2012(4):150-151.

第二种观点主张，应设立一个固定的保护期限。如日本学者五十岚清认为，应当规定30年的保护期限。[1]一些学者主张保护期限可以为50年。[2]对死者肖像财产利益进行保护应设定一个合理期限，以防止死者继承人多年把持这种权利，坐享其成，不利于社会的发展与进步。[3]德国《艺术和摄影作品著作权法》第22条规定死者肖像保护的期限为10年。美国各州对死者肖像的保护期限有不同的规定，如田纳西州为死后10年，内华达州为死后50年。[4]确定死者肖像财产利益的保护期限需考量两个因素：一是死者肖像财产利益的保护期限应短于死者肖像精神利益的保护期限。在"玛蕾娜·迪特里希(Marlene Dietrich)案"中，法院就认为，人格权的财产价值成分在人格权精神利益受保护期间继续存在，由继承人取得，继承人要按照死者明示或可推知的意思行使此类权利。二是死者肖像财产利益的保护期限应等于或短于著作权的保护期限。原因为著作权的取得与著作权人的努力分不开，而肖像权的取得虽不能说与权利人的努力可以截然分开，但社会公众和媒体传播也在其中发挥了很大的推动作用。因此，法律可以规定自然人死亡后的30年为死者肖像财产利益的保护期限。

本章小结

肖像的认定应坚持可识别性的判断标准。名人与非名人坚持不同的标准，名人采"一般人标准"，非名人采"熟识人标准"。集体成员可以合理使用集体肖像，商业利用集体肖像应取得全体集体成员同意。对摄影、美术作品中肖像权与著作权的冲突，一般情形下，优先保护作为人格权的肖像权。同时，肖像权也要受到著作权的制约，肖像权人不能仅凭肖像权无偿获得肖像作品的所有权，商业利用肖像作品应取得著作权人的许可。

网络环境下侵害肖像权，具有侵权载体形式多样、侵权行为实施简单易行、传播速度快范围广、责任追究难度较大等特点。网络环境下侵害肖像权主

---

❶ 五十岚清. 人格权法[M]. 铃木贤，等译. 北京：北京大学出版社，2009：33.

❷ 张红. 人格权总论[M]. 北京：北京大学出版社，2012：375-378.

❸ 王歌雅，李云滨. 论我国死者肖像保护制度的完善——兼评《民法总则》第185条[J]. 北方论丛，2017(4)：163-164.

❹ 李明德. 形象权法研究[J]. 环球法律评论，2003年冬季号：488.

要可以根据网络用户、网络服务提供者不同的侵权行为分别由网络用户、网络服务提供者承担侵权责任。人格权禁令、停止侵害在网络环境下侵害肖像权的救济中具有重要作用。损害赔偿的具体计算,要考虑网络侵权的后果和情节。

网络表情包已成为网络社会的一种文化现象。具有可识别性的网络表情包属于肖像,应纳入肖像权的保护范畴。权利人可以许可他人以自己肖像为素材制作网络表情包并加以利用,以获取一定的财产利益。未经同意商业利用以肖像为素材的网络表情包,涉嫌侵害他人肖像权。不正当利用网络表情包,可能会侵害隐私权、名誉权,进而损害权利人的人格尊严。为保证网络表情包的科学发展,可以用肖像权合理使用制度规制网络表情包的制作、传播及利用。非以不正当方式制作、使用明星肖像网络表情包的行为,构成肖像权的合理使用,对此明星有适度的容忍义务。

网络信息技术的发展在为人类传递信息、生产生活带来便捷的同时,也给人格权保护带来了新的挑战,如侵害人格权变得愈加容易,侵害人格权的手段更加多样、被侵害的人格权涉及多种类型等。对此,应完善我国现有的人格权保护制度,科学界定网络服务提供者的责任;构建多元主体协同参与的人格权保护新格局,以强化网络信息时代民事主体的人格权保护。

对于死者肖像的保护,比较法中主要有两种规范模式,直接保护说和间接保护说。从我国的立法传统以及与其他法律制度衔接的成本考量出发,为避免因死者人格利益保护引发民事权利能力问题争议,间接保护的方式也属可接受的规范机制。保护死者肖像是为了维护死者近亲属的利益,死者为英雄烈士的,保护的还有社会公共利益,死者肖像保护的依据应采“近亲属兼社会利益说”。《民法典》第185条、第994条共同构建了《民法典》死者人格利益保护制度,坚持间接保护模式保护死者肖像,采“近亲属兼社会利益说”作为死者肖像保护的理论依据,具有一定的进步性。为更好地维护社会公共利益,应扩大《民法典》规定的与社会公共利益相关的死者肖像的保护范围。死者肖像财产利益具有财产属性,可由死者继承人继承。鉴于《民法典》并未对死者肖像财产利益的保护予以明确规定,最高人民法院可以通过出台司法解释、发布指导性案例的方式,创设死者肖像财产利益保护的具体裁判规则。对死者肖像精神利益与财产利益，应着眼于两类利益的性质及保护对象，分别确定保护期限。总之，法律对死者肖像给予保护并不是让死者的灵魂继续受“法律枷锁”的羁绊[1]，而是让生者可以更好地“生活在对未知世界的合理期待中”[2]。

[1] 葛云松.死者生前人格利益的民法保护[J].比较法研究，2002(4):34.

[2] 税兵.身后损害的法律拟制——穿越生死线的民法机理[J].中国社会科学，2011(6):108.

第五章　肖像权的合理使用

肖像权的合理使用，是指不必征得肖像权人的同意，也不必向其支付报酬，基于正当目的使用他人肖像的合法行为。❶肖像权人的允诺不为肖像权的合理使用事由。《民法典》出台前，我国在立法上并没有关于肖像权合理使用的规定。《民法通则》第100条规定，未经同意，不得以营利为目的使用自然人肖像。学界通说认为"以营利为目的"不为肖像权侵权责任的构成要件，《民法典》亦废除了侵害肖像权营利性的要求。由于立法中肖像权合理使用制度的缺失，《民法通则》第100条还在实践中发挥着肖像权合理使用规定的功能。"取消以营利为目的的限制要件可能导致权利保护过于宽泛，一些未经本人同意合理使用他人肖像的情况会被认为是侵权行为。"❷《民法典》从平衡使用肖像的正当需求和保护肖像权人的合法利益出发，在吸收学界已有研究成果和司法实践有益经验的基础上，确立了肖像权的合理使用制度，具有进步性。

第一节　肖像权合理使用的理论基础

现代社会权利义务双重本位和社会个人双向本位的价值体系模式，要求人们在主张和行使自己的权利时，注意度的限制和约束，顾及他人利益和社会公共利益。❸肖像权作为个人权利，与社会公共利益、言论自由、他人权利可能产生冲突，因而有必要对其予以适当限制。

一、维护社会公共利益

社会公共利益是与个人利益相对而言的，可以被理解为全体公众的共同利益。社会公共利益"在主体上是整体的而不是局部的利益，在内容上是普遍的而

❶ 张红．人格权各论[M]．北京：高等教育出版社，2015：200.

❷ 王利明．人格权法研究[M]．北京：中国人民大学出版社，2005：464.

❸ E. 博登海默．法理学——法律哲学与法律方法[M]．邓正来，译．北京：中国政法大学出版社，1999：316.

不是特殊的利益。”[1]从功利主义出发，社会公共利益是全部私人利益的总和，法律追求的目标是这种利益总和的最大化。[2]社会公共利益原则在世界许多国家和地区被广为接受。国际上普遍认可在一定条件下，媒体发表言论、刊登图片或播放影像作品不构成对自然人人格权的侵犯，条件之一就是“所报道事项与社会公共利益有关”。[3]在日本，为维护公共安全、打击犯罪、预防违法设置摄影设备以及为保全证据、记录案情在犯罪调查中使用肖像构成肖像权的合理使用。[4]《埃塞俄比亚民法典》第28条规定，如肖像的复制与社会公共利益相关，不需要有关人士的同意。《澳门民法典》第80条规定，“如该肖像系在公众地方、与公共利益有关之事实或公开进行之事实当中所摄得之影像之一部分，亦无须经肖像人同意”。《魁北克民法典》第36条将“非以向公众提供合法信息为目的使用他人姓名、肖像、照片、声音”等行为，界定为侵犯他人私生活的行为。

二、保障言论自由

言论自由是公民的基本自由之一，为当代国际人权法和各国法律所确认与保护。[5]《宪法》第35条规定，我国公民有言论、出版、集会、结社、游行、示威的自由。广义的言论自由包括新闻自由、出版自由、创作自由等，新闻自由是言论自由的主要体现。[6]法国的众多判例认为，行为人为报道具有新闻价值的事件或者说明具有新闻价值的问题使用他人肖像，不构成肖像侵权行为。[7]在美国，判例也认为新闻机构在报道具有新闻价值的事件中使用他人肖像，无须对该人遭受的精神损害及财产损失承担侵权责任。新闻报道中可以合理使用自然人肖像，主要理由为：

---

[1] 孙笑侠．论法律与社会利益——对市场经济中公平问题的另一种思考[J]．中国法学，1995(4)：54.

[2] 张千帆．“公共利益”是什么？——社会功利主义的定义及其宪法上的局限性[J]．法学论坛，2005(1)：29.

[3] 陈静．大众传播中的肖像权利研究[M]．北京：中国传媒大学出版社，2012：63.

[4] 刘易，骆正言．论肖像权的阻却要件——兼与日本人格权理论比较[J]．金陵科技学院学报（社会科学版），2010(2)：51-52.

[5] 洪伟．大众传媒与人格权保护[M]．上海：华东师范大学出版社，2005：115.

[6] 朱国光．肖像权及其法律保护制度探析[J]．法学论坛，1997(4)：66.

[7] 张民安．无形人格侵权责任研究[M]．北京：北京大学出版社，2012：705-706.

第一，使用肖像是新闻报道的重要方式。许多事件本身是通过现场拍摄来完成报道的，如不能使用肖像，新闻报道将无法完成。

第二，使用肖像可以增强新闻报道的可信度、真实性。不使用人物肖像，新闻报道的可信度、真实性将大打折扣。如在日本的一个案例中，法院认为新闻机构为增强新闻报道的可信度，使用自然人肖像能够阻却违法。❶

第三，使用肖像是新闻机构及公民、社会组织行使监督权的重要方式，以此种方式使用肖像不构成侵权。

三、保证社会正常发展

现代社会，随着人们权利意识和法治意识的增长，一些新兴权利出现并被法律化。社会步入权利爆炸的时代，权利重叠、权利冲突现象频发。为更好地满足社会正常发展需求，保护他人权利，妥善处理权利冲突，有必要对权利进行限制。社会发展中的一些正常活动离不开肖像的合理使用，如凡制作和使用肖像都须经肖像权人同意，势必会给社会生活的正常运转带来阻碍与不便。如不允许国家、社会组织在身份、学历证件中使用自然人的照片，社会管理职责将无法履行；拍摄诗一样的风景或公共场所情景前，需征询每一位入镜对象的同意，既不可能也无必要；附近居民不同意政府在公共场所安装摄像头，那公共安全又如何维护；网友单纯为了娱乐、交流或彰显个性，以影视明星肖像为素材制作网络表情包，这既丰富了网络语言，对明星本人的肖像权亦无大的损害；亲密好友合影之前需一一征询对方是否介意留影纪念，与社会风俗明显相悖等。一概将未经同意的肖像制作、使用行为认定为侵害肖像权，会让社会中的人如履薄冰、人人自危。在这种情况下，规定肖像权的合理使用制度，对肖像权进行适当限制，实属必要。

第二节　《民法典》肖像权合理使用制度的规则适用

《民法典》第999条规定了人格权合理使用及不正当使用的民事责任，是人格权合理使用的一般规定。❷《民法典》第1020条规定了肖像权合理使用的五种情

❶ 五十岚清．人格权法[M]．铃木贤，等译．北京：北京大学出版社，2009：138-139.

❷ 张红．《民法典（人格权编）》之合理使用制度[J]．学习与实践，2020（12）：42.

形,为肖像权合理使用的具体规定。此外,《民法典》第998条规定了侵害精神性人格权承担民事责任的考量因素,一定程度上也可以使《民法典》第999条、第1020条规定情形之外的肖像使用人免于承担责任,属于广义的人格权合理使用规定。

一、人格权合理使用的一般规定:《民法典》第999条

《民法典》第999条规定,为公共利益实施新闻报道、舆论监督可以合理使用民事主体的人格标识。现代社会,在新闻报道中,不可避免地要使用人物肖像。一概要求新闻机构需经肖像权人同意后才能使用肖像,会阻碍广大民众的知情权,妨碍新闻自由,进而损害社会公共利益。同时,如对新闻报道中使用肖像的行为不加任何规制,无论何种报道甚至于与人物无关的报道,都可未经肖像权人同意而使用肖像,不用顾忌是否侵权,则又不利于肖像权的保护。新闻报道中使用肖像,涉及新闻自由与肖像权人的利益平衡。从这个角度出发,《民法典》第999条规定的"新闻报道"应限缩解释为"时事新闻报道"。时事新闻指的是需迅速及时报道的正在发生的或国内外新近发生的重大事件,它具备鲜明的时效性与题材的重大性两个特征。因时事新闻报道与公民知情权及社会公共利益相关,在时事新闻报道中使用肖像可以使新闻报道更客观和便于传播,构成肖像权的合理使用。在罗某周等诉《都市时报》等肖像权纠纷案中,被告刊登了"产妇死亡家属医院设灵堂"的新闻报道,在新闻报道中配发了2张照片,其中包含与事件无关的五原告的肖像。法院经审理认为,被告使用图片,目的是全面、真切地做好新闻报道,被告使用原告肖像具备违法阻却事由。[1]

除新闻报道外,正当行使舆论监督也构成肖像权的合理使用。《宪法》第41条第1款规定,公民对于国家机关和国家工作人员,有提出批评和建议的权利;对其违法失职行为,有提出申诉、控告或者检举的权利。舆论监督是公民通过发表言论和意见发挥监督作用的权利。舆论监督是带有中国特色的词语,更准确地应该为"新闻监督"或"媒介监督"。[2]在我国,新闻舆论监督的核心是公开报道和新闻批评,主要的监督方式有评论、报道、批评、讨论等。一些情形下,舆论监督和

---

[1] 云南省昆明市中级人民法院(2008)昆民三终字第397号民事判决书[Z].

[2] 郭镇之.舆论监督与西方新闻工作者的专业主义[J].国际新闻界,1999(5):32.

人格权保护会产生冲突,如在一些新闻舆论监督中,不可避免地会使用自然人的姓名、肖像。从比较法经验看,大都在此种情形下倾向于保护新闻舆论监督。保护舆论监督,可以鼓励人们批评和披露社会生活中的违法和丑陋现象,使社会公共利益得以维护。舆论监督的优先保护也是有条件的,只有正当的舆论监督才能受到优先保护,且在舆论监督中使用肖像权人的肖像,也要尽谨慎的注意义务。

二、肖像权合理使用的具体规定:《民法典》第1020条

《民法典》第1020条规定了肖像权合理使用的具体情形。从该条规定来看,为个人学习、艺术欣赏、课堂教学、科学研究、新闻报道、展示特定环境、依法履行职责、维护社会公共利益或肖像权人合法权益等需要,可以合理使用肖像权人的肖像。新闻报道为肖像权合理使用的具体情形,前文已述。其他的几种肖像权合理使用的具体情形为。

(一)个人学习、艺术欣赏、课堂教学、科学研究

在著作权领域,美国由1841年的司法判例创立了合理使用原则,即行为人为个人欣赏、评论、新闻报道、教学及公益事业等目的,在未经著作权人事先同意的情况下,可以以合理方式使用他人享有著作权的作品。[1]我国《著作权法》第24条规定了著作权的合理使用原则。肖像权与著作权关系密切,德国、意大利就是通过著作权法来实现对肖像权的保护,合理使用原则可以类推适用于肖像权领域。为个人学习、艺术欣赏、课堂教学、科学研究需要,可以合理使用自然人的肖像。

(二)国家机关依法履职需要

国家机关有权为保障公共安全、执行公务等目的在必要范围内制作、公开、使用自然人肖像。《埃塞俄比亚民法典》第28条规定,因司法和警察活动的要求复制肖像为正当,不需要有关人士的同意。在苏某某诉梁某某肖像权纠纷案中,被告依据公安机关的要求提交视频资料。法院认为,被告以将所拍视频交给公安机关的方式使用肖像不构成侵权,判决驳回原告的诉讼请求。[2]国家机关合理使

[1] 张民安.无形人格权侵权责任研究[M].北京:北京大学出版社,2012:720-723.

[2] 广东省中山市第一人民法院(2016)粤2071民初4165号民事判决书[Z].

用肖像的前提是依法履职需要，非以执行公务为目的使用肖像，不构成阻却违法。如在公共场所安装监控设施目的正当性不能阻却一切违法，摄制虽然合法，但未经允许随意公开则属侵权。[1]《澳门民法典》第80条规定，“在公众地方为着安全或司法方面之目的而摄取之肖像仅得用于该等目的上，且在无需要时应立即销毁”。

(三)展示特定公共环境、图景、事件

“拍摄风景或其他场所时，难免偶然有‘人物’入镜，实现一一征得他人允诺，实有困难，故在利益衡量上应认定可以阻却违法。”[2]德国《艺术和摄影作品著作权法》第23条规定，传播和展示“人物仅作为风景或以其他地方陪衬的相片”“被描绘的人所参加的集会、游行或类似活动的照片”，无须肖像权人的同意。在日本，一般认为新闻媒体和个人拍摄肖像权人参加集会、游行等公众活动的相片是允许的。[3]人物是否为风景、事件的一部分，应就照片的客观整体印象综合判断。公共场所限制肖像权应具备四个条件：第一，肖像权人出现在公共场所，私人场所不适用公共场所限制规则。第二，权利人和他人在一起构成一个整体。第三，肖像权人在照片中不处于被凸显的地位。在日本一起肖像权案件中，杂志封面刊登了擅自拍摄的反对派正在捕鱼的照片，被告抗辩说是在拍摄诗一样的风景，但法院认为，“该照片是原告在捕捉鲱鱼时的照片，虽不能说不是风景照，但是原告被拍得过大……”，认可了对原告肖像权的侵害。[4]第四，拍摄的目的是拍摄某个环境、图景或事件。在乔某某诉府谷县煤产品经营公司、府谷县邮电局肖像权纠纷案中，法院认为，原告作为企业负责人代表公司领奖属职务行为，该照片是以奖状和奖杯为特定的表现对象，属于对颁奖、领奖特定场面的实况再现，被告以象征荣誉的照片作广告宣传，且未损害原告的形象，构成肖像权的合理使用。[5]

---

[1] 张红．肖像权保护中的利益平衡[J]．中国法学，2014(1)：280.

[2] 王泽鉴．人格权法：法释义学、比较法、案例研究[M]．北京：北京大学出版社，2013：143.

[3] 五十岚清．人格权法[M]．铃木贤，等译，北京：北京大学出版社，2009：141.

[4] 五十岚清．人格权法[M]．铃木贤，等译，北京：北京大学出版社，2009：140.

[5] 陕西省高级人民法院(1996)陕民终字第40号民事判决书[Z].

（四）维护肖像权人的合法利益

为维护肖像权人的合法利益使用肖像，目的非为侵害肖像权或谋取商业利益，此时构成肖像权的合理使用。典型情形为自然人离家不归，家属和有关组织在报纸刊登载有其肖像的寻人启事。在本人身份证、工作证、毕业证、退休审批表上粘贴照片，这些皆为现代社会管理所必需，因同时有助于个体的工作和生活，亦属维护肖像权人合法权益的情形，构成肖像权的合理使用。在聂某某诉淮北矿业股份有限公司朱庄煤矿肖像权纠纷案中，法院认为，被告将作为员工的原告的照片粘贴在退休审批表上，存放于原告个人的退休档案中，系通常做法，合乎情理，不构成侵害原告的肖像权。❶

（五）维护社会公共利益的其他行为

除新闻报道、舆论监督、国家机关依法履职需要以外，其他为维护社会公共利益的肖像使用行为也构成肖像权的合理使用。如揭露可能存在的违法犯罪行为，对打击犯罪、预防违法具有重要作用，故在其中使用肖像可以阻却违法。在施某某、张某某、桂某某诉徐某某肖像权纠纷案中，法院认为，被告在微博中发布未成年人受伤的照片，目的是揭露可能存在的犯罪行为和保护未成年人合法权益不受侵害，且对照片做了模糊处理，不构成对原告肖像权的侵害。❷

三、广义的人格权合理使用规定：《民法典》第998条

肖像权合理使用制度的理论基础除维护社会公共利益、保障言论自由外，还包括保证社会正常发展。《民法典》第999条、第1020条作为人格权合理使用的一般条款、肖像权合理使用的具体条款，着眼点为“社会公共利益”“肖像权人的合法权益”，对社会正常发展所需的肖像权合理使用情形关注不多。第1020条仅规定了个人学习、艺术欣赏、课堂教学、科学研究、展示公共环境等“社会正常发展”所需的肖像权合理使用情形。对除此之外的其他情形则未予规定，且其他情形不能被第1020条第（五）项“为维护公共利益或者肖像权人合法权益的其他行为”所涵盖。如网友利用明星肖像制作网络表情包并在社交软件中使用，目的为彰

❶ 安徽省淮北市中级人民法院（2015）淮民一终字第00146号民事判决书[Z].

❷ 江苏省南京市江宁区人民法院（2015）江宁少民初字第7号民事判决书[Z].

显个性、辅助信息交流，不具有营利目的，明星大多对此持包容态度，但此种行为显然不为单纯的“艺术欣赏”。朋友之间正常社交活动中随手拍照留念，大多不是为“展示特定公共环境”，即使勉强可以归为“艺术欣赏”，亦不符合“使用肖像权人已经公开的肖像”的限制，均不属《民法典》第1020条规定的肖像权合理使用情形。

《民法典》第998条可视为广义的人格权合理使用规定。《民法典》第998条规定，认定侵害精神性人格权承担的民事责任，要考量行为人和受害人的职业、影响范围、过错程度、行为目的、方式、后果等因素。无论是关于责任构成，还是民事责任的后果，都需要对上述因素综合考量。[1]司法实践中，法院可以依照《民法典》第998条的规定，通过考量上述因素，扩大肖像权合理使用的范围。如网友利用明星肖像制作网络表情包并在社交软件中使用，考量到受害人为公众人物，行为人制作和使用网络表情包不具有营利目的，行为方式不包含侮辱、贬损等内容，故该肖像使用行为不构成侵权。根据《民法典》第998条的规定，下列肖像使用行为可能构成肖像权合理使用的具体情形。

（一）正当使用公众人物肖像

公众人物是因特殊的成就、经历、才能或其他特殊原因而为公众所熟知的社会人物，包括影视明星、体育明星等。由于公众人物所从事的活动关涉公民的知情权，一些国家的法律规定公众人物构成肖像权侵权的违法阻却事由，如《埃塞俄比亚民法典》第28条、《澳门民法典》第80条等。《澳门民法典》第80条规定，有合理理由使用基于肖像之知名度或担任之职务者的肖像，无须肖像权人的同意。在我国，单纯公众人物本身不为肖像权合理使用的事由，以营利为目的使用公众人物肖像，同样构成侵权。公众人物肖像关系到公众兴趣，涉及公众知情权和舆论监督的开展，对公众人物肖像权的保护不应像普通民众那样严格。使用公众人物肖像能否构成肖像权的合理使用应区分情况，原则上公众人物在公共场所、公开活动中的肖像不受保护，但下列对公众人物肖像的使用行为不能阻却违法：一是以侮辱、诽谤、贬损、丑化等违反社会公德和社会公共利益的方式使用公众人物肖像；二是以商业目的使用公众人物肖像；三是披露或摄录侵扰公众人物的

[1] 黄薇．中华人民共和国民法典人格权编释义[M]．北京：法律出版社，2020:45.

私人活动(如约会、性行为、私人葬礼等)形成的照片、录像等。[1]

(二)非以营利目的制作、使用明星肖像为素材的网络表情包

网络社会发展使网络表情包在网络空间大量流行和传播。网民往往利用当红的明星,以一种调侃、幽默的态度制作、使用网络表情包,审美或审丑,以达到彰显个性、宣泄情绪的效果。大部分网民制作、使用网络表情包单纯是为了娱乐、交流或彰显个性,使用的肖像大多是明星公开的肖像。一些明星为了提高本人的知名度,主动将自己的肖像制成网络表情包或者对网友将其肖像制成网络表情包的行为表示支持或默许。从这个角度出发,非以侮辱、贬损等方式制作、使用明星肖像为素材的网络表情包的行为,属于在合理范围内使用明星肖像,对此明星有适度的容忍义务。但是以营利为目的商业利用明星网络表情包的行为,构成对肖像权人肖像权的侵害。

(三)正常社会交往活动中不违反社会伦理的肖像使用行为

随着私权的发展,基于维护共同生活、减少权利摩擦、安定社会秩序的需要,权利人对正常社会交往活动中不违反社会伦理的肖像使用行为,有适度的容忍义务。容忍限度以内的轻微损害,不足为请求财产损失或精神损害赔偿的理由;超越正常容忍限度,造成肖像权损害后果的,为侵权行为。如拍摄与好友相聚、棋友对弈、驴友出行的照片用于个人欣赏和收藏,不为侵害肖像权的行为。正常社会交往活动中不违反社会伦理的肖像使用行为,不包括以营利目的利用肖像的商业行为。是否为正常社会交往活动中不违反社会伦理的肖像使用行为,可由法官在个案中结合具体案情进行判断。

第三节 肖像权合理使用的限制

肖像权的合理使用是对肖像权的一种限制,此种限制不是绝对而是相对的。符合合理使用情形的肖像使用行为能否真正阻却违法,同样应受到法律保留原则、紧密联系原则、个案利益衡量原则的限制。

---

[1] 丁宇翔. 人格权侵权中"公众人物抗辩"的裁判规则[J]. 法律适用,2016(6):75.

一、法律保留原则

法律保留原则，是指对人格权进行限制，应通过一定的立法程序实施。[1]肖像权的合理使用使得他人可以不经肖像权人同意使用肖像，突破了肖像权的专有性，如不通过立法加以限制，非但不能实现肖像权合理使用制度的目的，还将损害肖像权人的利益。一些国家通过立法规定肖像权的合理使用制度，如德国《艺术和摄影作品著作权法》第23条、《意大利版权法》第97条、《埃塞俄比亚民法典》第28条、《澳门民法典》第80条。通过法律明文规定肖像权的合理使用制度，一方面可以使合理使用肖像有法可依，更好地维护社会公共利益、言论自由及他人权利。另一方面通过立法程序规定肖像权的合理使用制度，可以明确界定肖像权合理使用的具体情形，使肖像权合理使用不至于被滥用，更好地保护肖像权人的合法权益。我国《民法典》第1020条规定了肖像权的合理使用情形。

二、紧密联系原则

紧密联系原则，是指行为人即使以符合合理使用情形的方式使用肖像，也应使用与事件、行为、目的有紧密联系的肖像，且在使用过程中应尽谨慎的注意义务，否则将构成侵权。肖像权的合理使用之所以要符合紧密联系原则，是因为正当使用与事件、人物关系密切的肖像，可以增强对该事件、人物说明的可信度和真实性，反之则会降低真实性和可信度。如行为人为监督、批评的目的使用肖像，应当使用被监督者、被批评者的肖像，不得使用其他无关人员的肖像。在时事新闻报道中使用肖像，应选择使用与新闻报道事件有紧密联系的肖像，尽量避免使用与事件无关的肖像。不符合紧密联系原则使用肖像，给肖像权人造成精神损害和财产损失的，应承担侵权责任。如在王某某诉广东《希望》杂志社肖像权纠纷案中，被告刊文《我和艾滋病人有个约会》，内容为女记者采访一个男性艾滋病人“小路”，使用了与采访对象及报道内容完全无关的原告的照片作为配图，法院判决被告停止侵害、赔礼道歉、赔偿精神损害抚慰金2万元。[2]

紧密联系原则的应有含义是正当使用肖像，要求行为人在使用肖像过程中

[1] 杨立新. 人格权法[M]. 北京：法律出版社，2011：95.

[2] 广东省深圳市中级人民法院（2001）深中法民终字第2513号民事判决书[Z].

要尽谨慎的注意义务，使得肖像以正常、合理和不贬损人格的方式被利用。未尽谨慎的注意义务使用肖像，给肖像权人造成精神损害和财产损失的，要承担侵权责任。《民法典》第999条中规定，人格标识使用不合理侵害人格权的，应依法承担民事责任。《民法典》第1020条同样贯彻了肖像权合理使用的“紧密联系原则”，规定肖像权的合理使用应受到“必要范围”“不可避免”“已经公开”等情形的限制。在李某某等诉叶集公安分局、安徽电视台等名誉权、肖像权纠纷案中，原告六人为初中生，在班主任的带领下，前往公安机关与犯罪嫌疑人一起参加受害人的混合指认。后公安机关将录像资料提供给电视台，由电视台在新闻栏目中播出。播出的画面中，六原告面部无技术处理。节目播出后，六原告被同学和其他人以“嫌疑犯”“强奸犯”等字眼称呼。法院经审理认为，被告使用肖像本身并不具有违法性，但被告未尽注意义务，导致在未经技术处理的情况下原告脸部画面被播出，且被告未做特别提醒，判决二被告承担消除影响、恢复名誉、赔偿精神损害抚慰金等民事责任。[1]

三、个案利益衡量原则

“‘个案中之法益衡量’是法的续造的一种方法，它有助于答复一些——法律未明确规定其解决规则之——规范冲突的问题。”[2]在未经肖像权人同意的情况下，确定肖像使用是否构成肖像权的合理使用，实质是针对肖像权与其他需要保护的法益做一种利益衡量。此时应坚持个案利益衡量的原则，就个案事实运用比例性原则调和相冲突的权利。如在日本，肖像权的阻却要件并不是绝对的，在个案中法官仍会运用利益衡量方法来决定是否阻却违法，且利益衡量的标准更加细致精准。[3]在我国，部分法官在司法实践中采用个案利益衡量的方法来确定肖像使用行为是否能够阻却违法。如在王某诉深圳青年杂志社、深圳市缘来是你家政有限公司名誉权、肖像权纠纷案中，法院认为被告虽然针对一种新兴社会现象进行报道具有新闻价值，但文章写明被告家政公司的名称、地址且文章内容与原告无关，为以营利为目的利用肖像，侵害了原告的肖像权。

---

❶ 安徽省合肥市中级人民法院民事判决书[Z]，[法宝引证码]CLI.C.72511.

❷ 卡尔·拉伦茨. 法学方法论[M]. 陈爱娥，译. 北京：商务印书馆，2003：286.

❸ 骆正言. 论日本法中的肖像权保护[J]. 日本研究，2010(3)：90-91.

在我国台湾地区的“车商小开死亡纪事案”,原告之子遭绑匪杀害,被告电视公司就此制作一名为“车商小开死亡纪事”的电视剧,剧中多次出现原告目睹警方在案发地捞起爱子尸体时痛不欲生的画面。原告诉至法院主张肖像权的人格权法益受侵害。原审法院认为被告电视公司构成侵害肖像权,二审法院撤销原判,发回原审法院,理由为具有新闻价值的报道可以阻却违法。有学者对此持异议,认为“纵原播出画面系当时具有重大事故的新闻价值,而得不构成不法侵害他人的肖像权,其后因时间经过而不具公益性新闻价值时,其再为播出仍得成立侵害肖像权”,主张应就新闻报道在个案中能否真正阻却违法结合具体案情进行利益衡量。[1]

确定具体的肖像使用行为能否阻却违法,应在个案中进行利益衡量,具体衡量肖像使用行为是否与社会公共利益、言论自由、他人权利产生冲突,以及此情形下是否确有必要对肖像权予以合理限制。依照《民法典》第998条的规定,在个案中进行利益衡量主要考量以下因素:

第一,行为目的是否正当。行为人是否为评论、批评、报道、研究、学习、艺术欣赏等非营利目的使用肖像,使用肖像是否有助于实现该目的。

第二,行为方式是否合理。行为人是否以合理的方式使用他人肖像(如是否存在玷污、丑化等行为),在使用过程中是否尽了相当的注意义务。

第三,其他因素。如行为人和受害人的职业、影响范围、过错程度及行为后果等。

科学界定肖像权合理使用制度可以厘定肖像权的权利边界。肖像权合理使用范围过宽,会增加肖像权人的容忍义务,不利于肖像权人的利益保护;肖像权合理使用范围过窄,会使肖像权限制较小,社会公众动辄得咎,不敢越雷池一步,有损公众行动自由。《民法典》确立了肖像权的合理使用制度,具有进步性。《民法典》第999条、第1020条着眼于维护“公共利益”和“肖像权人的合法权益”,对社会正常发展所需的肖像权合理使用情形关注不多。为弥补不足,可将《民法典》第998条认为广义的人格权合理使用规定,通过其功能作用发挥,将一些社会正常发展所需情形纳入肖像权的合理使用制度。

---

[1] 王泽鉴.人格权法:法释义学、比较法、案例研究[M].北京:北京大学出版社,2013:360.

第四节 对纠纷裁判的一些回应

在文学、艺术、科学作品肖像纠纷裁判中,存有争议的问题是科学艺术自由是否为肖像权的合理使用事由。在合理使用肖像纠纷裁判中,法院在个案中认为,在教材中使用权利人肖像,构成肖像权的合理使用。对此本书认为有必要给予回应。

一、科学艺术自由不为肖像权的合理使用事由

学理上,对于为了艺术、科学目的能否未经权利人同意,公开和使用肖像存有争议,主要有肯定说和否定说。肯定说认为,为文化教育和科学研究目的可以在一定范围内使用他人肖像。[1]否定说认为,为了学术(主要是医学)目的,一定范围内拍摄和公开肖像的行为也存在被许可的情况,但应慎重行事。[2]在司法实践中,"秋菊打官司案"虽然最终以调解方式结案,但一审法院实质上是以科学艺术自由的实质驳回了权利人的诉求。在"上海科技报社案"中,最高人民法院的复函同样是以科学艺术自由的实质驳回了权利人的诉求。在比较法上,德国《艺术和摄影作品著作权法》第23条第1款列举了肖像权保护的四种例外情形,所涉及的利益包括艺术自由和科学自由方面的利益。[3]在德国,1968年的"靡菲斯特(Mephisto)案",德国联邦宪法法院判决出版社败诉,认为艺术自由应受到限制,不得侵害他人的人格权,在宪法所保护的人格权和艺术自由发生冲突时,应以《基本法》的价值秩序作为标准加以解决,《基本法》第1条第1项规定了人之尊严受到尊重,故《靡菲斯特》(*Mephisto*)的小说侵害了古斯塔夫·格林德根斯(Gründgens)的人格权。[4]

文学、艺术、科学肖像作品中能否使用权利人肖像,在什么情形下可以使用,关系到科学艺术自由与肖像权的冲突与平衡。在本书前文分析的8件文学、艺术、科学作品肖像纠纷裁判中,法院在6件纠纷裁判中支持了原告的诉讼请求,在

---

[1] 王利明.人格权法研究[M].北京:中国人民大学出版社,2005:465.

[2] 五十岚清.人格权法[M].铃木贤,等译.北京:北京大学出版社,2009:139-140.

[3] 霍尔斯特·埃曼.德国民法中的一般人格权制度——论从非道德行为的侵权行为的转变[A]//梁慧星.民商法论丛[C].总第23卷:461.

[4] 王泽鉴.人格权法:法释义学、比较法、案例研究[M].北京:北京大学出版社,2013:287.

2件纠纷裁判中驳回了原告的诉讼请求。从纠纷裁判的分析可以看出,法院对于在文学、艺术、科学作品中能否未经同意使用权利人肖像持谨慎态度。法院通常认为,在文学、艺术、科学作品中,未经权利人同意使用肖像,是一种“以营利为目的”的肖像使用行为,从而援引《民法通则》第100条判处被告对原告承担肖像权侵权责任。科学艺术自由不为肖像权侵权的违法阻却事由。主要理由如下:

第一,对文学、艺术、科学作品中的肖像权予以保护是必要的。从位阶上,肖像权为人格权,保护的是人格尊严;科学艺术自由,保护的是创作自由。人格权的位阶应优先于作为法益的科学艺术自由。从这个角度来说,保护肖像权的权利应在某种自由之上。如有学者就认为,原则上在没有本人或其家属承诺的情况下,即使是出于学术或艺术目的,肖像的制作和公开也是不应当被允许的。[1]新加坡注重对艺术作品中的肖像权予以保护。如一位中国游客到新加坡旅游,参加了数千人参与其中的美食节,一家新加坡影视公司制作了关于美食节的纪录片。在纪录片播映前,这家影视公司专门向这位中国游客致信并附肖像使用许可合同,信件以温和、谦卑的态度询问游客是否介意自己的肖像出现在纪录片中,如不介意并签订肖像使用许可合同,将收到该公司支付的肖像使用费;如一个月内不回信,视为不同意许可肖像使用,影视公司将承担包括重新拍摄在内的巨大损失。[2]

第二,科学艺术自由不为肖像权侵权的违法阻却事由。在日本,虽然学界认可科学艺术自由可以阻却违法,但司法实践一直对此持谨慎态度,认为即使为了科学艺术自由也不能制作、公开他人肖像。[3]我国学者对何为肖像权侵权的违法阻却事由存有争议,但多数学者认为科学艺术自由不为肖像权侵权的违法阻却事由。如有学者就认为,在“上海科技报社案”中,“宣传医疗成果,对社会有益”并非肖像权侵权的违法阻却事由,复函在结尾时的用语“今后未经同意,不得再使用肖像”就证明了这一点。[4]科学艺术自由是选择创作与否及采用什么方式创

[1] 五十岚清.人格权法[M].铃木贤,等译.北京:北京大学出版社,2009:139-140.

[2] 蒋骁飞.我在新加坡的肖像权[J].山东人大工作,2013(9):62.

[3] 骆正言.论日本法中的肖像权保护[J].日本研究,2010(3):89.

[4] 杨立新,尹艳.侵害肖像权及其民事责任[J].法学研究,1994(1):95.

作的自由，并不是刻意侵犯他人权利的“自由”。[1]日本《宴会之后》案判决中指出，“小说也好电影也好，不管应该如何看待其艺术价值，不能因为其艺术价值就可以理所当然地阻却其侵害隐私的违法性”[2]。《乌克兰民法典》第307条亦规定，仅在法律规定的情形，始得不经自然人同意（包括秘密为之的）而对其摄影、拍摄电影、摄制电视或录像。

科学艺术自由虽不为肖像权侵权的违法阻却事由，但并不是所有未经同意在文学、艺术、科学作品中使用肖像的行为都宜认定为侵权行为。对于在文学、艺术、科学作品中使用肖像，符合诸如“拍摄特定公共环境、图景、事件”“正当使用公众人物肖像”“维护社会公共利益及公序良俗为目的”等肖像权合理使用情形的肖像使用行为，不构成对权利人肖像权的侵害。此外，为鼓励作品创作，发展先进文化，法院在文学、艺术、科学作品肖像纠纷中，认定肖像使用行为是否构成侵权及行为人侵权责任的大小，要充分考量肖像使用行为情节是否轻微、使用方式有无不妥、是否确有使用必要等因素。

二、“在教材中使用肖像”不为肖像权的合理使用事由

覃某甲、巫某某诉覃某乙肖像权纠纷案中，法院未认定被告在出版教材中使用肖像的行为违法，理由为出版发行教材不以营利为目的及原告已满17岁未对拍照表示反对。但同时法院亦表明，被告在未征得原告法定代理人同意的情况下，在体育教材中使用原告肖像确有不当，反映出法院对教材中使用权利人肖像持谨慎的支持态度。此案中法院的态度与最高人民法院在“上海科技报社案”中的态度如出一辙，即驳回原告的诉讼请求，但同时指出被告的行为确有不当。在德国，1988年一本网球教科书的出版者在未经授权的情况下将德国网球运动员鲍里斯·贝克尔（Boris Becker）的肖像使用在书的封面上，法院认为教科书的信息传播目的构成隐私权保护的例外情形。[3]

在教材中使用人物照片，或为了读者对人物有更直观的认识，或为读者更形

---

[1] 杨德齐．论著作权与肖像权的冲突及解析——电影《秋菊打官司》之肖像权案新解[J]．中央财经大学学报，2015年增刊：169.

[2] 五十岚清．人格权法[M]．铃木贤，等译．北京：北京大学出版社，2009：177.

[3] 埃里克·H. 瑞特．人格与财产：肖像权的比较研究[A]//张民安．公开权侵权责任研究：肖像、隐私及其他人格特征侵权[C]．广州：中山大学出版社，2010：250.

象地理解文中的内容，或为更直观地理解动作要领，是必要的，删除人物图片后，会影响读者的理解和学习效果。[1]但是，在教材中使用权利人肖像，与在文学、艺术、科学作品中使用肖像一样，目的虽具有一定的公益性，但不能仅仅因为这种公益性，就将其等同于"社会公共利益"，从而忽视对权利人肖像权的保护。可以根据权利人与社会公共利益的关联度分别就普通人、公众人物给予不同标准的保护。[2]就普通人而言，除非得到允诺，否则在一般情形下，不能在教材中使用权利人的肖像。如果权利人是公众人物，肖像权保护的力度应明显弱于普通人。

本章小结

肖像权作为个人权利，与社会公共利益、言论自由、他人权利可能产生冲突，因而有必要予以适当限制。肖像权合理使用的理论基础为维护社会公共利益、保障言论自由、保证社会正常发展。《民法典》第999条、第1020条规定了肖像权合理使用制度，具有进步性，但对社会正常发展所需的肖像权合理使用情形关注不多。《民法典》第998条为广义的人格权合理使用规定，可以通过发挥其功能，扩大肖像权合理使用的情形范围。肖像权的合理使用同样受到法律保留原则、紧密联系原则、个案利益衡量原则的限制。对文学、艺术、科学作品中的肖像权予以保护是必要的，科学艺术自由不为肖像权侵权的违法阻却事由。在教材中使用权利人肖像，目的虽具有一定的公益性，但不能仅仅因为这种公益性，就将其等同于"社会公共利益"，从而忽视对权利人肖像权的保护。

---

[1] 安薇．论肖像权的法律保护与限制——以教材内文中使用的人物照片为例[J]．东北师大学报（哲学社会科学版），2014(4)：234.

[2] 安薇．论肖像权的法律保护与限制——以教材内文中使用的人物照片为例[J]．东北师大学报（哲学社会科学版），2014(4)：234-235.

第六章　肖像的商业利用

肖像的商业利用，指的是将特定自然人的肖像与具体的商业活动相结合以牟取财产利益的活动。[1]肖像的商业利用理论是近代民法的产物。19世纪末期，当时的司法界普遍认为，允许他人通过市场化支付费用的方式利用肖像获取财产利益的行为是违背人的尊严的。[2]但是理论的存在，并没有妨碍肖像被利用实践的出现。早在19世纪末20世纪初，一些名人的肖像和姓名就被广泛用于香水、雪茄和药品。[3]随着市场经济的发展，现代传媒技术的发达，广告宣传对商品销售具有重要的推广作用，自然人特别是名人的肖像因有助于提升产品知名度，增强号召力，形成明星效应。在这种情况下，肖像就有了被商业利用的可能和必要。

第一节　肖像商业利用的民法保护

随着经济社会的飞速发展，肖像被广泛地应用于商业，基于商业利用肖像产生的侵权、维权案件越来越多。人们意识到基于肖像的商业利用会产生一定的财产利益。如何保护因肖像商业利用产生的财产利益成为国内外民法学者重要的研究课题。

一、国外肖像商业利用的保护模式

各国立法和判例对商业利用肖像在内的人格标识均进行调整，比较有代表性的是德国和美国。两个国家经过超过一个世纪的演变，持续累计研究成果，使得“新的权利得以诞生生长，原有的权利能够调整更新”。[4]由此产生了两种立法

---

[1] 于晓．自然人人格标识商业利用民事权利的创设与保护[J]．法学论坛，2017(1)：61.

[2] 王利明．人格权法(第二版)[M]．北京：中国人民大学出版社，2016：105.

[3] 王利明．人格权法(第二版)[M]．北京：中国人民大学出版社，2016：105.

[4] 王泽鉴．人格权保护的课题与展望——人格权的性质及构造：精神利益与财产利益的保护[J]．人大法律评论，2009(1)：55.

模式,德国的人格权模式和美国的形象权模式。

(一)德国的人格权模式

人格权模式主张,在人格权制度范围内解决肖像权财产价值的法律保护,不将肖像权的财产价值作为一种独立的权利进行保护。[1]德国多数学者认为,可任意转让的、独立的财产性人格权违反《德国基本法》第1条第1款关于人格尊严的规定,美国形象权的保护模式与人格权的专属性相悖。[2]在1956年的"保罗·达尔克(Paul Dahlke)案"[3]中,德国联邦法院认为,肖像权得经本人授权于他人做商业上的使用,是一项具有财产价值的排他性权利。[4]其后通说也进一步肯定了肖像具有财产价值,构成人格权的财产部分。[5]1958年的"骑士(Herrenreiter)案",其判决首度承认未经同意以商业目的使用他人肖像可通过非财产性损害赔偿予以救济。[6]在被视为德国人格权发展史里程碑判决——1999年的"玛蕾娜·迪特里希(Marlene Dietrich)案"中,德国联邦法院明确地将人格权的保护客体区分为精神利益和财产利益,特别是涵盖了肖像利用上的财产利益。瓦格纳(Wagner)教授认为,"所期待者,终于被明确地说出来:人格权所保护的,不仅是其主体的精神利益,在此之外并包括财产利益。"[7]

(二)美国的形象权模式

形象权模式认为,应当从肖像权中将具有财产价值的部分分离出来,单独作为形象权进行保护。[8]在美国,分别通过隐私权和形象权对肖像利益中的人格利

---

❶ 王利明.论人格权商品化[J].法律科学(西北政法大学学报),2013(4):59.

❷ 王利明.人格权法研究[M].北京:中国人民大学出版社,2005:279.

❸BGHZ 20,345.转引自陈龙江.人格标志上经济利益的民法保护:学说考察与理论探讨[M].北京:法律出版社,2011:34-37.

❹ 陈静.大众传播中的肖像权利研究[M].北京:中国传媒大学出版社,2012:90.

❺ 王泽鉴.人格权保护的课题与展望——人格权的性质及构造:精神利益与财产利益的保护[J].人大法律评论,2009(1):81.

❻ 严城.论人格权的衍生利益——以人格标识的商业利用为中心[D].哈尔滨:黑龙江大学,2010:185-187.

❼ 王泽鉴.人格权保护的课题与展望——人格权的性质及构造:精神利益与财产利益的保护[J].人大法律评论,2009(1):86-87.

❽ 王利明.论人格权商品化[J].法律科学(西北政法大学学报),2013(4):58.

益和财产利益进行保护，形成了美国独特的“二分法”法律保护模式。美国在1953年的“海伦（Haelan Laboratories Inc. v. Topps Chewing Gum Inc.）案”中，第二巡回上诉法院的弗兰克法官明确提出了“形象权”的概念。[1]在“海伦案”后，形象权理论在美国获得了长足的发展，从“霍根（Hogan v. A. S. Barnes& Co. Inc.）案”中，法院以不正当竞争对个人在姓名和肖像上的权利予以保护到“马兰德尔（Uhlaender v. Henricksen）案”形象权作为一种独立的诉因，都反映出形象权理论逐渐被法院所接受。1977年的“查西尼（Zacchini）案”是唯一由美国联邦最高法院判决的形象权案件，标志着形象权在全美国范围内获得了认可。到目前为止，美国有24个州在成文法或判例法中承认形象权。[2]美国学者尼莫（Nimmer）将形象权定义为“个人对他所创造或购买的广告价值享有控制和收益的权利”。[3]

（三）比较法评析

德国的人格权模式，通过认可人格权的财产价值，兼顾肖像等人格标识商业利用的市场需求和对人的尊严的保护，一定程度避免了立法和司法另外认可新的权利的重大决策及可能招来的质疑和反对。[4]美国的形象权模式，通过形象权对肖像权的财产利益进行保护，具有积极的意义。形象权既具有积极主动利用形象的积极权能，又具有禁止未经许可利用形象的消极权能，可以为权利人提供比较充分的保护。美国的形象权模式也有缺陷，主要表现在：第一，割裂了肖像权财产利益与人格尊严之间的联系，威胁个人的人格尊严；第二，在实践中，形象权实际保护的多为名人的肖像，有违“人格平等”原则；第三，美国形象权的概念，是美国法律体系中一个特有的产物，完全照搬可能造成水土不服。[5]在实践中也只得到奥地利等少数国家的有限承认。[6]美国的形象权模式的产生，与其缺乏人格权的抽象概念有关，其只有较为宽泛的隐私权概念，没有具体的人格权类型。

---

❶ 202 F. 2d 866 (2nd Cir. 1953), 868.

❷ 李明德. 美国形象权法[J]. 环球法律评论，2003(冬季号)：476.

❸ Melville Nimmer, The Right of Publicity, 19Law & Contemporary Problems, 19(1954).

❹ 陈龙江. 人格标志上经济利益的民法保护：学说考察与理论探讨[M]. 北京：法律出版社，2011：191-192.

❺ 王利明. 论人格权的商品化[J]. 法律科学(西北政法大学学报)，2013(4)：58.

❻ 宋宗宇，何慧丽. 肖像权保护的立法模式与现实选择——兼评刘翔肖像侵权纠纷案[J]. 天津市政法管理干部学院学报，2007(1)：5.

肖像、姓名等权利往往被包含在隐私权中进行保护,但事实上这些权利可以进行商业利用,因而与隐私权不同,有必要从隐私权中脱离。[1]而在我国,立法上已经确立姓名权、肖像权为独立的具体人格权,因而没有必要在此基础上抽象出一种类似形象权的权利。

德国的人格权模式与美国的形象权模式都认为肖像权的财产利益应予保护,这种财产利益应归属于人格标识的主体享有。两者形式上的区别在于是否设立新的权利保护肖像商业利用的财产利益。实质区别是美国法重视保护人的自由,德国法重视保护人格尊严。[2]此外,德国的人格权模式意识到肖像权精神利益对于财产利益存在某种程度的影响,而美国的形象权模式则较少关注这种影响。[3]对肖像权精神利益对财产利益影响的忽视,使得在美国的形象权模式下,权利人无法摆脱已作出的许可,可能导致出现令人无法接受的结果。如某位曾经为烟草公司充当代言人的明星,后致力于禁烟,即使他认为烟草公司继续使用他的肖像将使其失去禁烟团体的信任,他也无法解除合同,达到自己的意愿。[4]

二、国内肖像商业利用保护的学说梳理

对于肖像等人格标识的商业利用,我国民法学界进行了积极回应。对于如何保护肖像商业利用的财产利益,学界主要有人格权模式、财产权模式、混合权利模式三种观点。

第一,人格权模式。这种模式主张,肖像是民事主体标表其个性特征的人格要素,肖像的商业利用,并非产生了一种特殊的权利,只是肖像权利用权能的扩张,并没有产生商品化权、形象权等新的权利。在市场经济条件下,肖像权可以作为商业利用的对象,具有一定的财产价值,但这并没有改变肖像权的本质属性。肖像权包含财产利益和精神利益,财产利益可以进行商业利用并作为交易的对象。

---

[1] 王利明. 人格权法研究[M]. 北京:中国人民大学出版社,2005:275.

[2] 王利明. 论人格权的商品化[J]. 法律科学(西北政法大学学报),2013(4):58.

[3] 陈龙江. 人格标志上经济利益的民法保护:学说考察与理论探讨[M]. 北京:法律出版社,2011:196.

[4] 陈龙江. 人格标志上经济利益的民法保护:学说考察与理论探讨[M]. 北京:法律出版社,2011:196.

第二,财产权模式。这种模式主张,自然人对肖像、姓名等人格标识具有的商业价值享有排他性的权利,且这种排他性权利是一种独立的民事权利。对于这种民事权利的性质,有商品化权说、知识产权说、无形财产权说等不同观点。

第三,混合权利模式。这种模式主张,自然人、法人人格中的财产利益内涵是一种具有商业价值的特定人格利益——商事人格利益。对这种商事人格利益,自然人、法人对此享有商事人格权。商事人格权一方面仍然保留部分传统民事人格权的基本属性,如它仍是主体因其特定人格自身所产生的权利;另一方面,为适应商品化社会的发展,商事人格权又不得不发生相应的变化,在很大程度上兼有财产权的属性,如可以转让、继承等。

人格权模式主张在人格权体系内调整肖像的商业利用,与德国人格权模式相同,主张不单独设立新的权利类型。财产权模式、混合权利模式主张在肖像权(人格权)外,设立新的权利类型保护肖像权的财产利益,采取的是类似美国形象权的独立权利模式。相比于财产权模式、混合权利模式,人格权模式意识到了肖像的商业利用并没有改变肖像权的性质,重视肖像权精神利益对财产利益的影响,符合我国大陆法系的传统,有利于节约立法成本,故人格权模式更为可取。主要理由为:

第一,肖像权本质上是人格尊严的体现。肖像的商业利用产生了财产利益,但并未改变肖像权的本质属性。法律确认各种精神性人格权,即便其具有财产利益内容,但凸显的仍是人格尊严。即使是无孔不入的商业触角,也必须在人的尊严面前止步。[1]肖像权的财产利益附属于精神利益且派生于精神利益,在对肖像权的财产利益进行利用时,应当考虑到对人格尊严的保护。[2]未经许可商业利用肖像,同样可能给权利人造成精神上的痛苦。如某种商业利用肖像的行为,不符合权利人的价值观,可能给其带来不安、焦虑、不满和痛苦。肖像的商业利用并未从本质上改变肖像权人格权的属性。

第二,肖像的商业利用只是权利人肖像利用方式的扩大。肖像在社会交往中具有识别和确定特定人的功能,代表被标表人本身,个人在其肖像商业利用上享有的人格利益实质上是一种关于如何通过肖像展示和塑造个人人格形象的自

❶ 陈龙江. 人格标志上经济利益的民法保护:学说考察与理论探讨[M]. 北京:法律出版社,2011:224.

❷ 王利明. 论人格权的商品化[J]. 法律科学(西北政法大学学报),2013(4):59.

主决定型精神利益。[1]当权利人许可他人商业利用肖像，虽然名义上授权使用的是肖像这一人格标识，但商家实质利用的却是权利人的人格魅力或知名度。权利人将肖像授权他人使用，仍是主体伦理价值的体现，是权利人肖像使用方式的扩大。[2]肖像权的财产利益只是肖像权权能上的扩充，在市场经济条件下，只要承认肖像权的财产价值即可，没有必要创设"商品化权""形象权""商事人格权"之类的新型独立权利。[3]

第三，在人格权体系内解决肖像的商业利用，有利于明晰法律关系，节省立法和司法资源，便于认定责任和救济受害人，容易被人们所接受。[4]如果借鉴类似美国的形象权模式，将肖像权的财产利益设立单独权利予以保护，需要承认肖像权或者至少肖像权的部分权能是可以转让、继承的，这会对既有的人格权体系造成冲击。[5]在人格权范畴内调整肖像的商业利用，在财产损害赔偿不足以弥补权利人损失的情况下，法官可以通过精神损害赔偿方式予以调节。[6]在肖像权具有明显财产利益的情况下，法律应承认肖像权的财产利益，并鼓励和保护权利人自己使用以及许可他人使用肖像。[7]正是基于此，我国有学者提出，要顺应肖像等人格标识具有财产利益的潮流，在法律规定上增加"保护自然人肖像等人格标识的商业价值"的规定。[8]

第二节 "以营利为目的"构成要件的反思

《民法通则》第100条规定，未经他人同意不得以营利为目的使用他人肖像。学界在"以营利为目的"是否为肖像权侵权责任构成要件的认识上存有争议。学界主流观点认为，"以营利为目的"不为肖像权侵权责任的构成要件。在司法实践中，法院在大量的肖像权纠纷裁判中将"以营利为目的"作为肖像权侵权责任

---

❶ 陈龙江. 人格标志上经济利益的民法保护：学说考察与理论探讨[M]. 北京：法律出版社，2011：225.

❷ 祝建军. 人格要素标识商业化利用的法律规制[M]. 北京：法律出版社，2009：219.

❸ 王利明. 论人格权商品化[J]. 法律科学(西北政法大学学报)，2013(4)：58-59.

❹ 祝建军. 人格要素标识商业化利用的法律规制[M]. 北京：法律出版社，2009：254.

❺ 王利明. 论人格权商品化[J]. 法律科学(西北政法大学学报)，2013(4)：58.

❻ 王利明. 论人格权商品化[J]. 法律科学(西北政法大学学报)，2013(4)：60.

❼ 郭晓红. 知名形象商品化法律问题研究[J]. 法律适用，2007(7)：53.

❽ 李林启. 肖像权商业利用法律问题研究[J]. 湖南社会科学，2012(1)：97.

的构成要件。学界的主流观点与司法实践中法院的态度反差强烈。

一、“以营利为目的”不为肖像权侵权责任的构成要件

在大陆法系国家，侵权法并不要求行为人侵害肖像权需具备“以营利为目的”的条件。[1]在美国，某些学说和司法判例也主张，未经他人同意擅自使用肖像，无论是否具有营利目的，行为人都构成隐私权或形象权的侵权行为。[2]我国学界通说认为，“以营利为目的”不为肖像权侵权责任的构成要件。理由是将“以营利为目的”作为肖像权侵权责任的构成要件，会得出非“以营利为目的”使用他人肖像不为违法的结论，与肖像权的权利性质、立法目的、社会效应等不相符合。将“以营利为目的”作为肖像权侵权责任的构成要件，限缩了肖像权的保护范围，与社会生活逻辑不符，是不妥当的。实际上，对于“以营利为目的”是否为肖像权侵权责任的构成要件，最高人民法院早就表明了否定态度。1988年3月，最高人民法院召开的华北五省（直辖市、自治区）审理侵害著作权、名誉权、肖像权、姓名权工作座谈会认为，擅自使用他人肖像，不论是否营利，均可认定侵害了他人肖像权，不能认为侵害肖像权必须以营利为目的。[3]最高人民法院在“上海科技报社案”中对上海高院的复函以使用肖像的目的是宣传医疗经验，对社会有益以及未造成严重不良后果为由，认定不构成肖像权侵权，实质否定了“以营利为目的”为肖像权侵权责任的构成要件。[4]

在最高人民法院明确“以营利为目的”不为肖像权侵权责任构成要件的情况下，法官在大量的纠纷裁判中将“以营利为目的”作为肖像权侵权责任的构成要件，主要有《民法通则》第100条立法的缺陷、肖像权合理使用制度的缺失以及我国大陆法系成文法的传统三个原因。

（一）《民法通则》第100条立法的缺陷

《民法通则》第100条规定未经本人同意，不得以营利为目的使用自然人的肖

[1] 张民安．无形人格权侵权责任研究[M]．北京：北京大学出版社，2012：672.

[2] 张民安．无形人格权侵权责任研究[M]．北京：北京大学出版社，2012：673.

[3] 王利明．人格权法研究[M]．北京：中国人民大学出版社，2005：463.

[4] 杨立新，尹艳．侵害肖像权及其民事责任[J]．法学研究，1994(1)：95.

像。[1]关于《民法通则》第100条是否确立了“以营利为目的”为肖像权侵权责任的构成要件，无论是学界还是司法实务均有观点认为，《民法通则》第100条规定了肖像权侵权责任的两个构成要件，“未经本人同意”和“以营利为目的”。如有学者认为，从狭义上解释《民法通则》第100条，会得出肖像权侵权须以营利为目的，非以营利为目的使用他人肖像不构成肖像权侵权的结论。[2]有学者同样认为，依据现行法律规定，侵犯肖像权应当营利为目的为构成要件。[3]《民通意见》第139条同样坚持了这样的认识。[4]正是在这种认识的指导下，一些法官在纠纷裁判中将“以营利为目的”作为肖像权侵权责任的构成要件。如在谭某诉湖南公共关系进修学院肖像权纠纷案中，法院认为，《民法通则》第100条规定未经同意不得以营利为目的使用自然人肖像，被告将包含原告谭某肖像的照片、视频用于招生宣传，具备以营利为目的，判决被告侵害了原告的肖像权。[5]

（二）肖像权合理使用制度的缺失

《民法典》出台前，我国在立法上并未规定肖像权的合理使用制度。现实生活中确有一些需要合理使用自然人肖像的情形，如为时事新闻报道、揭露可能存在的违法犯罪行为等使用肖像，此时认定肖像使用行为违法实属不合理。“以营利为目的”一定程度上弥补了立法中肖像权合理使用制度缺失的不足。法官在纠纷裁判中，通过认定某种肖像使用行为不具营利目的，不符合“以营利为目的”的要件，从而将一些情节轻微、具有合理使用事由的肖像使用行为排除在肖像权侵权之外。如在覃某甲、巫某乙诉覃某乙肖像权纠纷案中，在法院另案审理的他人诉本案二原告健康权纠纷案中，本案被告向法院提供了包含二原告肖像的照片、录像作为证据。法院认为，被告使用肖像不具营利目的，未侵害原告的肖像权。[6]通过对纠纷裁判的分析，《民法通则》第100条实际还发挥着肖像权合理使

---

[1]《民法通则》第100条：“公民享有肖像权，未经本人同意，不得以营利为目的使用公民的肖像。”

[2] 尹田．论一般人格权[J]．法律科学，2002(4)：15.

[3] 王利明．人格权法研究[M]．北京：中国人民大学出版社，2005：461.

[4]《民通意见》第139条：“以营利为目的，未经公民同意利用其肖像做广告、商标、装饰橱窗等，应当认定为侵犯公民肖像权的行为。”

[5] 湖南省长沙市中级人民法院(2016)湘01民终589号民事判决书[Z].

[6] 广西壮族自治区象牙县人民法院(2015)象民初字第1049号民事判决书[Z].

用条款的作用。如学者指出，取消以营利为目的的限制要件可能导致权利保护过于宽泛，一些未经本人同意合理使用他人肖像的情况会被认为是侵权行为。[1]

（三）我国大陆法系成文法的传统

我国一直以来坚持的是大陆法系的成文法传统。成文法法律适用的基本方法是逻辑演绎，法律适用的特点是把抽象的法律条文运用于具体的生活事件，把规范中的抽象概念对应于具体生活事件的特征，从抽象到具体，从规范到事实，或者反之。[2]三段论是演绎推理的主要形式。它实际是以一个一般性的原则（大前提）以及一个附属于一般性原则的特殊化陈述（小前提），引申出一个符合一般性原则的特殊化陈述（结论）的过程。在操作层面，三段论实际上是将生活中的事件，在法律规范中寻找对应的具体规定的过程。三段论推理的过程，无疑会对法官认定“以营利为目的”是否为肖像权侵权责任的构成要件产生影响。根据《民法通则》第120条第1款，自然人肖像权受侵害的，有权要求行为人承担侵权责任。对于如何认定自然人的肖像权受侵害，除了《民法通则》第100条、第120条第1款之外，在很长一段时间内并无其他的法律规定。在肖像权纠纷的裁判过程中，法官要结合《民法通则》第100条、第120条第1款，共同作为三段论推理的大前提。在《民法通则》第100条明确规定不得以营利为目的使用自然人肖像的情况下，一些法官无疑会将“以营利为目的”包含入推理的大前提。学界有关侵害肖像权不限于“以营利为目的”的观点，“或可言之成理甚至代表未来的发展方向”，但目前司法实践仍不能作为法官裁判的依据。[3]

二、“以营利为目的”为肖像权侵权责任的考量因素

“以营利为目的”不为肖像权侵权责任的构成要件，但其可以作为考量肖像权侵权责任的重要因素。肖像权侵权责任的财产责任承担，应依侵权人主观是否具有营利目的而分情况处理。[4]在否定“以营利为目的”作为肖像权侵权责任构成要件的同时，不能忽视其在判定肖像权侵权责任中的重要地位，“以营利为

[1] 王利明．人格权法研究[M]．北京：中国人民大学出版社，2005：464.

[2] 邹碧华．要件审判九步法[M]．北京：法律出版社，2010：15.

[3] 张建文．自然人肖像权保护的规范结构与解释论[J]．社会科学家，2014(4)：12.

[4] 杨立新．人格权法[M]．北京：中国法制出版社，2005：222.

目的”为确定损害赔偿责任需考量的一个重要因素。[1]法国当代的司法判例认为，在确定行为人侵权责任时，需考虑行为人使用他人肖像是否具有营利目的，具有营利目的，除了要对权利人遭受的非财产性质的损害承担赔偿责任外，还要对权利人遭受的财产损害承担赔偿责任。[2]《民法典》第998条规定，认定行为人承担侵害精神性人格权的民事责任，应当考虑行为人和受害人的职业、影响范围、过错程度，以及行为的目的、方式、后果等因素。根据《民法典》第998条的规定，在肖像权侵权案件中，行为人是否以营利目的使用肖像，应作为认定行为人承担民事责任的考量因素之一。

在我国的司法实践中，一些法官也倾向于将“以营利为目的”作为确定肖像权侵权责任的重要因素。如在黄渤诉深圳市格调家私有限公司肖像权纠纷案中，法院认为，被告使用黄渤照片的行为具有营利目的，综合考虑黄渤的职业身份、被告的经营性质及被告使用黄渤照片的具体情况，最终支持了原告关于财产损失赔偿的诉讼请求。[3]在夏某某诉北京中科益健生物科技有限公司肖像权纠纷案中，法院认为，被告系以营利为目的使用原告肖像，综合考虑被告使用原告照片的数量及用途、可能的获益等因素，支持了原告关于财产损失赔偿的诉讼请求。[4]通过纠纷裁判分析，法院在一些纠纷裁判中将是否具有“以营利为目的”使用肖像，作为确定肖像权侵权责任的重要因素予以考量。未经同意商业利用他人肖像具有以非法手段获取财产利益的目的，将“以营利为目的”作为确定侵权责任的考量因素，可以更好地保护肖像权的财产利益。

第三节 损害赔偿责任的确定

当行为人侵害权利人肖像权时，两大法系国家和我国的侵权法都会责令行为人对权利人遭受的损害承担赔偿责任，关键是行为人承担的损害赔偿责任是财产性质的赔偿还是非财产性质的赔偿。[5]鉴于商业利用肖像是以营利为目的，

---

[1] 张红．人格权各论[M]．北京：高等教育出版社，2015：192.

[2] 张民安．无形人格权侵权责任研究[M]．北京：北京大学出版社，2012：672.

[3] 北京市第三中级人民法院（2018）京03民终3477号民事判决书[Z].

[4] 北京市第三中级人民法院（2018）京03民终10005号民事判决书[Z].

[5] 张民安．无形人格侵权责任研究[M]．北京：北京大学出版社，2012：725-726.

责令行为人承担非财产性质的赔偿，保护路径不合时宜、对权利人的保护亦不充分，应坚持财产损失赔偿路径来救济权利人。

一、财产损失赔偿责任的确立

1986年《民法通则》第120条规定权利人因肖像权被侵害，有权要求行为人赔偿损失。学者一般认为，这里的赔偿损失指的是精神损害赔偿。[1]即使以商业目的利用他人肖像并因此获得财产利益，行为人仍应对权利人承担精神损害赔偿责任，不过在决定行为人承担精神损害赔偿责任范围时，法院应考虑行为人获得财产利益的具体情况。[2]1988年的《民通意见》第150条规定，自然人肖像权受侵害的，人民法院可以根据侵权人的过错程度、侵权行为的具体情节、后果和影响确定赔偿责任。第151条规定，侵害自然人肖像权获利的，除赔偿受害人损失外，还应收缴侵权人的非法所得。通过这两条规定可以看出，立法者认为肖像权本质上是一种人格权而非财产权，当行为人侵害权利人肖像权时，行为人仅承担精神损害赔偿责任，不承担财产损害赔偿责任。2001年《精神损害赔偿司法解释》坚持上述立法确定的规则，但放弃了《民通意见》第151条规定的收缴行为人对权利人赔偿之后的不当利益的规定。在第10条规定法院判处精神损害抚慰金需考量的因素。有学者认为，《精神损害赔偿司法解释》第10条，一方面保持了我国一贯坚持的人格权非财产性的立法精神，使得受害人获得了较高的精神损害抚慰金；另一方面将精神损害赔偿责任等同于财产损害赔偿责任，不符合精神损害赔偿抚慰精神痛苦的功能。

随着商品经济的发展，肖像权中的财产利益日益凸显。很多商家看中了名人肖像具有的吸引力，不惜重金聘请明星代言，明星未经同意“被代言”的现象也越来越多。正是从这个角度出发，有学者呼吁认可人格标识特别是肖像的财产价值，即使行为人使用肖像没有给权利人造成精神损害而仅造成财产损失，侵权法也应当责令行为人对他人承担侵权责任。[3]2010年《侵权责任法》第20条规定

❶ 王利明，杨立新．侵权行为法[M]．北京：法律出版社，1996：158.

❷ 张民安．公开权侵权责任制度研究——无形人格权财产性理论的认可[A]．载张民安．公开权侵权责任研究：肖像、隐私及其他人格特征侵权[C]．广州：中山大学出版社，2010：35.

❸ 张民安．公开权侵权责任制度研究——无形人格权财产性理论的认可[A]．载张民安．公开权侵权责任研究：肖像、隐私及其他人格特征侵权[C]．广州：中山大学出版社，2010：43.

了确定侵害人身权造成财产损失赔偿数额的方法。[1]从立法技术和立法目的考量,《侵权责任法》第20条规定的侵害人身权益造成的财产损失,包括肖像等人格标识的财产利益。[2]依据该条规定,未经许可商业利用他人肖像,权利人有权请求行为人承担财产损失赔偿责任。《侵权责任法》第20条的立法精神被《民法典》继受。《民法典》第1182条规定,侵害他人人身权益造成财产损失的,按照被侵权人因此受到的损失或者侵权人因此获得的利益赔偿;被侵权人因此受到的损失以及侵权人因此获得的利益难以确定,被侵权人和侵权人就赔偿数额协商不一致,向人民法院提起诉讼的,由人民法院根据实际情况确定赔偿数额。

在司法实践中,法院在一些纠纷裁判中认识到肖像尤其是名人肖像所具有的财产利益,对侵害肖像权采取财产损失赔偿路径救济权利人,对承认肖像权的财产利益做出有益的探索。如张柏芝诉梧州远东美容保健用品有限公司肖像权纠纷案中,法院认为,被告出于营利目的使用原告肖像,确定财产损失赔偿金额,还要参照一般有偿使用原告肖像的费用标准,判定被告赔偿原告财产损失100万元。[3]莫少聪诉广东省中山市美多化妆品有限公司等肖像权纠纷案中,法院参照原被告双方合同中关于肖像使用报酬的约定,并考虑原告莫少聪的社会知名度,确定被告给付原告财产损失赔偿25万元。[4]

二、财产损失赔偿数额的确定标准

在未经许可商业利用权利人肖像的情形下,权利人可能遭受一定的财产损失,为全面救济权利人,应注重发挥财产损失赔偿的功能。[5]确定商业利用肖像造成的财产损失赔偿数额,主要有以下三种标准:

---

❶《侵权责任法》第20条:"侵害他人人身权益造成财产损失的,按照被侵权人因此受到的损失赔偿;被侵权人的损失难以确定,侵权人因此获得利益的,按照其获得的利益赔偿;侵权人因此获得的利益难以确定,被侵权人和侵权人就赔偿数额协商不一致,向人民法院提起诉讼的,由人民法院根据实际情况确定赔偿数额。"

❷ 曾丽.论人格特征之财产利益的侵权法保护——《侵权责任法》第二十条的解释与适用[J].社科纵横,2012(2):71.

❸ 江苏省高级人民法院(2006)苏民终字第109号民事判决书[Z].

❹ 福建省泉州市中级人民法院(2005)泉民终字第1178号民事判决书[Z].

❺ 王利明.人格权法(第二版)[M].北京:中国人民大学出版社,2016:111.

（一）实际损失赔偿标准

《民法典》第1182条的规定，侵害他人人身权益造成财产损失的，可以按照被侵权人因此受到的损失赔偿。在权利人选择请求行为人按照实际损失赔偿时，应当证明其客观上遭受了确定的财产损失及损失的具体数额，否则将难以获得救济。[1]在司法实践中，除维权合理支出外，权利人举证实际损失的难度较大。在权利人为非名人的案件中，由于权利人的肖像一般未经商业化，权利人很难举证行为人造成的财产损失数额，法院也很少支持权利人请求的财产损失赔偿。如在额尔德尼毕力格等诉内蒙古丽人文化传媒有限公司肖像权纠纷案中，原告主张财产损失2万元。法院认为，因原告未向法庭举证证明其具体受到财产损失的相关证据，法院根据被告使用上述肖像的范围、时间及影响，酌情予以支持财产损失。[2]

肖像权受到损害不同于有形财产受到的损害，有形财产受到损害一般会出现财产物的直接损毁或直接的减值等直接损失，肖像权受到的损失通常为获利能力降低而形成的间接损失。[3]确定商业利用肖像引发的财产损失赔偿范围和赔偿数额，实际损失应扩大到间接损失。在蔡少芬诉上海紫颖美容管理有限公司等肖像权、姓名权纠纷案中，法院参照原被告签订协议中关于肖像、姓名转让使用费的标准认定财产损失赔偿数额，将肖像权的财产利益损失归入实际损失。[4]

（二）获利数额赔偿标准

《民法典》第1182条的规定，侵害他人人身权益造成财产损失的，可以按照被侵权人因此获得的利益赔偿。《民法典》第1182条继受了《侵权责任法》第20条的“将获利视为损害”规则。“将获利视为损害”规则有利于剥夺行为人的获利，从而发挥侵权法的损害预防功能，其主要运用于可商业利用的人格权受侵害的情形，典型的为肖像权。在日本，对于商品化权的侵害，一般认为应当根据行为人获取

[1] 王利明．人格权法（第二版）[M]．北京：中国人民大学出版社，2016：112.

[2] 内蒙古自治区呼和浩特市新城区人民法院（2014）新民二初字第437号民事判决书[Z].

[3] 程合红．商事人格权——人格权的商业利用与保护[J]．政法论丛（中国政法大学学报），2000（5）：85.

[4] 浙江省嘉兴市中级人民法院（2012）浙嘉民终字第435号民事判决书[Z].

的利益来推断商品化权的损害金额。[1]商业利用肖像纠纷中,可以从以下两个方面确定行为人的获利数额。

第一,权利人肖像对行为人获利的贡献度。在确定侵权赔偿数额时,应全面考虑肖像标识在行为人从事商业行为中的“获利比例”,以平衡权利人和行为人的利益。[2]德国学者舒尔茨(Schultz)认为,应当根据不同考量要素(商品、版权、劳动者、企业等)对获利的贡献进行公平的分割,并根据贡献进行分配。[3]不同权利人的肖像对行为人获利的贡献度不同,一般来说,相比于非名人,名人肖像的贡献度更大。当名人的声望与商品捆绑在一起,消费者就会将名人所代表的价值转嫁至推销的商品上,刺激消费者的购买欲望,从而扩大商品的销售,实现人的“形象价值”到“注意力价值”的转换。[4]正如奥地利最高法院于1982年所作的一个判例,被告在一则商品广告中使用了一位普通运动员和其他许多运动员的照片,该运动员向法院起诉被告侵权,并要求被告按商品销售额一定比例的提成来作为赔偿。奥地利最高法院认为,判定本案被告是否构成侵权,应视在商品销售中该运动员形象所起的作用,抽样取证表明,因这名运动员名气和声誉不高,消费者在购物时根本没注意到广告中该运动员的形象,故该运动员不享有形象权,判定不支持该运动员的诉求。[5]

第二,肖像使用费。德国法允许权利人按照拟制的许可使用费标准请求行为人赔偿,即在行为人未经许可利用他人肖像时,权利人有权请求行为人按照其通常的许可使用费赔偿。[6]在权利主体为名人的商业利用肖像纠纷中,虽然一些名人采取了与商家签订肖像使用协议的方式对肖像进行商业利用,协议中对使用权利人肖像的对价也进行了约定,但因为合同中约定授权使用肖像的商家为案外人,协议约定的使用方式与本案中肖像的使用方式、数量、情形、情节等因素不同,法院对能否参照肖像使用协议确定获利数额也持谨慎态度。甚至在一些

---

[1] 五十岚清. 人格权法[M]. 铃木贤,等译. 北京:北京大学出版社,2009:150-151.

[2] 祝建军. 人格要素标识商业化利用的法律规制[M]. 北京:法律出版社,2009:249.

[3] 王利明. 人格权法(第二版)[M]. 北京:中国人民大学出版社,2016:112.

[4] 郭晓红. 知名形象商品化法律问题研究[J]. 法律适用,2007(7):53.

[5] 郑成思. 商品化权刍议[J]. 中华商标,1996(2):4.

[6] 王利明. 人格权法(第二版)[M]. 北京:中国人民大学出版社,2016:113.

案件中，即使原被告签订了肖像使用协议，法院也并没有支持原告根据原协议请求财产损失赔偿的诉讼请求。在个别案件中，法院参照原协议以及原告代言其他产品的代言费确定行为人的获利数额，对这一问题进行了有益探索。[1]商业利用名人肖像纠纷中，如原被告存在肖像使用协议，法院应参照原协议约定确定权利人的获利数额。如果原被告不存在协议，原告与第三人签订的协议约定的肖像使用方式、数量、标准与本案相同或相似，法院可以参照原告与第三人签订的肖像使用协议确定获利数额。

（三）法院酌定赔偿标准

《民法典》第1182条规定，被侵权人受到的损失及侵权人获得的利益难以确定，被侵权人和侵权人就赔偿数额协商不一致，向人民法院提起诉讼的，由人民法院根据实际情况确定赔偿数额。司法实践中，在权利人为名人、非名人的商业利用肖像纠纷裁判中，法院酌定财产损失赔偿数额参考的因素并不相同。第一，权利人为非名人的案件中，法院主要考量以下因素：侵权人的过错程度，侵权行为目的、方式、时间、范围、次数，受案法院所在地经济发展水平[2]，造成的后果及影响[3]。此外，个别裁判中没有表述法院酌定的考量因素[4]，个别裁判还考虑了原告在被告处领取的工资标准[5]，原告的知名度[6]等。第二，权利人为名人的案件中，法院主要考量以下因素：侵权行为目的、方式、时间、范围、次数，侵权人的过

[1] 浙江省嘉兴市中级人民法院（2012）浙嘉民终字第435号民事判决书[Z]；河北省石家庄市桥东区人民法院（2013）东民一初二字第00367号民事判决书[Z].

[2] 广东省中山市第一人民法院（2014）中一法民一初字第2506号民事判决书[Z]；湖南省永州市中级人民法院（2015）永中法民三终字第465号民事判决书[Z]；安徽省怀远县人民法院（2014）怀民一初字第02822号民事判决书[Z]；上海市第二中级人民法院（2016）沪02民终568号民事判决书[Z].

[3] 安徽省南陵县人民法院（2013）南民一初字第01425号民事判决书[Z]；上海市第二中级人民法院（2010）沪二中民一（民）终字第1182号民事判决书[Z]；上海市浦东新区人民法院（2008）浦民一（民）初字第4680号民事判决书[Z].

[4] 广东省广州市中级人民法院（2007）穗中法民一终字第3657号民事判决书[Z]；河北省南宫市人民法院（2013）南民重字第7号民事判决书[Z].

[5] 广东省广州市中级人民法院（2017）粤01民终1391号民事判决书[Z].

[6] 上海市奉贤区（县）人民法院（2013）奉民一（民）初字第4124号民事判决书[Z].

错程度，造成的损害后果[1]，可能的获利[2]，许可使用费[3]，原告的知名度[4]，肖像的财产价值[5]等。从司法实践中的分析可以看出，在权利人为名人、非名人的商业利用肖像纠纷裁判中，法院酌定财产损失赔偿数额的主要因素是相同的，但也存在些许差异。在权利人为名人的案件中，法院更多考量原告的知名度、肖像的财产价值、肖像许可使用费等因素。

《民法典》第998条规定，认定行为人承担侵害精神性人格权的民事责任，应当考虑行为人和受害人的职业、影响范围、过错程度，以及行为的目的、方式、后果等因素。依据《民法典》第998条的规定，在肖像权纠纷裁判中，法院可以通过考量上述因素酌定财产损失赔偿数额。如果权利主体为名人，法院还应更多地考量名人的身份、职业、知名度、肖像的财产价值等因素，根据相关证据可以确定肖像许可使用费的，还应参照许可使用费标准酌定财产损失赔偿的具体数额。

第四节　不当得利制度的适用

不当得利，指无法律上的原因受有利益，致他人受损害，应负返还的义务。[6]未经他人同意商业利用肖像，侵害他人肖像权而取得收益，属于非给付不当得利中的权益侵害型不当得利。[7]所谓权益侵害型不当得利，是指为侵害归属于他人的权益而受有利益，致使他人受有损害，不具备保有该利益的正当性，构成不当

---

❶ 北京市东城区人民法院（2017）京0101民初4296号民事判决书[Z]；上海市第二中级人民法院（2011）沪二中民一（民）终字第103号民事判决书[Z].

❷ 北京市朝阳区人民法院（2017）京0105民初66069号民事判决书[Z].

❸ 浙江省嘉兴市中级人民法院（2012）浙嘉民终字第435号民事判决书[Z]；河北省石家庄市桥东区人民法院（2013）东民一初二字第00367号民事判决书[Z]；广东省广州市中级人民法院（2012）穗中法民一终字第731号民事判决书[Z]；江苏省高级人民法院（2006）苏民终字第109号民事判决书[Z]；上海市黄浦区人民法院（2014）黄浦民一（民）初字第6142号民事判决书[Z].

❹ 广东省广州市天河区人民法院（2015）穗天法民一初字第2898号民事判决书[Z]；安徽省合肥市庐阳区人民法院（2017）皖0103民初4836号民事判决书[Z]；广东省广州市中级人民法院（2018）粤01民终1568号民事判决书[Z].

❺ 江苏省南京市中级人民法院（2015）宁民终字第5236号民事判决书[Z].

❻ 王泽鉴. 不当得利（第二版）[M]. 北京：北京大学出版社，2015：2.

❼ 王泽鉴. 不当得利（第二版）[M]. 北京：北京大学出版社，2015：179.

得利。[1]同时,未经他人同意商业利用肖像,属侵害权利人肖像权的行为。此时,是否存在不当得利返还请求权与侵权损害赔偿请求权的竞合,学界对此主要有"竞合发生说"和"竞合否认说"两种观点。竞合发生说认为,不当得利请求权可以与侵权损害赔偿请求权竞合并存,原因为能否成立不当得利应就构成要件加以判断,且法律并无不当得利返还请求权不能与其他请求权并存的明文规定。[2]我国台湾地区学界通说持此种观点。[3]竞合否认说认为,不当得利返还请求权与侵权损害赔偿请求权不得竞合,原因为侵权行为违法性隐含有法律的否定性评价,而不当得利返还请求权则没有否定性评价,在侵权时应适用侵权损害赔偿请求权。[4]法国实践和学说采不当得利请求权辅助性理论,认为不当得利返还请求权适用的前提是无契约或侵权行为请求权。[5]我国学界主流观点亦采竞合否认说立场。[6]

比较法中,德国联邦法院在1956年的"保罗·达尔克(Paul Dahlke)案"中,认为被告使用原告肖像做商业广告,查无过失,不成立侵权行为,但得成立不当得利。[7]后德国通过多个侵害人格权财产归属的不当得利判决,构建了侵害人格权财产利益的不当得利制度。[8]按照德国法院的判决及德国学者的观点,通过不当得利返还请求权,原告可以获得相当于合理使用费的赔偿。我国台湾地区通过判例确认,权益侵害型不当得利属于非给付不当得利的一种。学界通说亦认为,侵害人格权,系取得应归属他人权益内容的利益,应成立不当得利。[9]

在我国,并无不当得利返还请求权不能与其他请求权并存的明文规定。权利人能否主张不当得利返还请求权,应视是否符合不当得利的构成要件,与权利人是否存在其他请求权并无关联。与竞合否认说相比,竞合发生说更为可采。

---

[1] 王泽鉴.不当得利(第二版)[M].北京:北京大学出版社,2009:33-35.

[2] 王泽鉴.不当得利(第二版)[M].北京:北京大学出版社,2015:292.

[3] 王泽鉴.不当得利(第二版)[M].北京:北京大学出版社,2015:309.

[4] 姚辉.人格权法论[M].北京:中国人民大学出版社,2011:356.

[5] 左传卫.权益侵害型不当得利之反思[J].法学,2010(3):98.

[6] 姚辉.人格权法论[M].北京:中国人民大学出版社,2011:356.

[7] 王泽鉴.人格权法:法释义学、比较法、案例研究[M].北京:北京大学出版社,2013:466-467.

[8] 王泽鉴.人格权法:法释义学、比较法、案例研究[M].北京:北京大学出版社,2013:470.

[9] 王泽鉴.不当得利(第二版)[M].北京:北京大学出版社,2015:179.

未经同意商业利用他人肖像，构成权益侵害型不当得利，权利人有权向行为人主张不当得利返还请求权。主要理由为：

第一，未经他人同意商业利用肖像属于侵害他人肖像权而获得利益，符合权益侵害型不当得利的构成要件。权益侵害型不当得利的构成要件包括：行为人受有利益；因侵害他人权益而受利益，致使他人受损；无法律上原因三个构成要件。[1]未经他人同意商业利用肖像，应向权利人支付使用对价未支付，行为人受有利益。依据“权利归属说”[2]，行为人侵害了应归属于权利人的利益，致权利人受有“损害”。行为人在没有契约关系和违反法律规定的情形下取得利益，属无法律上的原因。未经他人同意商业利用肖像，因侵害应归属于权利人的权益而受有利益，欠缺法律上的原因，构成不当得利。

第二，适用不当得利可以更好地维护肖像权人的利益。不当得利制度旨在规范无法律原因的财产变动，非为填补权利人的损害，而在于去除行为人无法律原因所受利益。[3]适用不当得利可以更好地维护肖像权人的利益。一是不当得利制度不以行为人具有过错为要件，权利人无须证明行为人存在过错。“受益人是否故意或者过失，其行为是否具有可资非难的违法性，均在所不问。”[4]二是权利人无须实际受有损害。适用侵权责任救济肖像权，权利人需证明肖像权受损害以及损失的数额，因肖像权财产利益受到的损害难以证明，对权利人的保护不利。[5]依据权利归属说，适用不当得利，行为人侵害了应归属于权利人的利益而受有利益，即可认定基于同一原因致他人受损害，不以权利人受有实际损害为必要，[6]权利人只需证明行为人受益及确定应返还的数额。相比而言，证明行为人受益要比证明权利人损失容易，如权利人可依据行为人产品的销售额得出行为

---

❶ 王泽鉴．不当得利（第二版）［M］．北京：北京大学出版社，2015：142-144.

❷ 权益归属说认为，权益具有一定的利益内容，专属于权利人，归其享有，并具排他性，违反财产法上权益归属秩序，欠缺法律上原因，应成立不当得利。参见王泽鉴．不当得利（第二版）［M］．北京：北京大学出版社，2015：141.

❸ 王泽鉴．不当得利（第二版）［M］．北京：北京大学出版社，2015：3-4.

❹ 王泽鉴．不当得利（第二版）［M］．北京：北京大学出版社，2015：4.

❺ 程合红．商事人格权论——人格权的经济利益内涵及其实现与保护［M］．北京：中国人民大学出版社，2002：238.

❻ 王泽鉴．不当得利（第二版）［M］．北京：北京大学出版社，2015：143.

人的受益数额。[1]

肖像权体现人的尊严与价值,不容他人强制商业利用,应去除行为人的利益,始能促进维护人格价值。[2]在我国,不当得利返还请求权在原告无法证明被告存在过错,以及难以证明所受损失及其数额时,相比于侵权损害赔偿请求权具有更明显的价值。[3]权益侵害型不当得利应被视为亦属我国民法规定的不当得利。[4]未经他人同意商业利用肖像,构成不当得利。行为人所受的利益,系节省了本应支付给肖像权人的许可费[5],行为人应向权利人偿还使用肖像通常应支付的报酬[6]。权利人曾经授权他人商业利用肖像而收取报酬的,可以作为参考。权利人是否有商业利用其肖像的意愿,对权利人的不当得利返还请求权不产生影响。

本章小结

调整肖像等人格标识的商业利用,国外主要有两种模式,分别为德国的人格权模式和美国的形象权模式。国内主要有人格权模式、财产权模式、混合权利模式三种模式。鉴于肖像权人格权的性质、我国的大陆法传统及立法成本,笔者认为人格权模式更为可取。

"以营利为目的"不为肖像权侵权责任的构成要件,但其可以作为考量肖像权侵权责任的一个重要因素。鉴于商业利用肖像是以营利为目的,以非财产性质的精神损害赔偿救济权利人,保护路径不合时宜、对权利人的保护亦不充分,应坚持财产损失赔偿路径来救济权利人。确定财产损失赔偿数额,主要有实际损失赔偿标准、获利数额赔偿标准、法院酌定赔偿标准三种标准。此外,行为人未经同意商业利用权利人肖像并获得利益,权利人有权向行为人主张不当得利返还请求权。

---

❶ 程合红.商事人格权论——人格权的经济利益内涵及其实现与保护[M].北京:中国人民大学出版社,2002:238.

❷ 王泽鉴.人格权法:法释义学、比较法、案例研究[M].北京:北京大学出版社,2013:470.

❸ 陈龙江.人格标志上经济利益的民法保护:学说考察与理论探讨[M].北京:法律出版社,2011:285.

❹ 陈龙江.人格标志上经济利益的民法保护:学说考察与理论探讨[M].北京:法律出版社,2011:285.

❺ 陈龙江.人格标志上经济利益的民法保护:学说考察与理论探讨[M].北京:法律出版社,2011:287.

❻ 王泽鉴.人格权法:法释义学、比较法、案例研究[M].北京:北京大学出版社,2013:470.

结　论

通过对肖像权的研究，界定与分析了肖像及肖像权，在全面考察肖像权纠纷裁判的基础上，对与肖像权有关的理论问题展开反思。具体而言，本文的研究结论，可表述如下：

第一，肖像是自然人形象在物质载体上的客观反映，不是自然人形象本身。肖像以自然人的面部形象为主要反映对象，但并不局限于面部形象。与“面部形象说”“外部形象说”相比，“自然人形象再现说”更为可取。对一些与肖像有关联的人格利益，如模仿、漫画、演员剧照形象、素描及雕塑等，可以通过类推肖像的方法予以保护，实现了肖像范围的扩张。以定义的角度不同，国内外学界主要以“权利侵害”“人之尊严”“自主决定权”“权利客体”四个角度定义肖像权。以“权利侵害”“人之尊严”“自主决定权”三个角度界定肖像权均存在不同程度的缺陷，以“权利客体”界定肖像权，可以反映肖像权独立人格权的本质、区分肖像权与其他人格权、彰显肖像权的财产利益。人格权的客体应采“人格要素说”，人格利益是主体对人格要素进行支配后所产生的一种客观效果。以“权利客体”角度界定肖像权，肖像权为自然人享有的以肖像为客体，以肖像所体现的人格利益为保护目的的具体人格权。肖像权的主体是自然人，法人和其他组织没有肖像权。肖像权的客体是肖像这一人格要素。肖像权的内容主要包括肖像制作权、肖像使用权、肖像利益维护权。肖像权的功能又称肖像权的价值，是肖像权所体现的功能和社会作用。在我国，肖像权具有维护人格尊严、展现意志自由、保护肖像利益的功能。

第二，通过对肖像权纠纷裁判展开分析发现，法官在对肖像权纠纷进行裁判的同时，也不断地对一些有关肖像权的理论问题进行探讨，为推进相关理论的深入研究贡献着来自实践的智慧。如一些纠纷裁判摒弃了将“以营利为目的”作为肖像权侵权责任的构成要件，坚持可识别性标准将演员剧照形象纳入肖像权的保护范围,将时事新闻报道作为肖像权的合理使用情形等。一些来自实践的智慧可以被提炼成具体规则,以对完善我国的肖像权制度有所裨益。通过对纠纷裁判展开分析,司法实践中法官对有关肖像权理论的争议可以概括为以下六个方面:一是死者肖像保护。死者肖像保护的依据以及采取何种方式保护死者肖像的财产利益。二是肖像权与其他权利的冲突。集体肖像中集体成员个体与其他成员个体之间肖像权的冲突。摄影、美术作品中肖像权与著作权之间的冲突。三是肖像的标准。肖像可识别性的判断标准以及演员剧照形象是否纳入肖像的保护范畴。四是肖像权的合理使用。科学艺术自由、新闻报道是否为肖像权的合理使用事由以及肖像权合理使用的具体情形。五是肖像的商业利用。"以营利为目的"是否为肖像权侵权责任的构成要件;采用何种模式保护肖像权的财产利益;依据何种标准确定侵害肖像权的财产损失赔偿数额。六是网络环境下肖像权的保护。在利用网络侵害肖像权的侵权行为中,网络服务提供者侵权责任的认定以及如何应对网络发展对肖像权保护提出的挑战。

第三,肖像的认定应坚持可识别性的判断标准。名人与非名人坚持不同的标准,名人采"一般人标准",非名人采"熟识人标准"。集体成员可以合理使用集体肖像,商业利用集体肖像应取得全体集体成员同意。对摄影、美术作品中肖像权与著作权的冲突,一般情形下,优先保护作为人格权的肖像权。同时,肖像权也要受到著作权的制约,肖像权人不能仅凭肖像权无偿获得肖像作品的所有权,商业利用肖像作品应取得著作权人的许可。

网络环境下侵害肖像权,具有侵权载体形式多样、侵权行为实施简单易行、传播速度快范围广、责任追究难度较大等特点。网络环境下侵害肖像权主要可以根据网络用户、网络服务提供者不同的侵权行为分别由网络用户、网络服务提供者承担侵权责任。人格权禁令、停止侵害在网络环境下侵害肖像权的救济中具有重要作用。损害赔偿的具体计算,要考虑网络侵权的后果和情节。网络表情包已成为网络社会的一种文化现象。具有可识别性的网络表情包属于肖像,应纳入肖像权的保护范畴。权利人可以许可他人以自己肖像为素材制作网络表情包并加以利用,以获取一定的财产利益。未经同意商业利用以肖像为素材的网络表情包,涉嫌侵害他人肖像权。不正当利用网络表情包,可能会侵害隐私权、名誉权,进而损害权利人的人格尊严。为保证网络表情包的科学发展,可以用肖像权合理使用制度规制网络表情包的制作、传播及利用。非以不正当方式制作、使用明星肖像网络表情包的行为，构成肖像权的合理使用，对此明星有适度的容忍义务。网络信息技术的发展在为人类传递信息、生产生活带来便捷的同时，也给人格权保护带来了新的挑战，如侵害人格权变得愈加容易，侵害人格权的手段更加多样、被侵害的人格权涉及多种类型等。对此，应完善我国现有的人格权保护制度，科学界定网络服务提供者的责任；构建多元主体协同参与的人格权保护新格局，以强化网络信息时代民事主体的人格权保护。

对于死者肖像的保护，比较法中主要有两种规范模式，直接保护说和间接保护说。从我国的立法传统及与其他法律制度衔接的成本考量出发，为避免因死者人格利益保护引发民事权利能力问题争议，间接保护的方式也属可接受的规范机制。保护死者肖像是为了维护死者近亲属的利益，死者为英雄烈士的，保护的还有社会公共利益，死者肖像保护的依据应采"近亲属兼社会利益说"。《民法典》第185条、第994条共同构建了《民法典》死者人格利益保护制度，坚持间接保护模式保护死者肖像，采"近亲属兼社会利益说"作为死者肖像保护的理论依据，具有一定的进步性。为更好地维护社会公共利益，应扩大《民法典》规定的与社会公共利益相关的死者肖像的保护范围。死者肖像财产利益具有财产属性，可由死者继承人继承。鉴于《民法典》并未对死者肖像财产利益的保护予以明确规定，最高人民法院可以通过出台司法解释、发布指导性案例的方式，创设死者肖像财产利益保护的具体裁判规则。对死者肖像精神利益与财产利益，应着眼于两类利益的性质及保护对象，分别确定保护期限。死者近亲属的生存期限为死者肖像精神利益的保护期限。死者肖像财产利益由死者近亲属继承，法律可以规定30年的固定保护期限。

第四，肖像权作为个人权利，与社会公共利益、言论自由、他人权利可能产生冲突，因而有必要予以适当限制。肖像权合理使用的理论基础为维护社会公共利益、保障言论自由、保证社会正常发展。《民法典》第999条、第1020条规定了肖像权合理使用制度，具有进步性，但对社会正常发展所需的肖像权合理使用情形关注不多。《民法典》第998条为广义的人格权合理使用规定，可以通过发挥其功能，扩大肖像权合理使用的情形范围。肖像权的合理使用同样受到法律保留原则、紧密联系原则、个案利益衡量原则的限制。对文学、艺术、科学作品中的肖像权予以保护是必要的,科学艺术自由不为肖像权侵权的违法阻却事由。在教材中使用权利人肖像,目的虽具有一定的公益性,但不能仅仅因为这种公益性,就将其等同于“社会公共利益”,从而忽视对权利人肖像权的保护。

第五,调整肖像等人格标识的商业利用,国外主要有两种立法模式,德国的“人格权模式”和美国“形象权模式”,国内主要有“人格权模式”“财产权模式”“混合权利模式”三种观点。鉴于肖像权人格权的性质、我国的大陆法传统以及立法成本,“人格权模式”更为可取。“以营利为目的”不为肖像权侵权责任的构成要件,但其可以作为考量肖像权侵权责任的一个重要因素。鉴于商业利用肖像是以营利为目的,以非财产性质的精神损害赔偿救济权利人,保护路径不合时宜、对权利人的保护亦不充分,应坚持财产损失赔偿路径来救济权利人。确定财产损失赔偿数额,主要有实际损失赔偿标准、获利数额赔偿标准、法院酌定赔偿标准三种标准。此外,行为人未经同意商业利用权利人肖像并受有利益,权利人有权向行为人主张不当得利返还请求权。

参考文献

[1]王泽鉴.侵权行为法[M].北京:中国政法大学出版社,2001.

[2]王泽鉴.不当得利(第二版)[M].北京:北京大学出版社,2015.

[3]王泽鉴.人格权法——法释义学、比较法、案例研究[M].北京:北京大学出版社,2013.

[4]王泽鉴.民法思维:请求权基础理论体系[M].北京:北京大学出版社,2009.

[5]陈昶屹.网络人格权侵权责任研究[M].北京:北京大学出版社,2014.

[6]卡尔·拉伦茨.德国民法通论(上)[M].王晓晔,等译.北京:法律出版社,2013.

[7]卡尔·拉伦茨.德国民法通论(下)[M].王晓晔,等译.北京:法律出版社,2013.

[8]邓正来.中国法学向何处去:建构"中国法律理想图景"时代的论纲[M].北京:商务印书馆,2006.

[9]迪特尔·梅迪库斯.德国民法总论[M].邵建东,译.北京:法律出版社,2001.

[10]雅克·盖思旦,吉勒·古博.法国民法总论[M].陈鹏,等译.北京:法律出版社,2004.

[11]郭明瑞.民法[M].北京:高等教育出版社,2003.

[12]郭明瑞,房绍坤,唐广良.民商法原理(一):民商法总论,人身权法[M].北京:中国人民大学出版社,1999.

[13]胡雪梅.英国侵权法[M].北京:中国政法大学出版社,2008.

[14]洪伟,郭禹红,胡艳丽.人格商业化利用的法律规制[M].杭州:浙江工商大学出版社,2016.

[15]张俊浩.民法学原理[M].北京:中国政法大学出版社,1991.

[16]刘成安.论裁判规则——以法官适用法律的方法为视角[M].北京:法律出版社,2012.

[17]李明德.美国知识产权法[M].北京:法律出版社,2003.

[18]李明德.美国知识产权法(第二版)[M].北京:法律出版社,2014.

[19]李林启.论发展着的人格权[M].北京:法律出版社,2018.

[20]梁慧星. 中国民法典草案建议稿附理由(总则编)[C]. 北京:法律出版社,2004.
[21]梁慧星. 中国民法典草案建议稿(第三版)[C]. 北京:法律出版社,2013.
[22]梁慧星. 中国民法典草案建议稿附理由(侵权行为编·继承编)[C]. 北京:法律出版社,2004.
[23]梁慧星. 民法总论[M]. 北京:法律出版社,2007.
[24]龙卫球. 民法总论[M]. 北京:中国法制出版社,2001.
[25]马俊驹. 人格和人格权理论讲稿[M]. 北京:法律出版社,2009.
[26]马特,袁雪石. 人格权法教程[M]. 北京:中国人民大学出版社,2007.
[27]博登海默. 法理学——法哲学及其方法[M]. 邓正来,等译. 北京:华夏出版社,1987.
[28]本杰明·卡多佐. 司法过程的性质[M]. 苏力,译. 北京:商务印书馆,1997.
[29]肯尼迪·科布勒. 美国新闻摄影教程(第五版)[M]. 黄列,等译. 西安:陕西师范大学出版社,2007.
[30]理查德·波斯纳. 法官如何思考[M]. 苏力,译. 北京:北京大学出版社,2009.
[31]艾伦·沃森. 民法法系演变及形成[M]. 北京:中国法制出版社,2005.
[32]五十岚清. 人格权法[M]. 铃木贤,等译. 北京:北京大学出版社,2009.
[33]苏力. 法治及其本土资源[C]. 北京:北京大学出版社,2015.
[34]佟柔. 中国民法[M]. 北京:法律出版社,1990.
[35]胡·贝弗利—史密斯. 人格的商业利用[M]. 李志刚,等译. 北京:北京大学出版社,2007.
[36]陈静. 大众传播中的肖像权利研究[M]. 北京:中国传媒大学出版社,2012.
[37]陈龙江. 人格标志上经济利益的民法保护:学说考察与理论探讨[M]. 北京:法律出版社,2011.
[38]程合红. 商事人格权论[M]. 北京:中国人民大学出版社,2002.
[39]王利明,杨立新. 人格权与新闻侵权[M]. 北京:中国方正出版社,1995.
[40]王利明. 人格权法研究[M]. 北京:中国人民大学出版社,2012.
[41]王利明. 侵权行为法研究[M]. 北京:中国人民大学出版社,2004.
[42]王利明. 民法典·人格权法重大疑难问题研究[C]. 北京:中国法制出版社,2007.

[43]王利明.中国民法典草案建议稿及说明[C].北京:中国法制出版社,2004.
[44]王利明.中国民法典学者建议稿及立法理由(人格权编·婚姻家庭编·继承编)[C].北京:法律出版社,2005.
[45]王利明.人格权法(第二版)[M].北京:中国人民大学出版社,2016.
[46]王利明.中国民法典学者建议稿及立法理由(侵权行为编)[C].北京:法律出版社,2005.
[47]姚辉.人格权法论[M].北京:中国人民大学出版社,2011.
[48]徐国栋.绿色民法典草案[C].北京:社会科学文献出版社,2004.
[49]萨利·斯皮尔伯利.媒体法[M].周文,译.武汉:武汉大学出版社,2004.
[50]孙平.冲突与协调:言论自由与人格权法律问题研究[M].北京:北京大学出版社,2016.
[51]史尚宽.债法总论[M].北京:中国政法大学出版社,2000.
[52]魏振瀛.民法[M].北京:北京大学出版社、高等教育出版社,2000.
[53]姚秋英.人格权研究[M].北京:中国政法大学出版社,2012.
[54]杨立新.人格权法[M].北京:法律出版社,2011.
[55]杨立新.中国人格权立法报告[M].北京:知识产权出版社,2005.
[56]杨立新.侵权责任法(第二版)[M].北京:北京大学出版社,2017.
[57]杨立新.人格权法[M].北京:法律出版社,2015.
[58]张红.人格权总论[M].北京:北京大学出版社,2012.
[59]张红.人格权各论[M].北京:高等教育出版社,2015.
[60]张民安.公开权侵权责任研究:肖像、隐私及其他人格特征侵权[C].广州:中山大学出版社,2010.
[61]张民安.无形人格侵权责任研究[M].北京:北京大学出版社,2012.
[62]张民安.法国人格权法(上)[M].北京:清华大学出版社,2016.
[63]张新宝.精神损害赔偿制度研究[M].北京:法律出版社,2012.
[64]张新宝.互联网上的侵权问题研究[M].北京:中国人民大学出版社,2003.
[65]张文显.法理学[M].北京:高等教育出版社、北京大学出版社,1999.
[66]祝建军.人格要素标识商业化利用的法律规则[M].北京:法律出版社,2009.
[67]郑成思.版权法(上)[M].北京:中国人民大学出版社,2009.

[68]郑成思.版权法(下)[M].北京:中国人民大学出版社,2009.
[69]邹碧华.要件审判九步法[M].北京:法律出版社,2010.
[70]安薇.论肖像权的法律保护与限制——以教材内文中使用的人物照片为例[J].东北师大学报(哲学社会科学版),2014(4):233-235.
[71]曹险峰.人格、人格权与中国民法典[D].长春:吉林大学,2005.
[72]朱妙春.鲁迅肖像权引起法律争端[J].中国律师,1998(10):28-29.
[73]程啸,杨明宇.肖像权与肖像作品著作权冲突的研究[J].四川大学学报(哲学社会科学版),2000(3):111-118.
[74]程金华.四倍利率规则的司法实践与重构 利用实证研究解决规范问题的学术尝试[J].中外法学,2015,27(3):684-716.
[75]浦增平.肖像权保护模式的比较研究[J].法律科学(西北政法学院学报),1992(4):37-43.
[76]陈静.集体照片的肖像权问题[J].青年记者,2014(32):65-66.
[77]丁宇翔.人格权侵权中"公众人物抗辩"的裁判规则[J].法律适用,2016(6):73-78.
[78]董炳和.论形象权[J].法律科学(西北政法学院学报),1998(4):64-71.
[79]冯象.鲁迅肖像权问题[J].读书,2001(3):125-134.
[80]冯晓青.著作权扩张及其缘由透视[J].政法论坛,2006(6):74-87.
[81]郭明瑞,张玉东.肖像权三题[J].浙江工商大学学报,2014(1):33-40.
[82]高翼飞.角色形象成为演员肖像权的客体考量[J].人民司法,2013(16):34-42.
[83]郭晓红.知名形象商品化法律问题研究[J].法律适用,2007(7):50-53.
[84]朱妙春.死亡人肖像权初探——鲁迅肖像权案评析[J].法学,1998(8):43-45.
[85]后力,王小咪.公民肖像权若干问题的再思考[J].法学,1992(2):16-17.
[86]江必新.司法对法律体系的完善[J].法学研究,2012,34(1):88-95.
[87]江中帆."身体拼接"引发肖像权之争[J].检察风云,2010(2):46-47.
[88]李云滨.论死者肖像的法律保护[J].学术交流,2020(6):49-58.
[89]郑晓剑.人格权客体理论的反思——驳"人格利益说"[J].政治与法律,2011

(3):102-112.
[90]骆正言.论日本法中的肖像权保护[J].日本研究,2010(3):86-91.
[91]刘易,骆正言.论肖像权的阻却要件——兼与日本人格权理论比较[J].金陵科技学院学报(社会科学版),2010,24(2):49-53.
[92]刘国涛.死者生前人格利益民法保护的法理基础——读《死者生前人格利益的民法保护》后的再思考[J].比较法研究,2004(4):136-146.
[93]吕国强.肖像权保护中的几个法律问题[J].社会科学,1989(7):31-33,30.
[94]吕彦.公民肖像权若干问题探讨[J].现代法学,1990(4):52-53.
[95]钱婕,项亮.大众媒体合理使用公民肖像权的法律思考[J].传媒观察,2003(11):42-43.
[96]李林启.肖像权商业利用法律问题研究[J].湖南社会科学,2012(1):95-97.
[97]张建文.自然人肖像权保护的规范结构与解释论[J].社会科学家,2014(4):9-15.
[98]李倩,尹飞.人格权客体的再思考[J].甘肃社会科学,2011(3):125-129.
[99]张丹丹.真实人物形象商品化权的域外法律保护模式评述[J].社会科学辑刊,2010(3):115-119.
[100]李国敏.表情包风靡原因及影响分析[J].视听界,2016(6):63-65.
[101]赖国钦.论形象宣传权——从"鲁迅"商标申请谈起[J].中华商标,2005(2):49-51.
[102]刘春霖.商品化权论[J].西北大学学报(哲学社会科学版),1999(4):54-58.
[103]刘召成.死者人格保护的比较与选择:直接保护理论的确立[J].河北法学,2013,31(10):87-94.
[104]刘召成.部分权利能力制度的构建[J].法学研究,2012,34(5):121-135.
[105]刘作翔.权利冲突:一个值得重视的法律问题——权利冲突典型案例研究[J].浙江社会科学,2002(3):56-63.
[106]梁慧星.中国民法典编纂的几个问题[J].山西大学学报(哲学社会科学版),2003(5):13-19.
[107]梁慧星.中国人身权制度[J].中国法学,1989(5):90-97.
[108]柳春光.身体权研究[D].哈尔滨:黑龙江大学,2015.

[109]来诗秋. 新闻报道中的肖像权问题[J]. 当代传播,2006(4):60-62.
[110]祝建军,汪洪. 形象权的知识产权属性——"三军仪仗队形象权"纠纷案引发的思考[J]. 知识产权,2007(1):53-57.
[111]孟祥娟. 俄罗斯著作专有权理论及对我国的启示[J]. 俄罗斯东欧中亚研究,2014(1):9-14,95.
[112]张新宝,任鸿雁. 互联网上的侵权责任:《侵权责任法》第36条解读[J]. 中国人民大学学报,2010,24(4):17-25.
[113]马俊驹,张翔. 人格权的理论基础及其立法体例[J]. 法学研究,2004(6):46-57.
[114]马俊驹. 从身份人格到伦理人格——论个人法律人格基础的历史演变[J]. 湖南社会科学,2005(6):44-49.
[115]马俊驹. 关于人格权基础理论问题的探讨[J]. 法学杂志,2007(5):2-6.
[116]马俊驹. 人格与人格权立法模式探讨[J]. 重庆大学学报(社会科学版),2016,22(1):184-196.
[117]马俊驹. 我国人格权基础理论与立法建构的再思考[J]. 晋阳学刊,2014(2):111-121.
[118]马骏驹. 从人格利益到人格要素——人格权法律关系客体之界定[J]. 河北法学,2006(10):43-49.
[119]马卉,李东才. 对民法意义上的"肖像"之认识[J]. 建材高教理论与实践,2001(2):94-95,99.
[120]任燕. 著作权与肖像权冲突之法律探析[J]. 河南省政法管理干部学院学报,2007(5):127-133.
[121]隋彭生. 论肖像权的客体[J]. 中国法学,2005(1):48-53.
[122]史浩敏. 几种特殊肖像的法律保护探讨[J]. 政法学刊,1992(1):24-27.
[123]孙新强. 委托作品著作权原始归属之辨析[J]. 法学,2009(3):84-93.
[124]张瀚涛. 肖像合理使用的理论探索[J]. 学术交流,2006(2):56-58.
[125]沈建峰. 具体人格权立法模式及其选择——以德国、瑞士、奥地利、列支登士敦为考察重点[J]. 比较法研究,2011(5):37-46.
[126]申政武. 论人格权及人格损害的赔偿[J]. 中国社会科学,1990(2):51-68.

[127]田欣,蓝邓骏.论肖像利益维护权的转化[J].河北法学,2001(3):127-128,157.

[128]田广兰.权利的边界[J].哲学动态,2014(5):56-64.

[129]唐昭红.论美术作品著作权对美术作品原件所有权的限制[J].法商研究,2003(4):114-119.

[130]王泽鉴.人格权保护的课题与展望——人格权的性质及构造:精神利益与财产利益的保护[J].人大法律评论,2009(1):51-103.

[131]冉克平.肖像权上的财产利益及其救济[J].清华法学,2015,9(4):67-80.

[132]王利明.人格权若干问题探讨——纪念《民法通则》颁布10周年[J].法学,1996(4):12-15.

[133]王利明.论人格权商品化[J].法律科学(西北政法大学学报),2013,31(4):54-61.

[134]王利明.论网络环境下人格权的保护[J].中国地质大学学报(社会科学版),2012,12(4):1-7.

[135]王利明.人文关怀与人格权独立成编[J].重庆大学学报(社会科学版),2016,22(1):176-183.

[136]王利明.人格权法的发展与完善——以人格尊严的保护为视角[J].法律科学(西北政法大学学报),2012,30(4):167-175.

[137]王利明.人格权法制定中的几个问题[J].暨南学报(哲学社会科学版),2012,34(3):2-8.

[138]王利明.公众人物人格权的限制和保护[J].中州学刊,2005(2):92-98.

[139]王利明.人格权与民法典[J].求索,2002(5):34-36.

[140]王利明.试论人格权的新发展[J].法商研究,2006(5):16-28.

[141]王利明.我国民法典中的人格权制度的构建[J].法学家,2003(4):13-18.

[142]王利明.再论人格权的独立成编[J].法商研究,2012,29(1):19-25.

[143]吴巨洪.肖像权保护中若干问题的研究[J].衡阳师范学院学报,2009,30(5):75-77.

[144]武杰."秋菊的困惑"和"雪莲的冤屈"[J].法人,2017(1):88-90.

[145]王成.侵犯肖像权之加害行为的认定及肖像权的保护原则[J].清华法学,

2008(2):130-141.
[146]王俐娜.试论公民肖像权的法律保护[J].政法论坛,1987(5):64-69.
[147]王歌雅,李云滨.论我国死者肖像保护制度的完善——兼评《民法总则》第185条[J].北方论丛,2017(4):159-164.
[148]温世扬.论“标表型人格权”[J].政治与法律,2014(4):64-71.
[149]王全弟,赵丽梅.论网络隐私权的法律保护[J].复旦学报(社会科学版),2002(1):107-112,137.
[150]吴培玉.谈肖像权[J].山西高等学校社会科学学报,2001(8):66-67.
[151]吴汉东.形象的商品化与商品化的形象权[J].法学,2004(10):77-89.
[152]王大纲.新闻舆论监督与新闻侵权[J].苏州市职业大学学报,2004(1):89-90.
[153]魏振瀛.侵害名誉权的认定[J].中外法学,1990(1):7-14.
[154]徐志军,周玲.奥运会运动员肖像使用规则评析[J].政法论坛,2007(3):135-141.
[155]荀思虑.论肖像权侵权责任之认定[J].长沙大学学报,2013,27(4):70-71.
[156]熊静波.利益衡量抑或要件思考——名誉权与表达自由冲突的解决之道[J].华东政法大学学报,2011(6):28-41.
[157]熊进光.商事人格权及其法律保护[J].江西财经大学学报,2001(5):64-67.
[158]徐亮.论隐私权[D].武汉:武汉大学,2005.
[159]姚彦吉.论集体肖像中的个人肖像权[J].辽宁行政学院学报,2005(6):27-28.
[160]尹田.论法人人格权[J].法学研究,2004(4):51-57.
[161]尹田.论人格权的本质——兼评我国民法草案关于人格权的规定[J].法学研究,2003(4):3-14.
[162]尹田.论人格权概括保护的立法模式——“一般人格权”概念的废除[J].河南省政法管理干部学院学报,2011,26(1):28-30.
[163]尹田.论一般人格权[J].法律科学.西北政法学院学报,2002(4):11-18.
[164]尹田.人格权独立成编的再批评[J].比较法研究,2015(6):1-7.
[165]尹田.再论“无财产即无人格”[J].法学,2005(2):38-41.

[166]严城．论人格权的衍生利益——以人格标识的商业利用为中心[D]．哈尔滨：黑龙江大学，2010.
[167]朱振，都本有．人格权的伦理分析[J]．法制与社会发展，2005(3)：54-63.
[168]朱国光．肖像权及其法律保护制度探析[J]．法学论坛，1997(4)：65-68.
[169]杨德齐．论著作权与肖像权的冲突及解决——电影《秋菊打官司》之肖像权案新解[J]．中央财经大学学报，2015(S1)：168-172.
[170]杨巍．死者人格利益之保护期限[J]．法学，2012(4)：147-155.
[171]杨桂芳．试论对侵害公民肖像权案件的审理[J]．法学评论，1988(1)：70-71.
[172]杨伏英．论死者肖像权及其保护[J]．河北法学，2000(2)：43-45.
[173]任江．姓名权私法功能论[D]．哈尔滨：黑龙江大学，2015.
[174]杨立新．论公民身体权及其民法保护[J]．法律科学．西北政法学院学报，1994(6)：45-52.
[175]杨立新，袁雪石．论声音权的独立及其民法保护[J]．法商研究，2005(4)：103-109.
[176]杨立新，刘召成．抽象人格权与人格权体系之构建[J]．法学研究，2011，33(1)：81-97.
[177]杨立新，曹艳春．论尸体的法律属性及其处置规则[J]．法学家，2005(4)：76-83.
[178]杨立新，尹艳．侵害肖像权及其民事责任[J]．法学研究，1994(1)：89-96.
[179]杨立新，张莉．连体人的法律人格及其权利冲突协调[J]．法学研究，2005(5)：27-40.
[180]杨立新，林旭霞．论人格标识商品化权及其民法保护[J]．福建师范大学学报(哲学社会科学版)，2006(1)：74-80.
[181]杨立新．论人格利益准共有[J]．法学杂志，2004(6)：12-15.
[182]杨立新，林旭霞．论形象权的独立地位及其基本内容[J]．吉林大学社会科学学报，2006(2)：51-58.
[183]杨立新，袁雪石．论人格权请求权[J]．法学研究，2003(6)：57-75.
[184]杨立新．论人格损害赔偿[J]．河北法学，1987(6)：27-30.
[185]杨立新，袁雪石．论身份权请求权[J]．法律科学．西北政法学院学报，2006

(2):52-59.
[186]杨立新,尹艳.论一般人格权及其民法保护[J].河北法学,1995(2):6-13.
[187]杨立新,刘召成.论作为抽象人格权的一般人格权[J].广东社会科学,2010(6):176-185.
[188]杨立新,刘召成.论作为抽象人格权的自我决定权[J].学海,2010(5):181-190.
[189]杨立新,王海英,孙博.人身权的延伸法律保护[J].法学研究,1995(2):21-29.
[190]杨立新.制定我国人格权法应当着重解决的三个问题[J].国家检察官学院学报,2008(3):111-117.
[191]萩萩原·有里.日本法律对商业形象权的保护[J].知识产权,2003(5):62-64.
[192]张红.《侵权责任法》对人格权保护之述评[J].法商研究,2010,27(6):32-35.
[193]张红.法人名誉权保护中的利益平衡[J].法学家,2015(1):85-97,178-179.
[194]张红."以营利为目的"与肖像权侵权责任认定——以案例为基础的实证研究[J].比较法研究,2012(3):63-76.
[195]张红.肖像权保护中的利益平衡[J].中国法学,2014(1):266-284.
[196]张红.死者生前人格上财产利益之保护[J].法学研究,2011,33(2):100-112.
[197]马特.侵犯隐私权的构成及类型化研究[J].北方法学,2007(4):136-142.
[198]马特.隐私权制度中的权利冲突[J].法学论坛,2006(1):24-27.
[199]马特.英美法中的个人隐私保护[J].重庆理工大学学报(社会科学),2010,24(10):92-97.
[200]柯尔斯登·R.斯莫伦斯基.死者的权利[J].张平华,等译.法学论坛,2014,29(1):26-37.
[201]浦增平.肖像权保护的审判实践与理论探索[J].法治论丛,1990(4):41-42.
[202]李明德.美国形象权法研究[J].环球法律评论,2003(冬季号):474-491.
[203]金松.公民肖像权的若干问题探讨[J].法学天地,1995(6):5-7.

[204]埃塞俄比亚民法典[Z]. 薛军,译. 厦门:厦门大学出版社,2013.
[205]韩国最新民法典[Z]. 崔吉子,译. 北京:北京大学出版社,2010.
[206]拿破仑民法典[Z]. 李浩培,等译. 北京:商务印书馆,1979.
[207]越南社会主义共和国民法典[Z]. 吴远富,译. 厦门:厦门大学出版社,2007.
[208]魁北克民法典[Z]. 孙建江,等译. 北京:中国人民大学出版社,2005.
[209]德国民法典[Z]. 陈卫佐,译. 北京:法律出版社,2015.
[210]瑞士民法典[Z]. 于海涌,等译. 北京:法律出版社,2016.

后　　记

《肖像权纠纷裁判与制度完善》的顺利出版，得益于黑龙江省哲学社会科学研究规划项目（21FXC181）、黑龙江省经济社会发展重点研究课题（常规课题）（21246）、中央高校基本科研业务费专项资金项目（2572020BN03）、2022年度“黑龙江省哲学社会科学学科体系创新工程项目”暨东北林业大学重点学科建设项目以及东北林业大学引进人才科研项目的支持。

本书是在博士学位论文的基础上修改而成。现在想来，自己年过而立后，在工作和生活的忙碌与压力中选择读博，起初确未清醒认识到其中的艰难与曲折，也算是有点“初生牛犊不怕虎”的可爱和可笑。至后来发现自己能力水平存在的差距，遂“老牛自知夕阳晚，不用扬鞭自奋蹄”。读博四年来，虽不敢说“夙兴夜寐”，但也算得上不敢松懈，用尽全力，咬牙挺过了写作过程中的一个个艰难困苦，度过了一段紧张、努力、专注、终生难忘的求学生活。现在想来，实在是一种幸运。

能够拥有这样的幸运，首先感谢导师王歌雅教授。歌雅老师不弃我的冒昧和愚钝，将我收入门下。在写作过程中，给了我无私的帮助。犹记得二十余万字的初稿、二稿，歌雅老师几乎通读，从观点论证、写作技巧、文字规范等方面悉心指导。四年来，我从歌雅老师严谨细致的治学精神和从容安静的生活态度中受益良多。

感谢黑龙江大学法学院的杨震教授、董惠江教授、申建平教授、孙毅教授、陈彦晶教授、李憣副教授，在写作过程中给予的指导和帮助，正是这些指导和帮助让我的写作思路变得愈来愈清晰，而困惑和迷茫则变得愈来愈少。感谢吉林大学法学院徐卫东教授、哈尔滨工业大学人文社科与法学学院郭丹教授，在答辩过程中指出存在的问题并提出修改建议。感谢大庆师范学院王福友教授一直以来对我以及家人的帮助和支持。感谢师兄任江副教授对我初稿提出的修改意见。

感谢哈尔滨市中级人民法院特别是执行局综合处领导及同事的支持和帮助，虽然因为种种原因自己选择离开，但一想起与你们奋战的日子，心中满满的还是温暖与不舍。同样感谢东北林业大学文法学院对本书出版给予的支持。

本书的完成同样离不开家庭的支持。写作过程中，妻子给了我莫大的支持和理解，是我最坚强的后盾。两个女儿健康开朗、乖巧可爱，亦给我提供了不竭的动力。岳父岳母、爸爸妈妈不辞辛苦，帮忙带孩子，让我有更多的时间写作论文，使我心安令我感动。

“潮平两岸阔，风正一帆悬”，在今后的工作和生活中，我将带着这些感恩、感动、温暖与美好继续前行。